复杂社会网络环境下员工知识分享行为逻辑与策略选择研究

罗 军 张卫国 著

本书得到重庆市博士后科研项目：网络组织中线上线下行为耦合及隐性知识分享动力机制（Xm2014058）；国家软科学研究计划项目：新时期完善创新政策的方向和重点（2014GXS4D143）；重庆科技学院博士、教授科研启动基金项目：高新技术企业创新能力提升中隐性知识分享机理研究：社会网络视角（CK2015B01）的资助

科学出版社

北 京

内 容 简 介

知识分享是知识管理的基础和关键环节，与此同时，深入揭示和理解在复杂网络中行为发生的机理及策略选择过程也是网络科学研究前沿课题之一。因而本书融合上述两个领域，基于知识分享中社会网络重要性的观察和启示，以复杂社会网络情景中的知识员工为研究对象，从员工知识分享行为困境入手，将复杂社会网络与知识分享融合。首先研究企业员工复杂社会网络的内涵、形成机理；其次对复杂社会网络上的员工知识分享行为逻辑进行研究；最后探讨员工知识分享行为策略选择规律及其组织实现机制，进而促进企业员工的知识分享行为，提升企业的核心竞争力。本书从微观角度为创新知识分享模式促进创新驱动发展战略实施提供一种新的思考。

本书可作为企业管理、知识管理、信息管理与信息系统、复杂网络等研究方向的高校师生，以及各级科研管理和企业管理人员的阅读参考书。

图书在版编目（CIP）数据

复杂社会网络环境下员工知识分享行为逻辑与策略选择研究 / 罗军，张卫国著. —北京：科学出版社，2018.5
　ISBN 978-7-03-054232-8

Ⅰ. ①复… Ⅱ. ①罗… ②张… Ⅲ. ①网络环境-关系-企业管理-知识管理-研究 Ⅳ. ①F272.4

中国版本图书馆 CIP 数据核字（2017）第 208317 号

责任编辑：马　跃　李　嘉 / 责任校对：孙婷婷
责任印制：吴兆东 / 封面设计：无极书装

科 学 出 版 社 出版
北京东黄城根北街 16 号
邮政编码：100717
http://www.sciencep.com

北京京华虎彩印刷有限公司 印刷
科学出版社发行　各地新华书店经销

*

2018 年 5 月第 一 版　开本：720×1000　1/16
2018 年 5 月第一次印刷　印张：11 1/2
字数：234 000
定价：82.00 元
（如有印装质量问题，我社负责调换）

作 者 简 介

　　罗军，出生于 1980 年 8 月，男，博士，博士后，副研究员，长期从事企业管理、知识管理、农林经济管理等方面的研究。作为主要研究者参与国家社会科学重大基金项目"中国新型城镇化包容性发展的路径设计与战略选择"，国家软科学研究计划重大公开招标项目"农村科技创业金融政策研究"，国家软科学研究计划项目"新时期完善创新政策的方向和重点"，教育部人文社会科学研究项目"高新技术企业中隐性知识的分享与转移研究：社会网络视角"，教育部博士点"网络组织中隐性知识自组织学习机制研究"，重庆市博士后科研项目"网络组织中线上线下行为耦合及隐性知识分享动力机制"，重庆市科学技术委员会重点项目"农村电商创业与精准扶贫的融合机制及保障措施研究""互联网经济下重庆市产业转型升级战略与路径研究""重庆页岩气产业综合发展研究""重庆市十三五开放型工业发展研究"等十余项国家级和省部级课题。在《科研管理》《管理科学》《重庆大学学报》等杂志上发表了《高新技术企业中知识分享微观机制研究》《实践社群中的知识管理研究》《高新技术企业隐性知识分享网络结构特征及其影响研究》《社会网络视角下组织内部隐性知识共享研究》《基于战略思维的知识管理研究》《基于知识管理的企业活动竞争优势的探讨》等知识管理相关论文 20 余篇。

　　张卫国，出生于 1965 年 6 月，男，博士，教授，博士生导师，长期从事企业管理、战略管理、农林经济管理等方面的研究。在国内外重点刊物上发表论文 100 余篇，出版专著和教材 6 部，主持国家社会科学重大项目"中国新型城镇化包容性发展的路径设计与战略选择"、国家软科学研究计划重大公开招标项目"农村科技创业金融政策研究"、国家软科学研究计划项目"新时期完善创新政策的方向和重点"、国家自然科学基金项目"地区形象要素体系设计及实证研究"、教育部博士点"网络组织中隐性知识自组织学习机制研究"、重庆市科学技术委员会重点项目"统筹城乡发展中产业布局与产业转移机制研究"等十余项国家级和省部级项目，并承担重庆渝富、南方电网等多项企事业单位委托研究项目，积极促进科研成果的转换与应用。

前　　言

　　随着科学技术的进步和知识经济的高速发展，员工知识逐渐成为企业发展的关键性战略资源，知识分享也成为企业提升竞争力的重要举措。特别是在多样化、个性化、机遇转瞬即逝的市场环境中，企业组织正在向扁平化、柔性化和网络化发展，这使得企业组织在很大程度上已经演变成为一个由各类主体及其关系所构成的复杂社会网络。在此网络中，员工之间的知识分享关系及其结构构成了"躯干"，员工知识成为"血液"。这一切改变了企业中传统的"等级式""分工式""二元式"人际关系，"世界是平的"已经成为人们在现实世界中的切身体验，因而员工知识分享行为无论从外延还是内涵方面均发生了巨大变化，这给该领域的研究人员带来了新的机遇，同时也提出了新的挑战。

　　在企业员工知识分享系统中，由于员工知识的特殊性、社会关系结构的动态性、要素间关联的多元性等因素影响，知识分享行为的复杂性显著增加，这给传统的知识管理带来巨大的冲击，也对复杂社会网络条件下的企业员工知识分享提出全新的要求。特别是复杂社会网络上的种种过程塑造和协调了一定数量员工的知识分享行为及其互动关系策略，同时也受到这些行为及关系策略的反作用，从而使得这些过程呈现出不同于传统的均衡状态。在现代知识分工体系下，企业员工之间在知识层面的相互依赖，使得知识分享成为企业运营不可或缺的条件。但由于员工个体作为独立行为决策单位，皆保持着某种程度的自主权，并且出于种种原因，他们追求的利益不尽相同；因此，要促进员工知识分享就必须研究这些过程的实质，理解其背后的行为逻辑，并通晓其行为策略选择的理论基础。

　　在此基础上，作者从复杂社会网络的视角对企业员工知识分享行为问题进行了系统研究。在研究中，本书将员工知识分享行为分为关系行为和策略行为两个重要维度，综合运用行为经济学、社会网络分析、网络博弈及案例分析等理论工具方法，研究企业中员工知识分享的关系行为和知识分享关系网络的生成机理及其复杂结构特征，探索在复杂网络上员工知识分享行为策略背后的行为逻辑及分享策略选择规律，厘清知识分享关系网络与知识分享策略行为的相互影响机制，进而促进企业员工的知识分享，提升企业的竞争力。

在研究中，本书主要从以下五个方面对上述问题进行了较系统的研究。

（1）复杂社会网络上员工知识分享的关系行为、网络生成及结构特征研究。

本书以企业员工知识分享行为网络背景和员工社会关系为切入点，首先从随机关系行为入手，分析知识分享关系网络的生成机理和员工节点度分布；其次充分考虑知识分享关系建立的成本和收益及知识分享关系的外部性，借鉴 Jackson 和 Goyal 等的策略网络形成思想，构建了企业员工知识分享关系行为的策略网络博弈模型，该博弈模型可以清楚地体现知识分享中关系行为的成本和收益。这样我们就能够模拟当存在缔结和断开员工间知识分享关系的个体利益激励时，知识分享关系网络的生成和发展，研究并预测在这种成本效应及外部效应下网络结构的呈现形式和特征，进一步探讨网络的稳定性与效率，为研究复杂社会网络对企业员工知识分享的策略行为的影响奠定理论基础。

（2）复杂社会网络上员工知识分享策略行为的动力学过程研究。

本书所讨论的复杂社会网络环境下员工个体知识分享行为，实际上可以表现为两个相关问题。一个是结构层面的连通性，即谁和谁相连；另一个是在知识分享行为层面的连通性，即每个个体的知识分享行为对系统中其他个体都有隐含的影响，知识分享关系网络个体的行为模式必须包含策略性行为选择和策略性推理。基于此，作者运用演化博弈的图论模型，通过频率相依的 Moran 过程刻画并分析了企业中员工知识分享策略行为的动力学过程。经过分析发现，在复杂的知识分享关系网络中，知识分享策略的固定概率大小决定了其在选择过程中是否能够战胜知识隐匿策略成为员工群体中的演化稳定策略。作者进一步运用平均场近似方法找出有利于知识分享策略在演化过程中胜出的条件：节点（node）的邻居节点平均度要大于成本收益率，这将 Nowak 等的网络直接互惠拓展到知识分享中的间接互惠。

（3）复杂社会网络上知识分享关系行为与策略行为共演化研究。

在复杂社会网络环境中，员工知识分享的策略行为既受制于员工间知识分享网络结构，又反作用于员工关系行为选择。在前述理论的基础上，作者根据员工策略行为的不同引入了异质连接关系行为和活性连接关系行为，通过数理分析及计算机仿真方法，探索了员工关系行为如何影响员工知识分享的策略行为，找出网络动态变化对员工知识分享策略行为的影响机理；进一步研究知识分享关系行为与知识分享策略行为的共演化问题，厘清复杂社会网络上员工知识分享行为两个维度的相互作用规律。

（4）选择合适的案例分析并检验复杂社会网络的知识分享行为理论结果。

在理论分析的基础上，以某研究院为案例研究对象，运用社会网络分析，通过量化的语言来描述这些关系数据，并利用社会网络分析软件对得到的关系数据的复杂网络特性（凝聚子群、可达性、网络密度、中心性、中介性、小世界等）进行分析，检验了本书的部分理论结果，进一步探讨了企业员工知识分享行为如何受到其所处的社会网络关系的影响，实现了复杂社会网络上员工知识分享行为研究的定性与定量方法的有效结合，并提出相应的建议。

（5）基于实践社群的知识分享行为促进策略研究。

作者在前人研究的基础上，针对"隐性知识显化后缺乏情景背景就容易变得难于透彻理解和运用"的问题，尝试借用实践社群的方法，在综合国内外研究基础上，详细介绍实践社群的概念和组成要素，分析实践社群发展的动力机制，接着从实践社群与知识分享、知识创造、组织学习的关系，将其与经典 SECI 模型进行融合，探讨培育实践社群推动组织知识分享管理的对策。

在本书的写作过程中，作者得到了多方的鼎力支持，也参考了大量学者的卓越研究成果，特别是得到相关调研单位领导和同事的支持和帮助，值此付梓之际，作者谨向各方表示衷心的感谢。由于成书仓促，且作者水平和经验有限，不妥和有争议之处，恳请专家和读者不吝赐教，所有宝贵意见和建议请发至 junluo@cqu.edu.cn，非常感谢！

最后，特别感谢科学出版社对本书出版所给予的关心与支持，以及责任编辑和校对人员的辛勤劳动与帮助！

罗　军　张卫国

2017 年 12 月

目　　录

第1章 绪 论

1.1 社会网络化与知识分享困境

1.1.1 知识分享环境变化与发展

20世纪90年代以来，全球信息技术的迅速发展带来了信息化、网络化、知识化的经济走向，从而导致全球经济活动由物质经济向知识经济转化；因此，知识管理也就成为20世纪末以来管理理论与实践发展过程中的焦点问题之一。在瞬息万变的新经济环境中，获取、创造知识的速度和运用知识的能力无疑是组织获得持续竞争优势的关键，并且以分工、等级制、清晰的职能边界为基础的传统组织形式和管理模式正日益受到全面挑战，进而以知识为基础的组织网络化日益成为经济管理领域的新实践方向。在知识经济条件下，员工间社会网络不仅改变了传统的生产组织形式和组织获取竞争优势的资源基础，而且还不断重塑着组织所处的内外部环境，这对管理者和研究人员都提出了严峻的挑战。员工知识是企业发展的根本，知识即力量，而分享则是力量的延伸；通过理论研究和管理实践，人们发现员工知识嵌入在员工间的连接关系中（林东清和李东，2005；单伟，2008；陈亮等，2009；Bartol et al.，2009；汪晓媛，2012），企业中员工知识分享（knowledge sharing）与转移是一个复杂的活动过程（Bresman et al.，1999；谢荷锋，2007；胡晓真，2012；姜道奎，2015）。在当前"社会网络化"的趋势下，必然给传统的知识管理带来巨大的冲击，也对复杂社会网络条件下的员工知识分享提出全新的要求。

从实践来看，知识分享困境一直是困扰管理人员的难题，不同的文化背景使企业员工的知识分享的决定性因素呈现出不同，特别是在中国社会文化影响下，"关系"发挥着独特的作用，进而在社会互动中表现出"依关系而为"的特征，即对方与自己的关系程度决定了如何对待对方及其他的相关事项，这种行为特征称为"关系导向"（杨中芳和彭泗清，1999；刘枭，2011），这不仅反映了儒家文化的基本特征，也说明了关系对人们行为的支配性。从知识分享行为内涵出发，知识分享就是个体将自己的专业知识、观点或经验传授给其他个体、团队或知识库，以便接收者在最大限度上掌握这些知识的过程。该过程发生在一定的组织情境之中，镶嵌在巨大的社会网络上，复杂社会网络作为社会关系和技术需求的整合系统，其系统边界和系统特征将通过个体的动机序列和主观机制来影响个体的行为选择。在此实践背景下，要有效解决员工的知识分享问题，充分利用社会网络的渠道降低知识分享成本，进而提升知识的利用效率，就必须厘清复杂社会网络作用下员工知识分享背后的行为逻辑，把握复杂社会网络关系如何影响员工知识分享行为的策略选择规律，这已经成为当前企业知识管理中急需解决的实践问题。因此在理论与实践相结合的研究思想指导下，对我国企业内员工的知识分享行为研究而言，本书从"关系"切入，洞悉现象本质，解决现实问题，不仅顺应了知识管理研究的趋势，同时也立足于中国国情，具有特殊的现实背景和意义。

从理论研究来看，特别是在近十年来，现代社会中复杂的连通性向公众展示出与日俱增的魅力。这种连通性在许多方面都有体现并发挥着强大的作用，包括互联网的快速增长、信息技术的快速革新、社会化分工与知识协作强化、群体舆论与群体性事件，乃至传染病与金融危机以惊人的速度与强度传播（汪秉宏等，2012）等。这些现象的背后涉及网络、动机和人类行为等复杂因素，正是网络这一关键框架体系将人们的行为联系起来，才使得每个社会个体的行为可能对他人产生微妙的影响，促使网络中局部的变化引致网络整体性变革（周斌和汪秉宏，2016）。受到当今世界这些发展的启示，在刻画和理解复杂的高度互联系统行为原理与效应机制的努力中，多个学科显示出一种相互靠拢的趋势。从计算机科学与应用数学，我们看到有理论框架来推理系统中复杂性的产生和演化；从经济学与管理学，我们知道人们的行为受动机及对他人行为预期的影响；从社会学与社会科学，我们能够探索从人群的互动中形成的特征结构；从统计物理学与社会物理科学，我们可以获得人类行为分布及动力学特征。这些概念预示着一个新的研究领域的出现，关注复杂的社会、经济与技术系统中发生的现象，特别是复杂社会网络上的种种过程，塑造和协调了一定数量的员工（参与者）的行为及其互动策略，使之处于特定均衡状态。在现代分工体系下，员工之间在知识层面的相互依赖，使得知识分享成为企业运营必不可少的条件。但是，员工个体作为独立单位皆保持着某种程度的自主权，并且出于种种原因，他们继续追求着各不相同的利益。因此要促进员工知识分享，就必须研究这些过程的实质，理解其背后的行为逻辑，并通晓其行为策略选择的理论基础。

综上所述，复杂社会网络范式下的员工知识分享问题研究，不仅可以揭示知识在员工知识分享关系网络内的流动规律，还可以通过可视化工具绘制知识的流通途径与拓扑结构，探索复杂网络上的人类行为规律，为企业实施个人化知识分享策略提供理论基础，借此以补充并丰富知识分享行为研究相关议题。

1.1.2　知识分享研究挑战与探索

从企业中知识分享的实施情况来看，企业中的信息、文档等显性知识可以通过编码化将其存储在知识库中，相对容易获得和分享，其传播和复制的成本也较低；而诸如企业员工的经验、技能、创意、诀窍等隐性知识，由于其固有的个体依附性、非正式性、非系统性、情境性等特性，难以进行编码化处理，因此转移和分享都存在困难。对此，技术学派曾尝试将员工所有知识显性化作为知识分享的解决方案，但实践表明，除了少数企业取得显著成效以外，绝大部分企业均收效甚微。McDermott（1999）研究发现，许多员工认为企业采用的"最佳实务"的知识库与其工作实践根本脱节，而且在缺乏互动的情况下，员工更是不愿意分享自己得之不易的知识。员工拥有的知识往往具有高度意会性和社会嵌入性、情境依赖性、个体依附性，使其成为分享中难以克服的障碍。一方面由于员工知识的高度意会性，通过市场交易达到知识分享与转移的目的非常困难。另一方面由于员工知识的社会嵌入性、情境依赖性和个体依附性，完全由企业内部来提供生产经营过程中所需的各类知识存在成本高昂的缺陷。在这种情形下，企业综合运用处于组织机制和市场机制之间的中间制度安排来获取和分享知识就变得非常必要，这种中间制度安排实际上就是一系列不同于纯粹经济契约的社会网络模式。

综合现有研究基础，本书认为知识分享是企业知识管理的关键环节，员工知识尤其是隐性知识已经成为决定企业竞争优势的关键性战略资源和整合物质资源的重要工具。在企业中，员工社会网络引导着知识在员工间的流向，它是员工间知识分享的重要渠道。目前，关于员工知识分享的相关研究已经在国内外学术界广泛展开，其理论基础涵盖组织行为理论、信息系统理论、心理学、管理学、社会学、经济学等多个学科。随着研究的深入，研究者发现知识不同于物质资源，其核心是员工掌握的信息、行为经验、观点、技能等，知识的分享、转移和应用充满了复杂性和不确定性，而传统企业组织的管理本质上是一种基于理性的程序化和规范性活动。对高度不确定的认知实践实施规范性管理，这本身就蕴涵着矛盾和冲突。因此本书将企业不仅视为员工知识的集合体，而且视为员工知识分享、转移与运用的网络体系，进而企业中员工知识分享活动可以理解为员工与员工之间的一种"制度安排"，企业在这种制度下进行各种知识活动；而社会网络正是具有适应上述制度安排的特性，使得研究者纷纷将知识分享问题放在社会网络的背景下进行思考。从近几年的研究趋势来看，无论是社会网络理论研究的深入，还是知识管理研究的推进，从社会网络的视角探索知识分享问题已逐渐成为研究者共同关注的热点（殷国鹏等，2006）。

目前，我国大部分企业还是按传统的组织结构进行知识管理的，企业内部科层制等级分明，条块职能分割，知识沟通不畅，导致企业知识分享成本的高昂和分享效率的低下，进而制约了企业创新和发展的活力（周密等，2007）。同时由于专业化分工的深入发展，每个知识型员工只拥有狭窄范围内的专业知识，且它们分散在组织的不同地方，但从协同的角度来看，必须将分散的员工知识整合起来才能发挥集体功效，从而出现了专有与分享、分散与集中、专业化与一体化等矛盾。这些问题令实践者深感困惑，也对研究者提出挑战。现有理论虽然从各自不同的视角对企业中知识分享的实践提供了有益的指导，并推动了相关研究的发展，但是必须承认，在直面复杂社会网络中员工知识分享现实时，无论是传统理论还是新兴的管理运动理论，存在的不足和遗留的困惑似乎比其所解决的问题更多。

从理论研究来看，复杂社会网络是反映复杂社会系统的一种网络形式，它是从复杂社会系统中高度抽象出来的框架性表示，是企业中员工相互作用的一种本质抽象。该网络的复杂性主要来自于结构复杂性、连接复杂性、演化复杂性和隐含相互作用复杂性等多种关联因素。在学者的研究过程中，网络科学模型和处理方法发挥了重要作用，它是刻画和研究复杂社会系统的结构和行为的关键，近年来其迅速成为科学界的一个研究热点，与之相关的基础和应用研究已经渗透到许多学科中（方锦清，2007）。从复杂社会网络来看，网络科学模型和处理方法可以表现出一种"智慧"，即可以让个体更具智慧，或者成为个体智慧的补充。如果加入一个知识分享社会网络，个体就能够从分享中得到好处，并接受其影响。在很多情况下，这并不只是意味着网络中的人更愿意分享知识给别人，更为重要的是网络为这种分享创造了基础土壤和便利条件，并改变了个人的行为选择及方式。

英国著名的物理学家斯蒂芬·霍金认为，21世纪是复杂性的世纪，复杂性科学的思维范式已经影响到各个领域。复杂社会网络研究是复杂性科学研究的重要组成部分，作为该领域研究中的有力工具，复杂性社会网络研究不仅是在研究理念和方法论上的革新，而且还为复杂性科学研究提供了全新的视角。复杂网络中所呈现出来的一些特殊结构和独特性质，推动了社会网络研究在网络生成、网络结构和动力学过程等方面的深入发展。通过研究，学者发现复杂社会网络兼具个体与群体特性，其理论框架是微观个体动力学行为和个体之间的相互作用关系，而这恰好与微观层面企业员工个体的知识分享行为选择和网络层面结构演化相吻合（单伟等，2012）。同时，复杂网络理论与方法的最大特点就是能够将系统内部成分的动力学行为和系统内部各成分的相互作用综合起来进行研究。基于复杂社会网络的知识分享行为体系研究，可以充分利用复杂网络的这一特点。

基于上述分析，本书选择"复杂社会网络视角下员工知识分享行为"作为研究方向，破解企业中员工知识分享"黑箱"，构建人际互动的知识分享网络模式，探索如何解决员工个体层面知识分享问题及个体知识向组织层面的汇集问题，寻求促进企业中员工知识有效分享的方法和知识资本增值的途径。在此影响下，本书深入探讨员工间知识分享关系网络是如何形成的及对员工知识分享策略行为产生的影响。对该问题进一步思考可以引申出四个子问题：其一，如果员工在缔结知识分享关系时考虑关系成本和效益，员工间的复杂社会网络如何形成且会呈现何种网络结构；其二，在复杂知识分享网络环境下员工知识分享背后的行为逻辑；其三，复杂社会网络下员工关系行为对员工知识分享行为策略选择会产生何种影响及在此影响下的行为策略选择规律；其四，对具体企业如何运用复杂社会网络理论分析方法分析知识分享中的关键节点、核心网络、关系脆弱性等一些关键性的问题。解决上述问题可以为企业促进员工知识分享，应对日益激烈的竞争环境，培育企业核心竞争力提供理论指导。

1.2　目标定位与价值

1.2.1　目标定位

本书基于对知识分享中社会网络重要性的观察和启示，将社会网络理论引入知识管理的研究中，以复杂社会网络情境下的知识员工为研究对象，直接从员工复杂社会网络中最广泛、最一般的属性出发，依据其嵌入性本质把复杂社会网络看做对行动领域（员工知识分享行为发生与动态演化的领域），以行为经济学理论为基础，综合运用社会网络分析、网络博弈方法和网络科学研究方法，厘清企业中员工知识分享重要载体即员工间复杂知识分享关系网络形成、演化机理和结构特征，探索在该复杂网络上员工知识分享背后的行为逻辑及分享策略选择规律，进而促进企业员工的知识分享行为，提升企业的竞争力。同时本书希望通过对以上问题的探讨，研究企业员工的互动关系与知识分享，为今后更深入地开展知识管理研究提供理论参考。

1.2.2　研究价值和意义

1. 理论价值

（1）丰富企业员工知识分享的社会网络复杂性研究内容。在知识经济时代，企业是知识密集型经济实体的典型代表，成为人们进行管理实践和理论探索的主要阵地。目前，与知识分享相关的论述和研究，或偏重于企业层面或聚焦于个人层面，而忽略了员工行为复杂性、关系复杂性、知识员工个体与社会环境互动对员工知识分享社会网络的影响，因而企业员工知识分享的社会网络复杂性研究还有待进一步深化。本书认为知识员工是知识分享行为的微观主体，也是知识的主要载体。本书先从随机角度探讨知识分享行为关系网络生成机制，随后从策略角度对随机模型进行补充，在分析中强调策略模型和纯随机模型之间的差异性和互补性。从某种意义上，策略模型可被认为是对"如何"的解释，系统分析了在知识分享中如果员工有意识选择与之建立关系的对象，均衡了网络结构呈现的特征和复杂性，有利于进一步了解企业内部知识分享社会网络及其复杂性。

（2）弥补从社会网络视角研究企业员工知识分享动态行为机理的不足。自从哈耶克与德鲁克等提出知识管理并论证其重要作用以来，对知识分享的相关研究不断涌现，形成了一些理论成果；同时，社会网络理论研究的演进为员工知识分享提供了实践操作的蓝图。目前该领域的研究主要集中在静态网络数据调查分析，定量探讨网络关系、结构等因素对员工知识分享行为和绩效的影响，以及探索知识分享的策略上。迄今为止，仍然缺乏对社会网络中员工知识分享的动态机理研究，尤其缺乏对知识分享行为与个体间网络结构的双向互动关系进行深入探讨。本书从动态角度将员工的行为自主性纳入所构建的模型，分析知识分享社会网络拓扑结构对个体知识分享策略演化结果的制约和影响及其个体知识分享策略选择对知识分享社会网络拓扑结构的反作用，这是对该领域研究前沿的探索。

（3）深化知识分享理论研究与社会网络理论研究的交融。知识分享是知识管理的核心内容，也是企业竞争力提升的重要战略举措。本书使企业员工知识分享与员工复杂社会网络相结合，将复杂社会网络作为知识分享研究框架的基础和落脚点，一方面可以使企业员工知识分享有路径可循，另一方面也使知识分享行为有具体的实施基础。在此基础上，从复杂社会网络的视角，将社会网络理论与知识管理理论、网络博弈论等进行有机融合，运用社会网络分析及系统仿真等工具方法，针对知识分享的深层次问题进行系统研究，既是对动态社会网络理论的拓展，也是对知识分享行为研究内容的有效深化和发展。

2. 实践价值

（1）对企业员工来讲，社会网络是知识获取的重要渠道，有利于发挥自己的社会网络的功效，有目标地参与及缔结社会网络来获取与分享宝贵的知识，并努力控制自己知识传导的范围。

（2）对企业来讲，运用社会网络有利于企业规避因知识人才流失而引致的知识层面断裂，提升企业竞争力。随着经济的飞速发展，企业赢得竞争优势的关键在于充分发挥员工的知识资本。企业管理者只有激励企业员工把个人智慧和工作经验转化成组织财富，才能达到组织知识的不断积累和创新，保持企业的竞争优势。通过研究，有利于企业创造良好的知识分享环境，营造员工个人能力提升氛围，可以有效地留住知识员工，激发员工分享知识的积极性，促进知识沉淀为企业的知识。即使员工离职，也能最大限度降低知识的流失而引致的知识层面断裂。同时运用社会网络发挥社会动力激励员工分享知识，进而通过知识杠杆，提高知识利用效率。在知晓员工社会网络背后的行为逻辑后，有目的地进行组织设计，引导企业员工知识分享，进而提升企业竞争力。

1.3 主要研究内容与框架体系

本书的主要研究内容如下：

第 1 章，绪论。根据选题背景提出拟研究的问题，阐述本书的研究目的、研究价值和意义、研究方法、研究的难点及主要创新点、研究内容与技术路线，是全书的总体设计。

第 2 章，理论基础及相关研究进展。

第 3 章，复杂社会网络上员工知识分享的关系行为、网络生成及结构特征研究。该章主要从网络的视角，将网络中每个员工节点看做可以判断、决策的智能主体，通过融合网络科学与博弈理论方法，从无连接成本的情况下员工知识分享社会网络的形成入手，进一步综合考虑构建知识分享关系所需要的成本与通过网络获得知识收益的情况，对知识分享关系行为进行系统分析，并对网络的生成机理及结构特征进行研究。

第 4 章，复杂社会网络上员工知识分享策略行为的动力学过程研究。该章运用演化博弈的图论模型，通过 Moran 过程刻画并分析企业中员工知识分享策略行为的动力学过程。在复杂社会网络结构下，该章进一步分析有利于知识分享策略行为在演化过程中胜出的条件。

第 5 章，复杂社会网络上员工知识分享关系行为与策略行为共演化研究。该章将关系行为与策略行为纳入综合框架下进行分析，分析员工间异质性关系连接机制及活性关系连接机制作用下知识分享策略行为选择及空间因素如何影响策略的演化。

第 6 章，基于复杂社会网络的员工知识分享行为案例研究。该章拟在前文理论分析的基础上，以某研究院为案例研究对象，以社会网络分析方法为理论工具，通过实际案例，检验前文的理论结果。该章主要通过实地调研，用社会网络中独特的量化语言来描述这些行为与结构关系，利用特有的分析软件 UCINET 对得到的行为与关系数据的各种复杂网络参数进行分析，希望进一步探讨企业内部知识拥有者分享其知识的行为是否受其所处的社会网络关系的影响；同时分析企业内部社会网络不同位置的成员在知识分享行为中的差异性。

第 7 章，高新技术企业中知识团队成员间知识分享微观机制研究。该章从主从博弈的视角，将高新技术企业运营的基础单位知识团队作为研究对象，运用博弈中的主方和从方来刻画知识团队中成员间知识水平的差异，通过分析各方投入、绩效分配、安全系数等对知识分享的影响，建立起高新技术企业知识团队中知识分享决策的主从博弈微观模型，并进行仿真分析，探索高新技术企业知识分享过程中的内在微观机理及其影响机制。

第8章，基于实践社群的知识分享促进策略研究。该章首先比较详细地阐述了实践社群的概念和含义以及发展的动力机制，其次从知识分享、知识创造、组织学习的角度来探讨实践社群中知识分享管理的问题，并将其与经典 SECI（socialization、externalization、combination、internalization，即潜移默化、外部明示、汇总组合、内部升华）模型进行融合，探讨培育实践社群推动组织知识分享的对策。

第9章，总结与展望。

本书研究的技术路线如图 1.1 所示。

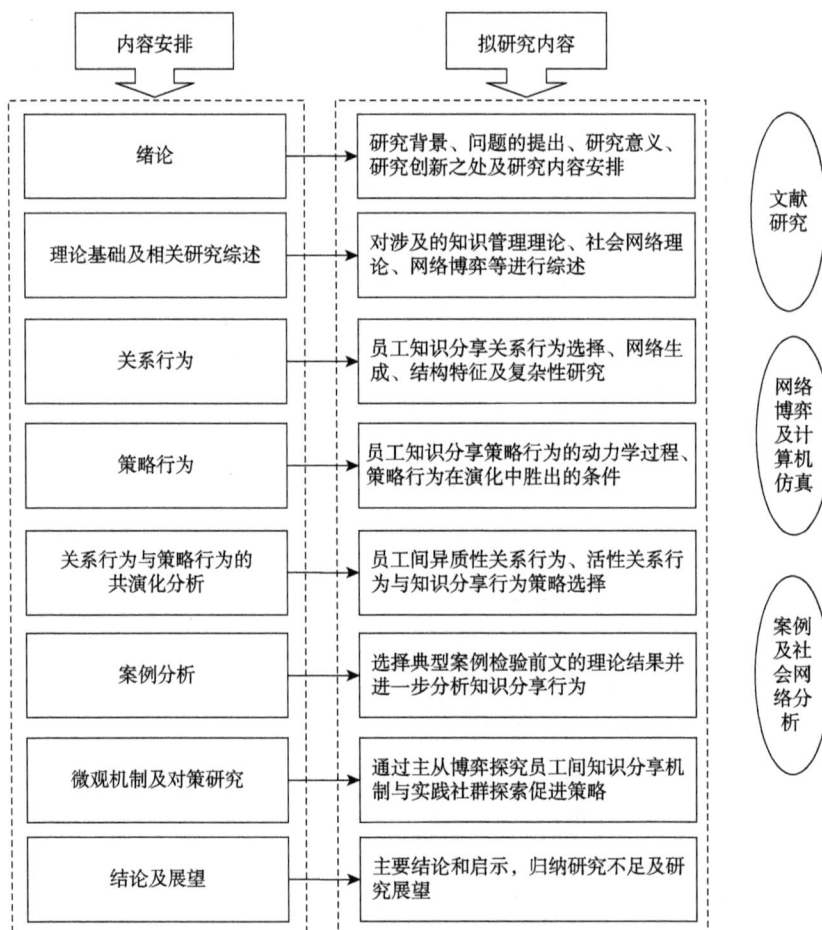

图 1.1　本书研究的技术路线

1.4 基本方法与途径

本书主要使用以下几种研究方法：

（1）文献研究法。通过对国内外相关领域文献进行梳理、归纳、概括，对知识分享、企业员工社会网络、复杂网络，以及演化博弈和网络博弈等有了较为深刻的认识。在研究过程中，文献研究法将继续为本书的研究提供理论基础和保障。

（2）网络博弈方法。网络博弈（network game）是当前博弈论与网络科学融合中的一个重要的新兴领域，该领域研究的很多问题思考起来很直观。例如，关于网络的形成与演化，社会交往中人与人之间的网络是怎么形成的，朋友群是如何形成的，为什么基于特定关系的形成的网络形状是树形的，而另一种关系形成的是其他形状的网络。本书主要运用网络博弈方法研究个体在相互作用和冲突中的策略选择和演化问题以及对网络结构的影响。

（3）计算机仿真方法。计算机仿真方法是理论研究中常用的研究方法。在真实世界中，网络上的动力学过程从本质上对人类而言仍然是黑盒子。提出符合实际背景的仿真机制对输出结果进行比较分析，就是仿真工具的基本思想。在分析了异质性连接情况下的、不同博弈框架下的策略演化问题的基础上，通过仿真研究从直观的角度分析异质连接对社会网络中员工知识分享行为选择的影响。

（4）案例研究方法。在理论分析的基础上，以国内信息通信集团旗下某研究院为案例研究对象，以社会网络相关理论为工具，通过实际案例，检验本书的部分理论结果，通过量化的语言来描述这些关系数据，利用特有的分析软件对得到的关系数据的各种参数（凝聚子群、可达性、网络密度、中心性、中介性等）进行分析，进一步探讨企业内部知识拥有者分享其知识的行为是否受到其所处的社会网络关系的影响；同时分析企业内部社会网络不同位置的成员在知识分享行为中的差异性。

1.5 研究的关键问题与创新

1.5.1 研究的关键问题

（1）复杂性问题是本书中首要面对的难题。本书中复杂性涉及三个方面：其一，知识分享关系及结构的复杂性，与知识分享行为紧密相关的员工知识分享关系及其结构具有动态、演化等复杂性；其二，知识分享行为复杂性，员工主体是具有高度智能和自适应能力的人，而"适应性造就复杂性"；其三，环境的复杂性，行为与关系必然受到系统环境的影响，特别是当环境变化和高度不确定时，环境带来的复杂性会显著增加。事实表明，企业员工知识分享中日益凸显的复杂性，不断向研究人员提出新的挑战。在这种情况下，如何科学与巧妙地将上述三方面复杂性进行有效处理，是本书需要解决的首个难点和关键点。

（2）基于"成本和收益"的企业员工知识分享关系行为选择、网络生成机理与网络结构特征问题。在员工知识分享过程中，员工间知识分享关系网络与传统的复杂网络不同，其节点是具有生命和智能的人类，而传统复杂网络的节点是无生命的，而且通常使用网络模型并未考虑连接关系的成本和收益，这与现实情况不符。在本书中，员工间知识分享关系连接的发展是以成本和利益为基础的，在知识分享关系的建立过程中两个新连接节点会因为彼此的邻居节点而获得外部效应，因而在网络生成时如何刻画两种效应影响下的生成机理，以及基于这种生成机理如何构建一个相对易于处理的知识分享关系网络连接模型是研究的一个难点问题。同时当每个员工个体在考虑了自身的成本和利益后互相建立知识分享连接关系纽带时，会呈现出什么样的结构关系？上述这两个问题是对企业员工知识分享关系网络本质认识的关键，同时也是后续研究的基础。

（3）员工互动关系行为对员工知识分享策略行为选择影响的问题。网络的力量来自于连接，员工之间的关系连接行为如何影响员工的知识分享行为是本书研究的关键。只有探明当我们改变网络结构时，员工个体的知识分享策略行为如何改变及员工群体的知识分享策略行为如何改变的问题，我们才可能有针对性地对员工间的社会网络结构进行组织和引导，才能发挥社会网络的作用，因此该问题是本书要解决的一个重要理论难点和关键。

1.5.2 主要创新点

（1）本书从知识分享关系内生的角度出发，充分抓住知识的情境依赖性和内嵌性等独特属性，综合考虑缔结知识分享关系的成本和收益，构建复杂社会网络中员工知识分享关系行为理论分析框架，分析知识分享关系策略网络的生成机理及独特结构特征，为认识员工知识分享关系行为的复杂机理提供新视角。目前在复杂社会网络的建模研究中，没有关注网络构成主体的动态行为，使得模型结果的丰富性与行为主体的决策无关，缺乏对员工缔结关系时策略行为这一社会网络形成的微观基础的很好表述。基于此，本书在研究知识分享关系行为网络建模时，将关系成本与效益转化为策略变量，有效考虑主体对建立知识分享关系还是断开该关系的策略行为选择，进而解决员工社会网络的形成演化如何受主体策略行为的影响问题，从互动本质来把握员工知识分享关系的内涵，为研究问题提供新的视角。

（2）基于员工知识分享策略行为受制于员工知识分享关系结构的观察，构建复杂社会网络上员工知识分享策略行为演化模型，分析知识分享策略的动力学过程，探索在复杂社会网络中员工知识分享策略背后的行为逻辑为何，并获得复杂社会网络上知识分享行为的涌现条件，并将 Nowark 的网络直接互惠拓展到网络间接互惠，丰富复杂网络上人类行为规律的研究成果。传统的演化博弈动力学模型假定群体是无限大的，同时也是充分混合的，这就意味着所有的个体将以相同的概率相遇并发生相互博弈。然而，在现实社会中，企业的员工数是有限的，并且知识分享的员工个体间的相互联系受空间因素和社会网络的制约。本书通过 Moran 过程刻画并分析企业员工知识分享的动力学过程，从而使得可以对宏观层次上行为的涌现提供在微观层次上主体策略行为的控制建议，为企业实施员工知识分享个人化策略提供理论基础和操作工具。

（3）将员工知识分享关系行为与策略行为纳入复杂网络的框架下，综合分析知识分享关系行为与策略行为共演化问题，重视员工策略行为对网络关系行为的反作用，揭示异质性连接行为与动态性调整行为对网络中员工知识分享策略行为的影响机理，分析知识分享行为选择与网络结构动态耦合机制，为深入地从网络层面研究复杂社会网络中员工知识分享问题奠定基础。从知识分享行为演化与员工社会关系发展角度出发，鉴于现有文献大多集中在静态社会网络，获取在某一时点的网络数据，将所有员工视为相同个体，分析网络关系及网络结构对知识分享的影响，这忽略了员工知识分享关系行为异质性与员工关系动态调整，同时也忽略了员工策略行为对网络发展的反作用影响，与现实情况不符。因此本书在既有研究基础上，从动态复杂角度引入异质连接及动态连接，对原有研究进行拓展和丰富，更深入地探索复杂社会网络下员工知识分享行为机理，一定程度上弥补了当前运用社会网络方法研究知识分享领域的不足。

第 2 章　理论基础及相关研究进展

知识分享是知识管理的关键环节。近年来知识管理理论的兴起带动了知识分享相关研究的快速发展。由于其发展时间比较短暂，迄今为止还没有形成一套公认的完善系统结构。近年来，国内外学者从不同角度出发，运用不同的方法对知识分享理论进行了研究。为了较好地探寻复杂社会网络上知识分享理论发展的演变轨迹和对知识分享行为理论进行更加深入的研究，本章将首先对知识和知识分享的内涵进行梳理，然后结合研究主题对社会网络理论与社会网络分析方法、复杂社会网络理论与知识分享行为、博弈理论与知识分享行为等理论基础及迄今为止的主要研究成果等方面重点梳理。

2.1　知识与知识分享

哈耶克早年在其经典著作《知识在社会中的运用》中提出这样的问题：究竟应该借助何种机制，社会才能够将存储在无数分散的个人头脑内的知识呈现给每一个社会成员？在实践中，我们所必需的各种关于具体情况的知识，从来都不是以某种集中或完整的形式存在，而仅仅是以片面且时常矛盾的形式，为各自独立的社会个体所掌握。因而我们遇到的社会经济问题核心就不只是如何分配所"赋予"的资源，而是如何确保充分利用每个社会成员所"知道"的资源，因为该资源的相对重要性只有这些人才知道。简而言之，问题核心是在一个错综复杂的社会中如何充分利用分散在不同社会个体中的"知识"的问题。人类的知识是不完善的，从而一个不断分享、传递和获得知识的过程是必要的（Hayek，1945）。关于知识，培根有句名言：知识就是力量（knowledge is power），但是停滞不动的知识能创造的价值远远低于流动的知识，当知识囤积在某一个人的身上时，是很难发挥增值效果的，只有通过知识分享，让知识在个体之间进行流动，才能创造出倍乘和增值效果，进而发挥出力量的作用。

知识分享是一种沟通，为知识拥有者与知识需求者两者知识交流的过程，意指企业员工或内外部团队在组织内或跨组织间，彼此通过各种渠道（如讨论、会议网络、知识库）交换、讨论知识，其目的在于通过知识的交流，扩大知识的利用价值并产生知识的效用。

2.1.1　知识

1. 知识的概念

对于什么是知识，不同的学者对此持不同的见解。Rao 和 Pasmore（1989）认为要精确地定义知识是非常困难的。根据信息理论，知识被认为是信息升华，是一个人已经认识到的，可以减小环境不确定性认知的一类信息；同时，它也是人类处理信息的一种工具与方法，人类使用它们可以实现原始信息的转化和处理，因此信息是知识的基础，知识是信息的深化与应用（林东清和李东，2005）。从认识论的角度看，知识是人类的认知成果，是对客观事物的一种客观世界的正确认知；并且这些认知拥有潜在的能力为特定目的而使用，其正确地反映了客观事物的本质及其在人大脑中的变化（王众托，2016）。我国在《关于知识经济与国家知识基础设施的研究报告》中，对"知识"做出如下定义："经过人的思维整理过的信息、数据、形象、意象、价值标准以及社会的其他符号产物，不仅包括科学技术知识——知识中最重要的部分，还包括人文社会科学的知识、商业活动、日常生活和工作中的经验和知识，人们获取、运用和创造知识的知识，以及面临问题做出判断和提出解决方法的知识。"从该定义我们可以看出，知识除了包含结构化的经验、价值观及文字化的信息，还应该包含见解、感知、事实、判断及经验法则等。综合来看，知识是一种流动性的综合体，其起源于人类的思想；在企业或组织中，知识不仅存在于我们常见的文件与储存系统中，也蕴涵在人们的日常工作、工作流程、具体任务的执行与规范当中。知识可贵的原因之一，在于它比数据或信息都要更接近行动，更易于指导人们的行为；在其获得、储存和应用中体现出特有属性，它是一个极为复杂、开放性的体系。

2. 知识的特性

1）知识的可重复使用性与非消耗性

在传统的工业经济中，我们常见的大多数资产都会在使用中面临着损耗、价值不断下降的问题，但是知识不是如此。人们可以重复使用自身和他人的知识，也可以将其拥有的知识与他人分享，通过分享此人仍拥有该种知识，即知识不会因为使用和分享而损耗；通过研究发现，对个体来讲，通过知识分享与使用，其知识不但不会减少，反而还会创造与增加。在企业中当知识被越来越多的个体使用，知识的网络效应也会得以充分体现，使用者从知识中获益的同时，也不断地丰富和充实知识库，并向其增添新的内容而增值。

2）知识的内嵌性与隐匿性

知识的内嵌性与隐匿性主要体现在作为客体的知识内嵌于认知主体，与认知主体之间无法分离（施琴芬和梁凯，2003）。依据波兰尼的观点，知识是"个人的"或"默然的"，所有知识首先都是由个体发现的。绝大多数知识不易被人类言语表达与交流，只能保留在人类个体的大脑中或者内嵌于具体的实践活动中，是高度个性化的而且难以格式化的经验、见解、印象、感悟、技术、诀窍等，以某种潜在形式隐藏于个体意识之中，是潜意识的知识。这在很大程度上妨碍了知识在企业员工间的分享与流动。除此之外，知识总是与特定的情景紧密相连，它总是依托特定情境存在的，是对特定的任务和情境的整体把握。

3）知识的资源性与稀缺性

知识属于无形资产，能够给企业带来巨大的价值。在企业中，它既是企业所拥有的专利、技术标准或商业秘密，又是隐含于企业的工作流程、管理制度与企业文化系统中的价值、理念或规则。知识资源与物质资源共同构成人类社会发展的基础，但与物质资源不同的是，知识使用得越多就越增值。在知识经济的社会里，知识作为一种独特的生产要素在经济发展中发挥着越来越重要的作用。

4）知识的分散性与不确定性

在企业中知识的承载单位是企业的员工，因而知识分散在企业的各个角落与不同流程中，当知识不断发展，它会生出许多的分叉并显得散乱，正如哈耶克所说，人类知识从来都是以一种散乱的形式存在。由于大部分的知识储存在员工大脑中，所以知识很难像物质资源一样被占有和支配，更不能像物质资源一样产生确定的收益。加上环境的不确定性，知识价值一直是难以预测的，存有很高的变异，在实践中，不同的使用者所能创造出来的知识资源的价值会有很大的不同。

3. 知识的分类

1）显性知识与隐性知识

1958 年波兰尼从哲学领域首次提出了隐性知识概念，并依据知识的形态，将知识分为显性知识和隐性知识。波兰尼（Polanyi，1962）认为"人类的知识有两种，通常被人们描述为知识的，即以书面文字、图表和数学公式加以表述的，只是一种类型的知识。而未被表述的知识，像我们在做某事的行动中所拥有的知识，是另一种知识"。后来 Nonaka 和 Takeuchi（1995）对该概念进行了发展与丰富。根据学者研究，显性知识主要是指能够被人类以一定符码系统（最典型的是语言和文字，也包括数学公式、各类图表、盲文、手势语、旗语等诸种符号形式）加以完整表述的结构化知识，其比较容易获得、理解和交流，传播和复制的成本相对低廉。而隐性知识和显性知识相对，主要是指那些我们知道但难以表述的、非结构化的、情境性的知识。隐性知识主要有两个层面：其一是"技术"层面，主要包括非正式和难以明确的技能、诀窍或工艺，可以称之为"秘诀"（know-how），源自实践者的亲身体验、直觉、个人洞察力及灵感。其二是"认知"层面，主要包括个体的信仰观点、思维模式、情感及个体心智模式。隐性知识深深地植根于行为本身和个体所处环境的约束，其传播成本很高，范围也较小。

2）个人知识与组织知识

根据知识的拥有主体不同，可将知识划分为个人知识和组织知识（任志安，2008）。在企业中，员工是企业的最基本单位，也是知识承载的基础载体，个人不仅是知识的积累者，也是知识的应用和创造者。一般来讲，个人知识是个体通过学习既有知识成果而获得的知识，是个体在实践中产生的知识混合体。个人知识主要存在于个人的头脑中，不仅包括个人技能方面的知识（专业知识、工作技能、诀窍、个人专利和发明）及个人的生活常识和体验，还包括个人的思维模式、意识和价值观等。学界对组织知识的内涵存在不同的理解，一种观点认为组织知识是组织内部全部知识的综合，个人知识是组织知识的有机组成部分；另一种观点认为组织知识与个人无特殊关系，是独立于个人的知识。综合来看，组织知识是作用于组织的各个方面的知识，其存在于组织中个体、群体和整个组织中，表现为组织的程序、制度、技术标准、管理模式、文化和规则，并随着组织成员的互动交流而被分享。组织知识分为环境知识、市场知识、产权知识和组织管理知识四大类。组织知识与个人知识存在紧密的互动（Tsoukas and Vladimirou，2001；Skyrme，2012）。

2.1.2　知识分享

知识分享是知识创新及利用的前提条件，如果知识没有经过分享，那么知识的效用就会局限在个人范围内使用（Nonaka et al.，2000；Sabetzadeh and Tsui，2011），所以知识需要不断地流动与转换，才能发挥其最大效用（Niu，2013）。知识管理是经由知识的获取、创造、分类、储存、分享、更新，进而产生价值，在这一连串的核心流程中，企业最困难的问题即为知识分享。因此，知识分享在知识管理过程中是相当重要的议题之一。解决知识分享的问题首先需要弄清楚知识分享的内涵，但由于学者从不同的角度进行研究，出现了比较多的概念。综合以往许多学者对知识分享的定义，其相关的定义整理如表 2.1 所示。

表 2.1　知识分享概念的诠释

学者	年份	定义
Nonaka 和 Takeuchi	1995	知识分享为内隐知识与外显知识之间转换、互动的过程，通过知识的转换，可以增加组织的竞争力及价值
Davenport 和 Prusak	1998	知识分享是流通的过程，知识分享的动机或报酬包括互惠主义、声誉主义、利他主义三要素
Senge	1999	知识分享不仅是将个人所知的知识告诉他人，而且是帮助他人去获得自身所没有的知识，当个人愿意让他人拥有新的行动能力时，也会出现鼓励他人学习分享的情形，知识分享必须通过互动，成功地将知识转移给他人，形成他人的行动能力
Hendriks	1999	知识分享是一种学习与沟通的过程，当组织中的成员向他人学习知识时，就是在分享他人的知识，而知识接收者必须有重新建构知识的行为
Bartol 和 Srivastava	2002	知识分享是组织成员以系统的方法将相关的信息、想法、建议及经验分享给其他成员的过程
Bock 和 Kim	2002	知识拥有者愿意将工作经验、技术、看法以具体的方式传递给他人，并且希望他人了解后能实际应用于工作上的一种态度或行为
Kim 和 Lee	2010	知识分享被定义为组织成员在组织内或非正式、正式的跨团队互动中，分享其工作经验、专长、诀窍等行为
谢建成和吴佳典	2010	知识分享为让组织成员通过渠道或辅助工具，将所拥有的知识、经验、想法及诀窍与他人分享，使得成员可以互相学习，在工作中可以得到适当的协助，以提升工作效率

知识分享尚无一致性的定义，各个不同领域的学者对知识分享提出了不同的观点：从沟通观点的角度而言，知识分享是一种沟通过程（Hendriks，1999），必然牵涉沟通的双方认知，因此知识分享涉及两个主体，即知识拥有者（knowledge owner）与知识重建者（knowledge reconstructor）。持类似观点的学者还有 Nonaka 和 Takeuchi（1995），他们认为知识分享是知识拥有者外显与知识重建者内隐之间互动的过程，并提出知识螺旋的观点来说明知识互动模式的共同化、外化、结合、内化四步骤，知识拥有者内隐知识转换为知识接收者内隐知识为共同化过程，所转移的知识称为共鸣性知识，拥有者与接收者之间具备共同的经验，是成功移转的关键因素。

另外，Davenport 和 Prusak（1998）也尝试从知识市场的观点来看知识分享。意即知识本身也是受市场供需法则所影响的，知识被当做如同商品般的交易目标，在供需两方也就是知识卖方与知识买方之间有一种关系存在，知识买方与知识卖方进行交易，获取各自所需，而这种交易之所以会成功，是因为知识交易的双方都认为可从交易中获得各自的好处，这是知识分享产生的源动力。因此，在实践中企业应充分认识并发挥知识市场机制的作用，应提供充分的鼓励分享、提供诱因，才能促使知识交易（分享）活跃（Davenport and Prusak，1998；Sharma and Bhattacharya，2013）。

从市场观点延伸出将知识分享行为视为一种社会交换的机制，Bock 和 Kim（2002）认为知识分享本身就是一种社会交换行为，其不同于经济交换，由于经济交换是依赖交易双方彼此合同签订的正式契约，详细规定着精确的交换数量及交换义务；而社会交换观点认为知识交换各方的互惠和信任才是影响彼此分享知识的主要因素。社会学家 Blau（1964）介绍知识分享时也提到，分享知识与分享商品、服务等之间确实不能直接画上等号，虽然分享与商品、服务的交易过程相似，但与其说知识分享在运作过程中具有交易行为的特征，不如说在组织中对知识拥有者与需求者间的知识分享运作过程中，双方都隐含着社会交换机制的心态（Bartol et al.，2009；Wang，2013；Chalmers，2013）。

除了沟通、市场、社会交换的观点之外，亦有学者把知识分享行为视为学习的模式之一。知识分享是协助他人发展有效行动的能力，以及协助他人了解某事的缘由与道理，知识分享是知识拥有者对知识需求者"施教"的活动，对知识需求者而言，则是"学习"的活动（Senge，1999；Wilson et al.，2007；Lin et al.，2012）。也有将知识分享解释为知识库系统的观点，如 Levin 等（2003）认为知识分享是借由信息媒介来产生知识移转，接收者借由已具有的知识对新知识加以解释。知识分享可在空间中与时间中进行，并且知识拥有者必须将想法编码，然后以符号的形式传送或储存，再用来解释、预测或是形成一种提供解决方案的方法（颜伟宏，2008）。但无论是何种观点看待知识分享行为，简言之，知识分享是组织成员显性的、隐性的、理论的、实务的、正式的、经验性的等不同知识，通过各种方式让其他组织成员也能获得知识的行为。知识管理对企业组织而言，是获取并保持竞争优势的利器，而知识管理的关键则是知识分享，如何通过相关策略，增加企业员工知识分享的意愿，成为企业关注的重点。

知识分享是新想法产生的重要起源，但知识分享仍是目前知识管理的瓶颈所在，组织成员不愿意分享知识的原因大致可分成四类：

（1）知识就是力量。组织内员工认为价值是来自于自身的知识，知识代表的是一种力量，与他人分享知识可能危及自己的地位（Oye et al.，2011），所以倾向于保存而不愿意分享（Cress and Hesse，2004）。

（2）找不到分享的机会。无形的知识很难用言辞表达，需要彼此有互动时间和机会或共同的知识才能传达意见（Mårtensson，2000；Vaccaro et al.，2009）。

（3）缺乏分享的动机。对于和自己关系不密切的成员缺乏分享的意愿或是不知道自己的知识对其他成员的价值（Ostro，1997；Holste and Fields，2010）。

（4）缺乏分享的习惯。成员间彼此从不分享知识以至于缺乏分享的习惯（Al-Alawi et al.，2007；Kukko，2013）。

以前学者们多强调提供诱因，如马斯洛所提到人类满足自尊与自我实现需求的诱因，让员工获得肯定、尊重和声誉满足自尊，表现出个人最佳能力以满足自我实现需求；或是针对员工特性诱发其人际关系需求和权利需求，并给予互动的机会来实现知识分享；或是强调社会交换理论，与重视知识分享上的互惠情形和组织运作有关。因此增进社会交换间所需的元素，如信任、交换规范等，是组织考虑增进知识分享的重点。而利用社会网络的建构可以了解人际间的无形互动关系、知识交流的情形，是否有人苦无分享机会而处于边缘，或是因网络关系过于集中于某人而导致意见的阻塞。综合以往研究，Levin 等（2003）将知识分享与转移的研究重点分为以下三个构面：

（1）结构构面。从过去的研究中发现，结构所呈现的关系在获取信息（Burt，2010；Dawson，2012）、学习如何做（Lave and Wenger，1991）、了解复杂的环境或事情（Weick，1979；Kimmerle et al.，2010）及解决复杂的问题（Hutchins，1991；Tortoriello and Krackhardt，2010）等方面都扮演着重要角色，如强弱连接、结构洞等理论。

（2）关系构面。不只强调连接状况，还强调连接关系的内涵，如信任能协助资源（知识）的交换等（Liao，2010；Sankowska，2013）。

（3）知识构面。过去多将组织的知识分成内隐知识和外显知识。例如，内隐知识通常减缓知识传递，如制造能力（Zander and Kogut，1995；Zhang et al.，2011）和新产品开发项目的知识（Hansen，1999）。

尽管以往学者强调关系构面的重要性且认为社会结构中如关系强弱衡量无法取代关系构面，但关系构面的变量已蕴涵于社会结构中，如果想发展一种分析机制，从问题的根源来观察会是比较好的方式。除此之外，以往所运用的结构指标多仅强调关系强弱的影响（Levin et al.，2003；Hansen et al.，2005；Vaara et al.，2012），而忽略其他辨识结构的指标（如结构洞、封闭性、密度等）。因此本书认为从结构构面来观察知识分享可以获得更好的解释能力，并期望从博弈分析中挖掘更多的规律和启示。

2.2 社会网络理论

社会网络的概念与运用起源于心理学、社会学与人类学。社会网络理论首先由 Simmel 在 1908 年提出，他强调了过去所忽略的人际互动层面、网络关系的产生与连接。在心理学领域，*Sociometry* 杂志的创始人心理学医生 Moreno 提出了同名法，并用其来测量社会关系，以便更好地研究社会结构与心理健康的关系。人类学家 Barnes 于 1954 年最先提出"社会网络分析"一词，其在针对挪威渔村进行社会结构研究时发现，从正式的社会结构（如职业、地位、社会阶级等角度）无法了解整个社会结构；若从非正式的方向（如朋友、亲属或邻居等关系的发展）进行研究，则能观察整个渔村成员的互动状况。到 20 世纪 60 年代后期，包括 White、

Breiger、Granovetter、Burt、Freeman 在内的学者做了大量的工作，对推动理解社会网络、完善社会网络理论做出了重要的贡献。在迄今为止的 40 多年里，以社会网络为关键词的研究文献与科学出版物呈指数增长，且毫无变缓的趋势。类似地，网络研究也迅速被应用到自然现象及数学和物理学复杂的社会系统中（Barabasi，2002；Newman，2003；Watts，2004）。

2.2.1　社会网络的含义

社会网络的研究起源于人类学家在探讨复杂的社会人际互动关系时，发现传统的结构功能理论无法解释实际的人际互动行为（Banck，1973；Mitchell，1979；Milardo，1988），因而必须寻求新的理论。

网络是一个节点及其关系的集合（Brass，1995）。网络节点是指网络的个体成员，包括个人、团体、组织乃至国家社会。连接关系则包含人际互动的情感网络，以及经济理性的工具网络。社会网络是指某一群体中个体间特定的连接关系（Mitchell，1969；Tichy et al.，1979）。刘军（2009）指出，社会网络指的是社会行动者（social actor）及他们之间关系的集合。社会网络主要构成要素有三个：行动者（actors）、各行动者间的关系（relationship）及其连接方式——连接（ties）。行动者可以是个人或组织，在网络的形式里被称为节点，各行动者间的关系可能是各式各样的社会关系，如朋友、亲属等。社会网络是一组节点通过社会关系连接所呈现的形态。

综合上述国内外学者针对网络、连接关系与社会网络的定义，我们看出"关系"与"行动者"是社会网络中的核心，而关系所指的实体对象可以是单个的自然人、小的群体、组织乃至国家等社会行动者。本书的研究对象为企业组织内部员工知识分享中的社会网络，综合上述学者对社会网络的定义及本书的主题，在研究中我们以知识分享中企业员工个体及其之间的关系为网络分析的基本单位，将社会网络界定为在知识分享过程中所有员工间通过正式与非正式的互动关系而形成的网络。

2.2.2　社会网络理论的本质

社会网络是由行动者与行动者间的关系共同构成的，其探讨的核心基础为行动者之间的关系连接，而非行动者本身的特性，其分析视角强调把结构关系作为关键的导向原则，其中社会结构的组成是有形实体之间关系模式的规律性，而不是抽象的规范和价值之间的协调，也不是对这些有形实体的特征进行分类（White et al.，1976；Lin，2002）。社会网络理论认为个体内嵌于网络，网络的背景和结构影响网络中个体的信念、认知、态度及行为。因此，社会网络研究的首要目标是刻画、测量和展现这些结构关系，并解释它们发生的原因及产生的结果。个体自身处于关系网络之中，其态度与行为在某种程度上必然会受到其他成员的影响，亦即必须同时考虑其他成员的态度与行为，而限制本身的行为。例如，当遇到整体的利益与个人的利益冲突时，是否做出妥协的决定；或为了维持良好的关系，而必须表现出其他成员所期望的言行举止，而不能完全依自己的意志行动（Kilduff and Tsai，2003）。然而，事实上，个体间关系的建立牵涉个体间接触互动的机会、建立关系的意愿及关系建立的能力，其中又以意愿部分变量最多，除了持经济理性的社会交换理论外，还包括许多深层的心理因素，如情感因素、内在成就动机、社会归类、社会认同、社会支持、自尊等。因此，个体的属性及二元匹配性（dyadic match）便在其间扮演着重要的角色，但这部分是目前社会网络理论略去不谈的，这亦是其未来可以发展的空间。

2.2.3　社会网络理论的两大派别

研究社会网络理论的学者中，可分为两大派别，一为结构论者（structuralist），另一为个体论者（individualist）。结构论者是 20 世纪 70 年代强力主导网络研究的学派，主张个体位于网络中的位置会限制个体机会及行为，其中最具代表性的为 Blau（1977）、Mayhew（1980）及 Wellman 和 Berkowitz（1988）等学者。结构论者认为个体镶嵌于网络结构之中，个体的属性、认知或人格特质等皆无法对社会网络造成任何影响。例如，Mayhew（1980）便认为研究个体是个死胡同，网络研究的分析单位必然是社会网络，绝对不会是个体，并且批评个体论者只会用一些陈词滥调来回答他们那些根本称不上问题的问题。个体论者亦认为个人属性太难以衡量，如认知、态度、性格、人格特质，所以应该予以摒弃（McPherson et al.，1992）。

然而，个体论者认为个体的行为对社会网络的形成与变化有一定的影响力，其所关心的重点并非结构论者所重视的"网络结构所能带来的资源"，而是"如何建构适当的网络结构"。因此，近年来有学者以个体属性的观点，探讨由于个体间属性上的不同，各个体拥有不同的关系网络，进而影响其所能获得及运用的资源，最终会影响个体的态度与行为表现。例如，Borch 和 Willer（2006）研究小群体中的人格特质及人际网络结构，Mehra 等（2001）则以高-低自我监控作为预测个人位于社会关系网络位置的影响因素。

2.2.4　社会网络分析法

社会网络分析法（social network analysis）是由社会网络理论所延伸出来的分析工具，其结合了计量社会学、数学、社会心理学、平衡理论、图形理论、社会比较理论等各领域的成果，并发展出 Granovetter（1973）的弱连接优势、Krackhardt（1992）的强连接优势及 Burt（1992）的结构洞等具原创性的理论，此分析方法可应用于组织理论及组织行为等研究领域（Kilduff and Tsai，2003）。多位学者皆认为，社会网络分析法在连接宏观与微观层次数据时有其独到之处，并认为其确实能以单一架构同时分析跨组织及组织内的网络数据（Tichy，1981；O'Reilly，1991；Krackhardt，1992；Abbott，1993）。因此，社会网络理论可通过社会网络分析法，同时研究组织中跨层次问题。例如，Galaskiewicz 和 Wasserman（1989）在研究企业对非营利事业的捐赠关系时，便同时分析跨小区及小区内的数据，并发现双方组织层次的连接（macro-level）受到跨界人员（boundary spanners）的中介效果影响，而这些人员的一些想法会在企业内部散播，进而达到获得捐赠的目的；而 Burt（1992）所提出的结构洞概念（位于两群以上不相连接的小团体间）亦同时兼顾跨组织及组织内的分析层次。

社会网络分析法的分析架构主要可分为两大类：一是以个体为核心所形成的网络结构（ego-centric networks），主要分析的是其在网络中的连接与位置（Knoke and Yang，2008），如强连接、弱连接、向内程度中心性、向外程度中心性、接近中心性、中介中心性、结构洞等；二是以整体网络为分析焦点，其分析的内容包括网络的密度、集中度、小团体、结构同等性等（Borgatti et al.，2002）。一般网络分析所采用的关系类型为工作咨询网络、友谊网络、情报网络，然而依各研究者的需求不同，亦可采用不同的社会网络，如认知基础信任网络、情感基础信任网络、工作流网络等。另外，Carrington 等（2005）、Scott（2011）等学者所编著的文献资料，亦有一定的参考价值。与此同时，可用于社会网络分析的计算软件也在相应地快速增长，如 UCINET、Pajek、MultiNet、NetMiner、Structure 等通用程序被广泛应用于常规的网络数据分析。除此之外，还有不少有特殊用途的程序来处理一些特殊问题，如空间社会网络分析（Priyopradono et al.，2013）、研究隐性人群（Frank and Snijders，1994）和计算赋值图中的最优连接状况（Yang and Hexmoor，2004）等。

2.2.5　社会网络动态分析

在传统的社会网络分析中，无论是整体网络还是个体中心网络，数据都采集于一个时间横截面上。它们依赖于代数运算方式，采用关系、嵌入性、结构模式和网络连接效用四个核心观点，是静态性的社会网络分析方法。但是，我们在研究传播网络等对象时，也会非常关注社会网络的动态变化：随时间变化，行动者建立、消除或者保持与其他行动者之间的社会连接，从而改变整个网络的拓扑结构。对这种变化的网络进行分析，我们需要扩展传统的社会网络分析方法，采用社会网络动态分析方法。

动态网络分析的研究最早从 Watts 和 Strogatz（1998）发表在《自然》杂志上的文章开始，他们称为"网络动态学"（dynamics on network），后来由 Carley（2002）

等将这类研究称为"动态网络分析"（dynamic network analysis）。在社会科学的众多学科中，社会学（sociology）已经和其他学科进行了很大的融合。从学科间文献的相互引用可以看出社会学与经济学、心理学和管理学等的关系，学科交叉中碰撞出的新的跨学科的研究领域。诸如计算社会学（Lazer et al., 2009）、金融物理学（Mantegna and Stanley, 1997）、计算组织理论（Carley, 2002）、社会物理学（Mirowski, 1991）等交叉学科领域的发展给动态网络分析提供了广阔的平台和应用前景。

在科学研究中，问题往往比解决方案更重要。在社会网络的研究中，收集到的数据并不局限于一个时间横截面上，可能会出现一段时间内几个时间横截面上的数据，面对这些数据，人们会产生疑问：到底社会网络是如何发生变化的，行动者间的连接是如何产生的，又会如何随时间消失。例如，人们会交新朋友，但是又会终止一些朋友关系；企业会有新的合作伙伴，组成新的战略联盟，但是同样会断绝以前的一些合作关系，某些联盟关系也会被瓦解；在沟通交流中，哪些人更倾向于获得帮助，或给予他人帮助；在信息传播中，哪些人在传播中起到重要作用，他在网络中位置的改变会带来什么；本书引用中，哪些参考资料或文献更能获得引用，本书的引用将呈现出怎样的模式；等等。这些社会科学中的问题，由于人具有的异质性，他们的参与和交互增加了很多不确定性，背后模式的分析变得更加复杂（Watts and Strogatz, 1998）。对这些复杂问题的探究，依靠一些常识理论可以帮助我们理解其中的变化。例如，物以类聚，人以群分，个体总是倾向于与他们相似的个体进行互动，而避免冲突关系的产生（McPherson et al., 2001）；两个人有共同的朋友，则他们相互沟通交流的机会就有所增加，从而他们也更倾向于在未来成为朋友（Louch, 2000）。对这些常识的认识，不能只局限于定性推理，而需要在社会网络分析中，采用社会计量的方式进行研究，这些常识与社会网络分析中的空间和社会亲近度概念相关，也与聚类和三元组概念相关，也涉及桥和路径等概念。但是，通过这些概念形成的测量指标，到底能够反映多少问题本质，则需要利用历史数据进行动态分析，进行趋势化和定量化分析（Kossinets and Watts, 2006）；并且在应对复杂环境下的突发事件，在军事上对日益严重的恐怖组织，也需要采用动态网络分析预测他们的活动，并制订有效的方案来瓦解他们（Moon and Carley, 2007）。目前，计算机运算能力在处理大规模数据中已经不存在问题，学科也必然从静态研究向动态研究发展（Doreian and Stokman, 2013）。在学科的发展中，随着大量的诸如物理学科等其他学科的科学家加入网络分析研究中，学科的复杂性必然要求学科的交叉和融合，并且还原论的范式必然会被打破，基于数据的复杂系统的数学模型将迅速发展为一门新的学科：网络科学（Barabasi, 2012）。小世界实验正是通过互联网上大规模对象的实验得到了进一步验证，幂律也是再一次通过互联网上大规模的数据得到了验证。同时，其他学科的知识被大量用于社会网络分析，并产生了诸多新的名词，从而在学科交叉中不断向前发展。

2.3　复杂社会网络理论与知识分享行为

2.3.1　社会网络连接与知识分享行为

一些学者将社会网络连接划分为强连接和弱连接，进而考察强弱连接对知识分享产生的不同作用和影响以及二者的交互作用。Hansen（1999）、Hansen 等（2005）研究了弱连接对多部门组织内部知识分享的影响。Hansen 以连接理论观点，针对某大型电子公司共 41 个部门 120 项新产品发展计划的研究发现，弱连接有助于设计团队搜寻到有用的知识，却阻碍了复杂知识的移转；同时，当知识非属复杂性时，弱连接可加速其获取，然若为高度复杂性，则会减缓其转移。Lai 和 Wong（2002）研究发现，个体倾向于强连接，或他们可知觉到有良好关系者去分享信息；同时指出，通过亲属连接所传递给响应者的信息，会比传递给非亲属者等其他沟通渠道更为快速。张火灿和刘淑宁（2002）的研究指出，组织内部员工之间不相连的关系形式，不利于知识在组织内部分享的速度与广度，而组织内部员工之间较少重复的弱连接关系，通过"中介者"的居中连接，可以加快知识分享的速度、扩大知识分享的广度。邝宁华等（2004）则以企业内部的部门为单位研究了强连接的作用，得出结论：通过强连接联系的部门的知识表示及吸收能力相对较强，部门之间的知识分享也可基于强连接来实现，但并没有实证检验。翟伟希（2010）利用社会网络分析方法绘制了组织知识分享交流图，发现组织知识分享中存在的问题，并捕捉对知识分享活动具有重要价值的信息。刘佳和王馨（2013）实证研究了组织内部研发部门的社会网络联系对知识分享的影响，结果显示咨询联系要比友谊联系更加重要，咨询联系的强度对知识分享具有重要的影响，友谊联系的强度对知识分享的影响不十分显著，除了友谊联系的频率对个人隐性知识具有预测作用之外，其强度对其他类型的知识分享均未发现有预测作用。

2.3.2　社会网络结构与知识分享行为

另一些学者将视角集中在社会网络的结构上，他们认为相比于社会网络连接，社会网络的结构更能解释社会网络对知识分享的作用。组织中的个体在与其他个体进行知识分享过程中所需投入时间和精力的意愿受到社会内聚力的影响，对不同的知识类型，个体与不同群体之间的知识分享还受到网络规模的影响（Tsai，2002；Reagans and McEvily，2003）。任志安和毕玲（2007）同时考察了社会网络连接和结构对知识分享的影响，提出了一个理论分析模型，研究结论表明，在知识分享的不同阶段，适用的社会网络连接关系和结构也是不同的。秦红霞和陈宝国（2010）通过对企业内部社会网络镶嵌特点的分析，建立了企业内部知识分享网络模型，论述了共享主体之间的关系结构等因素对共享知识的质量、时效性及范围等方面的影响。吴丙山等（2011）基于社会网络的视角，从网络密度、中心性、结构洞等重要的网络结构维度进行探索，并选择高新技术企业的核心知识团队为研究对象，揭示隐性知识分享网络的结构特征及其对知识员工隐性知识分享行为的结构性限制。

2.3.3　小世界理论与知识分享行为

Watts 和 Strogatz（1998）通过在规则网络中引入少量随机远程连接，网络中任意两个节点之间的平均距离变得相当小，提出了小世界模型，在一定程度上阐释了社会网络的小世界特性。

邓丹（2006）利用社会网络理论中的"小世界"网络模型建立了知识分享网络模型，并对知识分享效果进行量化分析。组织内知识共享本身是一个复杂的社会网络问题，苏卉（2009）基于 W-S 模型，构建了组织内知识共享的复杂网络模型，研究指出可以采取措施调整网络的交流路径长度及交流集中度，来影响网络的结构及效应，促使组织内知识共享水平以及成员之间的知识交流与共享网络得以不断向最优状态演化。Lesser 等（2000）分析知识分享与组织中的群体结构，发现知识分享中小世界效应非常明显。

从上述研究成果来看，学者们已经注意到复杂社会网络对知识分享的重要意义。但相关研究缺乏系统性，从社会网络的全局视角来开展企业内部知识分享的研究并不多见。大部分学者都是围绕社会网络中某个因素对知识分享的影响或作用进行研究，这些研究主要是通过探讨社会网络分析中的一些指标（如强弱连接、网络规模、网络密度、中心性等）与知识分享之间的关系来开展的。但是，较少学者去探究知识分享关系网络的生成机理、结构特征及其动态演化过程，进而提出如何优化社会网络以促进企业员工知识分享的策略。为此，本书认为，在现有成果基础上，考察企业员工知识分享的动力学过程，提出知识分享策略胜出的条件，可以为企业管理者提供一些有益的参考与启示。

2.4　博弈理论与知识分享行为

2.4.1　演化博弈

1. 从传统博弈到演化博弈

演化博弈理论作为演化经济学、生态学、社会学等学科中重要的分析理论工具, 正逐渐发展成一个独立的研究领域。与传统博弈理论不同, 演化博弈理论不要求经济主体是完全理性的, 也不要求经济主体的行为满足预期一致性原则。因此演化博弈理论能比传统博弈理论更有效地预测经济主体行为。

在近几十年中, 演化博弈理论得到了迅速发展。生态学家 Smith 和 Price (1973) 在结合生物进化论和传统博弈理论的基础上提出演化博弈理论, 其中, 进化稳定策略的提出是进化博弈理论诞生的标志。Smith (1982) 将 1973 年对进化稳定策略的条件做了适当放松, 提出了改进的进化稳定策略概念。由于演化博弈摒弃了参与者完全理性的假设, 其更符合实际情况, 并被广泛使用。Taylor 和 Jonker (1978) 提出的复制动态 (replicator dynamics) 模型在进化博弈理论中得到了比较广泛的运用。复制动态是进化博弈理论中的基本动态模型, 该模型能够较好地预测有限理性个体的群体行为变化趋势。在演化博弈的发展过程中, 演化博弈的分类得到细化。根据研究所考察的群体数目, 演化博弈理论的基本模型可分为单群体模型和多群体模型。在传统单群体生态进化模型中通过引入角色限制行为, 单群体模型就变为多群体模型, 原来对称博弈就变为非对称博弈。Selten (1980) 研究了多群体的演化博弈, 提出了适应于非对称博弈的演化稳定策略 (evolutionary stable strategy, ESS) 概念。Hammerstein (1981) 认为个体倾向于应用稳定策略来选择行为并决定竞争结果, 而稳定比进化稳定策略具有更严格的 "吸引域"。

2. 合作问题的产生机制

合作现象随处可见, 而个体利益和群体利益的冲突也时有发生, 如众所周知的囚徒困境——合作对双方最有利但理性选择的结果却是背叛, 就是在利用传统博弈理论框架解释现实矛盾过程中出现的问题。因此, 合作行为的出现需要有一定的机制设计来保障。Nowak (2006) 在其研究中介绍了亲缘选择 (kin selection)、直接互惠 (direct reciprocity)、间接互惠 (indirect reciprocity)、网络互惠 (network reciprocity) 及群组选择 (group selection) 五种促进合作产生的机制。Hamilton (1964) 利用博弈理论观点对利他行为和亲缘选择现象进行了研究, 结论表明合作行为的产生与亲缘关系的利他行为紧密相关。这只能解释具有亲缘关系的个体之间出现的合作行为。为了突破此局限, Trivers (1971) 提出了直接互惠的合作演化机制, 类似于 "囚徒困境" 的扩展, 即所谓的 "重复囚徒困境" 博弈分析框架。在此基础上, Axelrod (1997) 提出了 "以牙还牙" (tit-for-tat, TFT) 策略。其规则是首先选择合作策略, 随后的每一轮策略选择都始终与对手的上一轮策略选择相同。然而, 如果存在噪声的影响, 即对方并非出于本意而是由于 "颤抖手" 做出错误选择, 无法改正对方的失误导致双方无休止地报复, 使得采用 TFT 策略的参与者之间合作的可能性就会大打折扣。因此, 很有必要对此机制进行修正, Nowak 和 Sigmund (1992) 提出了 GTFT (generous-tit-for-tat, 即慷慨地一报还一报）策略，参与者在对方选择合作策略时一定也会选择合作策略，而在对方选择背叛时，则以一定的概率仍然选择合作。此后第二年，他们又提出了 WSLS（win-stay，lost-shift，即输则改之，赢则加勉）规则（Nowak and Sigmund，1993）。在 WSLS 规则中，首先需要设定一个收益阈值（衡量博弈是否成功），如果一次博弈得到了高于阈值的收益，那么下一次博弈中将继续采用上一次的策略；反之，就会采取与上一次不同的策略。通过对收益阈值大小的调节，WSLS 规则可以出现相比 TFT 策略或 GTFT 策略更好的稳健性。TFT 策略对合作的出现能起到催化剂的作用，而 WSLS 规则更有利于参与者之间合作关系的维持。

建立在两个个体多次重复博弈前提下的直接互惠为合作演化提供了一个有效的机制，但很多现实情况是直接互惠机制所解释不了的，如一个人帮助了另一个人，但并不一定能直接得到回报，另外，即使是一些素不相识的人，在他们需要帮助时，也经常会得到帮助。建立在声誉（reputation）基础上的间接互惠对此问题有更强的解释力（Nowak and Sigmund，1998）。在间接互惠机制基础上，随后的一些学者引入了新机制——奖赏（reward）和惩罚（punishment）。奖赏和惩罚对合作行为都有促进作用，相比较而言，惩罚比奖赏要更加有效（Sigmund et al.，2001；Fehr and Fischbacher，2003）。但是在真正的重复博弈中，因为惩罚成本过高从而抵消了合作水平提高所带来的好处，具有代价的惩罚（costly punishment）并不是一种有效的方式，尽管它在一定程度上的确可以促进合作（Dreber et al.，2008）。Ohtsuki 等（2009）和 Rand 等（2009）等则发现在促进合作上，奖赏比惩罚更有效些。

在现实世界中，个体一般不会与所有其他个体相互作用，而只是与其中一些发生相互作用关系，形成相应的网络结构（Tsai，2002）。在具有某种结构的网络上，合作者可以形成团簇互相帮助，进而维持一定的合作水平，这种合作机制被称为网络互惠，并由此产生了空间互惠（spatial reciprocity）（Nowak and May，1992）。

2.4.2　网络博弈

个体之间的交互作用包括个人的社会经济活动和企业组织之间的合作与竞争等，大都内嵌于某种形式的关系网络（Galeotti et al.，2010）。二十多年来，学者们将博弈理论扩展到关系网络上个体交互作用的研究，开创了网络博弈理论。目前，网络博弈理论的研究方向主要有网络上的演化博弈（Nowak and May，1992；Nowak，2012）和网络生成博弈（Jackson and Wolinsky，1996；Jackson et al.，2012）。

1. 网络上的演化博弈

Nowak 等学者长期研究演化博弈理论，1992 年提出的空间囚徒困境博弈（Nowak and May，1992），可以看做网络博弈理论研究的起源。在演化博弈视角下，考虑群体中的多个个体进行囚徒困境博弈，若博弈关系网络是一个全连通网络，则个体之间的合作行为不会涌现（Hofbauer and Sigmund，1998）。但如果个体分布在一个方格网络（lattice network）上，每个个体都仅仅只与自己的邻居进行博弈，那么合作行为不仅会涌现，并且可以维持某种稳定状态（Nowak and May，1992）。由于个体之间博弈关系的空间结构改变了博弈的结果，Nowak 和 May（1992）就将位于方格网络上的这种演化博弈称为空间博弈。

在 Nowak 和 May（1992）的空间博弈模型中，个体以模仿最优者的方式来更新策略，即在每轮博弈过后，各个体都采取其邻居中收益最高者的策略。Wu 等（2006）研究了具有动态优先选择机制的空间囚徒困境博弈，发现在策略更新过程中，若个体在选择配对邻居时具有某种优先机制，则群体的合作行为能够得到明显的增强。

除了囚徒困境博弈之外，雪堆博弈也是一个经典的博弈模型。Hauert 和 Doebeli（2004）研究了方格网络对雪堆博弈的合作行为的影响，结果显示，其作用是负面的。Wang 等（2006）通过对基于个体记忆的空间雪堆博弈模型的分析表明，随着合作收益的变化，合作水平出现非连续相变，并产生一种与分形类似的独特斑图。近年来的实证研究表明，真实世界的网络普遍是具有小世界特性和无标度特性的复杂网络（Watts and Strogatz，1998；Barabasi and Albert，1999）。

Abramson 和 Kuperman（2001）首先研究了 WS 小世界网络上的囚徒困境博弈，结果表明，群体合作行为的涌现程度受到断边重连概率的显著影响。群体合作行为产生的条件是平均度和断边重连概率处在某个范围内。进一步，Santos 等（2005）研究了同质和异质的小世界网络上的囚徒困境博弈，结论表明，背叛诱惑的大小会影响长程边的作用。当背叛诱惑足够大时，长程边的存在将促进合作行为的产生；而当背叛诱惑足够小时，长程边的存在将促进背叛行为的出现。此外，小世界网络节点度的异质性有利于合作行为的产生。

Santos 和 Pacheco（2005）研究发现，网络节点度的无标度分布特性极其有利于合作行为的产生和维持。进一步研究表明，与规则网络相比，BA 无标度网络节点度的异质性能够很好地促进囚徒困境博弈和雪堆博弈中合作行为的涌现（Santos et al.，2006）。

Jackson 和 Schneider（2011）以商人与代理人之间的代理活动为对象，构建博弈模型，通过仿真分析表明，社会关系网络对道德风险的产生可以起到抑制作用。另外，Bo 和 Yang（2010）在不同网络中对最后通牒博弈进行了比较分析，WS 小世界网络和 BA 无标度网络都对公平的出现起到促进作用，但相对而言，WS 小世界网络可以带来更加公平的结果。

2. 网络生成博弈

网络生成博弈是近年来网络博弈研究的一个热点。在网络生成博弈中，参与人是网络中的节点，他们的策略是决定与其他参与人建立连边，而网络的结构则决定了各个参与人的收益（Jackson and Wolinsky，1996；Jackson，2009）。

Jackson 和 Wolinsky（1996）最早建立了具体的网络生成博弈模型，包括社会关系网络生成博弈和作者合作关系网络生成博弈，并提出了适合网络生成博弈模型的均衡概念——配对稳定（pairwise stable）。Johnson 和 Gilles（2000）对社会关系网络生成博弈进行了拓展，分析指出只要连边的成本足够小，配对稳定的网络就是规则网络。Carayol 和 Roux（2005）进一步拓展了社会关系网络生成博弈，分析发现随着连边的成本与地理距离的比值不断增大，配对稳定的网络依次是规则网络、小世界网络及稀疏的连通网络。另外，还有学者研究了作者合作关系网络的生成博弈，结果表明配对稳定的网络由若干个不连通的全连通子网络组成（Jackson and Wolinsky，1996），参与人数量和初始状态对网络的稳定性及效率都有重要影响（Tambayong，2009）。

2.4.3　演化博弈在知识分享中的应用研究

演化博弈理论的基本思想是在一定规模的博弈群体中，博弈方进行着反复的博弈活动。它研究的对象是一个"群体"，注重分析整个群体的协同效应，而不是某个个体效应。在演化博弈理论中，其核心概念是 ESS 和"复制动态"。ESS 表示一个种群抵抗变异策略侵入的一种稳定状态，即当某动态系统中的所有参与者都采取 ESS 时，那么在自然选择的作用下，不存在一个具有突变特征的策略能够侵犯这个种群。复制动态描述的是某特定策略在一个种群中被采用的频数或频度的动态微分方程。

陆瑾（2006）从演化博弈理论视角，探讨了异质知识流的扩散和知识联盟稳定性，结果表明一个企业实施知识流的更新（如建立知识联盟）和顺利扩散，取决于不同因素的作用，并表现出不同的复杂演化结果。对已建立知识联盟的企业来说，这些不同的结果会对知识联盟的稳定性产生影响。如果企业最终都达到主动交流知识的策略选择状态，那么异质知识得以在企业间扩散，从而强化企业间的知识联盟，但如果企业最终没有达到这一状态，那么企业知识联盟的稳定性将被削弱。

李宪印和陈万明（2007）在有限理性前提下，运用进化博弈理论的模仿者动态模型，分析了组织内隐性知识分享过程中知识型员工的进化稳定战略，研究发现在共享知识的过程中，知识型员工所获得报酬、同伴行为及共享知识的对方的行为都会影响其行为选择，因此，组织可以通过创造良好的共享氛围和健全的激励机制来促进员工间的知识分享行为。

陈萍（2008）利用有限理性条件下进化博弈理论的方法，研究组织成员知识分享中的稳定均衡问题，分析表明提高组织中人际关系的和谐度与对组织成员不共享行为的监督力度是促成组织向知识分享稳定均衡演化的关键。

陈磊等（2008）从演化博弈视角分析不完全信息、有限理性条件下企业知识分享过程，并概括影响企业知识分享关系演变的关键因素。分析得出，只有企业 A、B 的协同价值都大于知识损失的情况下，才有可能演化为所有企业都采用知识分享策略的局面；任何一个企业的协同价值小于知识损失，最终都会造成所有企业采取知识不共享的局面。从长远来看，系统可能收敛于所有企业都共享或所有企业都不共享，初始状态、外部环境、有限理性等都将影响演化结果。

秦红霞和陈华东（2009）运用演化博弈理论，分析了企业内部知识分享网络形成的一般规律，研究表明，企业成员之间的社会网络有助于知识分享，企业内部知识分享网络的初始状态和激励措施对知识分享网络的形成具有重要作用。

王晓科（2010）针对知识管理中隐性知识分享困难的问题，深入分析在互惠、声誉、利他主义等不同情况下的隐性知识分享策略。

于娱和施琴芬（2011）基于隐性知识共享主体的有限理性行为，构建隐性知识分享进化博弈模型，研究了在隐性知识分享过程中知识分享成本、知识发送能力、知识吸收能力、知识创新能力及知识主体间的知识势差等参数的变化对知识主体进化稳定策略的影响。

阮国祥等（2011）将网络成员知识分享的策略分为共享、不共享和回敬三类，依据演化博弈理论建立成员之间的知识分享博弈模型，运用 NetLogo 平台构建仿真模型，分析不同收益值情况下知识分享博弈达到的演化均衡状态，为创新网络成员知识分享的策略选择和行为治理提供了分析依据。

于晶等（2011）将知识看做一种准公共物品，知识分享是发生在知识网络之上的公共物品进化博弈，根据知识分享过程中的信任因素建立了两种理性水平下的知识分享进化博弈模型，运用仿真分析的方法研究了知识网络中知识分享的机制和知识网络对知识分享的影响，结果表明在不同理性水平下知识网络的结构对知识分享具有不同的影响。低理性水平下，知识分享参与者对邻居的信任水平与知识分享水平相关，且知识网络的结构和密度对知识分享水平有重要的影响；高理性水平下，网络结构的不均匀性对知识分享有促进作用，若知识分享水平较高则较大的网络连接密度会对知识分享产生促进作用，而若知识分享水平较低则较大的网络连接密度会进一步降低知识分享水平。

叶诗凡等（2012）基于分治思想，首先对供应链节点企业进行群落划分，构建了供应链知识分享动态进化博弈模型，深入研究供应链中知识分享的过程细节及企业群内和群间不同情况下的演化趋势，最终确定供应链知识分享进化博弈中各状态对应的进化稳定策略。

冯长利等（2012）探讨了供应链成员间的知识共享行为，研究发现降低共享成本与风险、提升知识吸收能力与合作效应、加大知识投入量及建立良好的激励机制是促进供应链成员企业知识分享，提升供应链整体竞争力的必由之路。

由于知识尤其是隐性知识的特殊性，运用博弈理论分析企业隐性知识分享行为仍存在一定的局限性。有些博弈模型经过了高度简化，其中很多参数取为恒定值，而忽略了个体之间的差异性，但现实中并非如此。另外，有些模型考虑了奖励或惩罚机制对共享行为可能产生的影响，这点通过博弈分析在一些研究中得到了证实，但这与现实情况也有很大差异。因为奖励或惩罚机制的设计和维护是需要成本的，有时这些额外成本会比较大，甚至有可能大于共享所带来的收益，那么这时就出现了一个二阶困境（second-order dilemma）。这些问题都有待于在后续的深化研究中加以探讨和解决。

2.5　现有研究评述

通过对该领域相关理论发展的回顾，我们不难看出该领域还存在一些需要完善和发展的方面。

（1）需要进一步完善企业员工社会网络对知识分享作用机理的研究。既有研究虽然已经指出社会网络对知识特别是隐性知识具有重要影响，但是对其作用机理还需进行深入的研究。员工是企业知识分享行为的主体，也是知识的主要载体，企业内部蕴涵的丰富知识并不是以一种独立的方式而存在的，知识分享的载体要素所体现的知识本身在没有与其他要素建立联系之前是不具有实践意义的。因此需从复杂社会网络关系的视角进一步对知识分享作用机理进行探讨。

（2）既有研究缺乏对社会网络在知识分享中的系统研究。大多学者都是从社会网络的关系维度或结构维度的某些网络特性对知识分享行为的影响进行分析，少有研究将社会网络的关系和结构两个关键维度对知识分享行为的影响统一到一个分析框架下进行研究。因此，现有研究所提出的理论模型的总体解释率还有待提高。

（3）既有研究对关系的性质及动因分析比较缺乏。目前的研究主要集中在知识分享关系的"形式"方面，而对关系的"性质"研究很少，从而有可能遁入形而上学的思辨，因此应该将知识分享的形式研究和规范研究结合在一起，这样可更好地描述、解释知识分享行为。除此之外，当前研究主要针对关系本身，而对关系形成动因的研究比较缺乏，我们知道离开行动者的动因，不仅很难理解社会网络对行动的意义，而且也无法解释社会网络上某些知识分享现象。

（4）既有研究知识分享的动态分析不足。当前研究主要采集某一横截面数据，然后进行相关分析，而对网络特性与行为的交互作用的分析非常缺乏，这样的研究将社会结构看成是给定的、静态的，然而现实情况是社会网络代表了一种在认知和人际间互动的层次上运作的各种微观过程的动态交织，应该扬弃和超越过分结构化的思路，强调社会网络的权变、动态思想，重视在个体主义和结构主义的研究范式之间建立连接，对知识分享的动态机理进行深入的探讨。

2.6　本 章 小 结

　　结合研究议题，本书综合国内外相关研究的进展，从知识与知识分享、社会网络理论、复杂社会网络与知识分享的关系、博弈理论与知识分享行为等方面进行了回归和考察。鉴于从复杂社会网络视角对知识分享行为的研究还处于初始阶段，本书旨在抛砖引玉，并希望在以后的实践中不断完善。

第3章　复杂社会网络上员工知识
分享的关系行为、网络生成
及结构特征研究

企业员工间的知识分享活动内嵌于自身所在的复杂社会网络。从知识分享的过程来看，企业员工间的知识分享表现出群体连接的性质，即网络特性；从知识分享的本质来看，企业员工间的知识分享在很大程度上表现出非正式性质，即社会特性。因此对人们最常见的知识分享行为方式从本质上讲并不像物品交易那么简单，在企业中知识拥有者与知识需求者分布在不同的位置，完整的知识分享需要双方之间的知识分享关系连接进行支撑，当众多的关系连接相互交织，就形成员工间复杂的知识分享网络。传统社会网络理论将这种关系连接看成外生给定的，而实质上知识分享关系网络是企业员工理性决策行为的结果。因此网络的生成是知识分享活动的内生过程，必须从内生的角度，从员工建立知识分享关系的连接行为本身，重新审视员工间知识分享关系网络的生成，并分析关系网络的结构特征。基于此，本章主要从网络的视角，将网络中每个员工节点看做可以判断、决策的智能主体，因此可将网络中连接关系形成过程转化为每对（两两）员工节点间知识分享关系的连接行为过程。在研究中，本书通过融合网络科学与博弈理论方法，在随机且无连接成本的情况下，从员工知识分享关系网络的生成入手；进一步综合考虑构建知识分享关系所需要的成本与通过网络获得知识收益的情况，对知识分享关系行为进行较系统的分析，并对可能形成的网络特征进行研究。

3.1　员工间知识关系行为的网络分析背景

人类连接在一个巨大的社会网络上，人们的相互连接关系不仅仅是生命中与生俱来的、必不可少的一个组成部分，更是一种永恒的力量（Christakis and Fowler，2009）。无论是在日常生活与平时工作中，还是在影响未来发展的关键决策中，网络关系都扮演着重要角色。在实践中知识分享内嵌于特定的关系网络中，如学者学术合作网络、企业技术联盟网络、员工间工作流程网络等，因此从网络视角系统地研究知识分享行为也受到越来越多的关注。日常生活启示和已有研究结果都显示出我们的行为明显地受到邻居、朋友及熟人的行为影响，而这些影响我们行为的人又受到他们的邻居、朋友及熟人的行为影响等。因此，可以看出个体的行为受一个社会文化或者经济背景下的整个关系结构的影响。本书研究的一个重要目标是探索一个理论框架，在这个框架体系下，可以就关系结构对个体行为和状态及总体结果的影响进行系统研究。

企业中员工间知识分享的关系行为研究包含两个基本问题：其一是寻找一种有意义的方法对员工个体之间关系行为模式进行正式刻画，这是继续研究的基础；其二是员工的个体知识分享关系行为对其他员工可能产生何种影响。网络的独特性恰好使其成为表达和反映关系行为及关系网络变动的有力工具。在研究中我们经常观察到处于网络中不同位置的两个员工采取同样的知识分享行为，却对网络中某特定员工产生完全不同的效应。因此在近二十多年，许多由网络影响产生的重要社会、经济现象已经引起了广泛的关注，相应的研究在各个领域也都正在进行。这些杰出的学者用出色的描述方法为我们展示了社会与经济网络理论发展的基本成分和前沿成果。这些丰富成果不仅提供了这一新领域的清晰面貌，还荟萃了许多重要的概念与模型。随着社会经济的发展和信息技术的突飞猛进，出现了很多新的网络结构特征，于是学者提出了小世界、无标度、社群结构等概念，并通过网络上的传播、学习与共识的形成等实证研究为大家展示了网络分析在社会经济方面的重要作用。既有研究显示，情绪可以在人与人之间传染，每一个快乐的朋友让你快乐的概率大约增加 9%，每一个不快乐的朋友让你也快乐的概率减少7%（Christakis and Fowler，2009）。与此同时，行为也会在网络中蔓延，青少年犯罪呈现出社会互动效应，个体犯罪行为水平会随着朋友、家人犯罪行为水平的增加而增加（Ballester et al.，2006）。在生活中，人们不仅学习自己所在地的语言，也更容易受到局域文化的影响。基于这些观察，在企业中可以预期员工与伙伴之间比与其他员工之间更容易分享知识，互动个体之间存在更大的知识溢出效应。把这些想法正式表达出来的最简单方法，就是把这些效应区分为"局部效应"和"整体效应"。在社会网络中如果员工 i 与员工 j 之间存在一个直接联系，那么员工 j 就是员工 i 的一个邻居节点，员工 j 对员工 i 的影响为局部效应；而不是通过邻居节点对个体产生的影响称为整体效应，如组织知识分享制度及知识分享文化，这些效应相互交织影响了员工的知识分享行为。

像任何社会现象一样，社会网络中各种特征和现象的出现都是以人们对利益的追求为基础的，要理解网络生成的本质，除了用非常抽象的数学模型外，还需要从其背后的行为动机或者说成本与效率的角度观察。我们知道，源于冯·诺依曼和摩根斯坦的博弈理论，其关注的焦点正是人们的行为和相应的盈利结果的关系；纳什、夏普利、谢林、梯诺尔等做出的工作贡献，已经成为微观经济学的重要基础之一。在现实世界中，由于新技术革命、信息的广泛传播和社会结构的演变，传统的宏观与微观经济学始终不能有效解释和解决人们追求自身利益最大化和社会作为整体资源配置的无效率问题。个体的行为是理性的，但是结果却往往不能令人满意。博弈理论正是超越了传统的微分最大化局限，从新的视角有效刻画并解释行为人在自私激励和利润最大化前提下行为的发生机理。因此，在网络中个体关系行为的分析过程融合博弈理论工具是非常必要的。

有学者指出，由于外部性的存在，在个体激励的基础上生成的网络和使全社会福利最大化的网络之间存在普遍的冲突。学者通过典型的例子清楚地说明了效率、稳定性之间的关系，Jackson（2005）通过策略互补和策略替代这两种在现实中极为普遍的现象，对网络结构如何影响博弈行为和均衡特征给予了有价值的拓展。随着社会经济的发展，现实世界事物之间的联系越来越广泛、紧密，网络正是通过网络上的相互联系来看待社会经济关系的种种问题，而博弈理论则是研究行为人相互影响的科学，用联系而不是孤立的观点看待事物是两者的共性，因此将两者结合可以为现实问题提供更深刻的分析工具。

本书首先讨论无连接成本下的员工知识分享行为关系选择及知识分享关系网络的生成机理，分析不断有员工节点加入网络时可能出现的网络模型及其所表现出的一些特性。当一个员工所代表的节点需要融入既存知识分享网络时，我们必须考虑它与现有节点之间的不同连接行为方式。这里存在着两个极端情况：其一是新生节点不知道目前网络中节点的情况，类似于经典的 Erdős-Rényi 模型方式，完全以随机的方式选择与现有节点建立起连接关系；其二是新生节点希望与知识丰富的老员工节点建立知识分享关系，这类似于 Barabasi 与 Albert 的"择优"连接方式（preferential attachment mechanism），按照现有节点度的大小选择建立连接的目标节点，这样较老的节点和度较大的节点的成长机会将多于度小的年轻节点。这种富者愈富的形成过程是出现无标度网络的重要原因。在此基础上，本书进一步融合这两种关系连接行为的方式，构建混合连接行为模型，有利于更进一步刻画和解释处于两个极端之间的众多知识分享关系网络现象。

3.2 无连接成本下的员工知识分享关系行为基本模型

3.2.1 完全随机关系连接行为与知识分享网络生成分析

本小节首先从最简单的完全随机的连接关系行为入手，其次逐步放开假设进行深入研究。在完全随机连接的情况下，为了分析员工知识分享关系网络的生成过程，假设新节点代表的企业员工加入已有关系网络的规律服从泊松分布，并且连接行为仅发生于新节点与老节点之间，网络中已有节点之间不会随着时间演化而形成新的连接。在离散时间状态下，以这些员工节点进入网络的先后秩序来标记并区分它们，于是在时间点 i 进入的员工节点记为 i，其中 $i \in \{0,1,2,\cdots\}$。当该节点进入网络时就会考虑如何与现有各个节点建立连接关系，为了便于分析，本书假设连接关系是无向的，设 $k_i(t)$ 是节点 i 在时间 t 的度，于是 $k_i(i)$ 表示该节点进入网络时初始建立连接关系数，$k_i(t) - k_i(i)$ 表示节点 i 在进入网络后直到时间 t 的时间段中，节点 i 与该时间段进入网络的新员工建立连接关系行为的数量。

考虑连接关系类似于泊松随机情况，假设在完全随机连接状态下，初始时间 $t = 0$，原有网络至少存在 m 个节点，且它们完全连接。每一时间步加入网络的新节点会从已有网络中随机地选出 m 个节点并和它们建立连接关系。则在第一时间步结束时，网络中节点数就会增长到 $(m+1)$ 个，其中这些节点中的 m 个节点将会获得下一阶段新连接机会，则每一个已有节点得到的连接期望概率为 $\dfrac{m}{m+1}$。以此类推，网络不断生成和演化。在分析中，虽然难以求取网络形成过程中的实际度分布，借用 Newman（2003）、Watts（2004）及 Jackson（2009）等的分析思路，可以转为通过节点度的期望值进行分析。考虑在时间点 t 的情况，则对于加入网络的时间为 i（$m \leqslant i < t$）的一个节点在时间点 t 时的度的期望值为

$$m + \frac{m}{i+1} + \frac{m}{i+2} + \cdots + \frac{m}{t}$$

对较大的时间 t，该求和序列类似于调和数，近似等于

$$m\left(1 + \ln\frac{t}{i}\right)$$

则对节点度期望值小于 k 的节点就会满足：

$$m\left(1 + \ln\frac{t}{i}\right) < k \tag{3.1}$$

将式（3.1）转化为关于加入网络的时间 i 的表达式，即

$$i > te^{1-\frac{k}{m}} \tag{3.2}$$

通过式（3.1）和式（3.2）不难看出，网络中节点度期望值小于 k 的节点是那些在时间 $te^{1-\frac{k}{m}}$ 之后加入网络的节点。于是可以推断时间点 t 的期望值的分布函数。对 $m\left(1+\ln\dfrac{t}{i}\right) > k$，期望值小于 k 的节点的分布函数为

$$F_t(k) = 1 - e^{-\frac{k-m}{m}} \tag{3.3}$$

不难看出该分布函数与指数分布类似，当每个节点从 m 条连接关系开始时，一个随机节点按照时间延长得到的期望连接关系具备期望值为 m 的指数分布。值得注意的是，该分布事实上独立于时间 t，因此不大于某个度 k 的节点比率实际上是不随时间变化的常量。

虽然通过级数求和推导了离散事件下的网络情况，实际上随机图过程常常是复杂的，特别是异质性通过时间进入该系统，从而使节点有不同连接关系度分布，因而要计算出任何时间点的度分布十分困难，为了解决此复杂的动态系统，我们需要借鉴统计物理学中的平均场近似（mean-field approximation）方法对随机连接关系行为问题进行有效处理。

在连续时间下，一个新节点出现的时间为 t，它仍然完全随机地从网络中现有员工节点中选择 m 个节点建立 m 条知识分享连接关系。于是节点 i 的度可以表示为初始条件 $k_i(i) = m$ 和时间 $t > i$ 上的一个平均近似，因而动态变化情况如下：

$$\frac{\mathrm{d}k_i(t)}{\mathrm{d}t} = \frac{m}{t}$$

对该微分方程求解可得

$$k_i(t) = m + m\ln\frac{t}{i} \tag{3.4}$$

通过该解，可以看出知识分享关系网络中各个员工节点的度随时间不断增长，可以分析出加入该网络中的节点需要经过多长时间（t'）其度值恰好大于某个给定值 k，在其后加入该网络的节点就会小于该度值，因而如果当前的时间是 t，则度值不大于 k 的节点比例为（$t - t'$），我们可以借用这种思路推导网络的度分布情况。于是对任意的 k 和 t，可以找到满足 $k_{i(k)}(t) = k$ 的一个节点 $i(k)$，因而度值小于 k 的节点就是在 $i(k)$ 之后加入网络的员工节点，最终的分布函数就可以表示为 $F_t(k) = 1 - i(k)t$。

通过对方程 $k_i(t) = m + m\ln\dfrac{t}{i}$ 求解 $i(k)$，可得

$$\frac{i(k)}{t} = \mathrm{e}^{-\frac{k-m}{m}} \tag{3.5}$$

进而有

$$F_t(k) = 1 - t^2 \mathrm{e}^{-\frac{k-m}{m}} \tag{3.6}$$

这是定义在 m 到无穷大且平均度为 $2m$ 的一个负指数分布。该结果与前面离散时间相同，对于平均场近似值，连续的时间使时间平滑并允许在后面研究中可以使用微分方程，能够有效简化运算。

3.2.2　择优连接关系行为与知识分享网络生成分析

既有研究成果显示，许多网络的度分布都出现了幂律的"肥尾"现象，Barabasi 与 Albert 研究发现"偏好连接机制"也就是择优连接关系行为是出现这种现象的主要原因。这种现象不难理解，如在现实中相对于一般人大家更喜欢明星，小企业更希望与大型企业合作，因此择优连接关系行为是这些现象背后的潜在机制，同样这对企业中员工的知识分享关系网络生成有重要的影响。在企业中，新员工更希望与知识丰富的专家型老员工建立起知识分享关系，这样度值就代表了员工的知识丰富程度，因此我们借鉴 Barabasi 与 Albert 的思想，构建员工知识分享关系网络的择优连接行为模型。

与前文一样，各员工节点按照加入知识分享关系网络的时间予以标记，$i \in \{0,1,2,\cdots,t,\cdots\}$；假设节点 i 是在第 i 时间步加入该社会网络的节点，$k_i(t)$ 表示在时间 t 节点 i 的度数。不同的是，新节点选择和已有节点的连接方式，不再是在网络中随机选择 m 个节点，而是以已有节点的度值成正比的概率连接这些节点。于是现有节点 i 在时间 t 获得一条与新生节点的新连接的概率为 $\dfrac{mk_i(t)}{\sum\limits_{j=1}^{t} k_j(t)}$；当进行

到 t 时间步时网络中共增加了 mt 条连接关系，由于每条连接关系有两个节点，共计算了两次，去掉新增加的 m 条连线，净增连接关系数为 $\sum\limits_{j=1}^{t} k_j(t) = 2mt - m$；而

对于 $t+1$ 时间步，$\sum\limits_{j=1}^{t+1} k_j(t) = 2mt + m$，因此根据连续性理论（continuum theory），

即把 $k_i(t)$ 看做连续动力学函数，取 $\sum\limits_{j=1}^{t} k_j(t) \approx 2mt$ 是合适的。因此根据连续性理论，

节点 i 的度数 $k_i(t)$ 应该近似地满足动力学方程：

$$\frac{\mathrm{d}k_i}{\mathrm{d}t} = \frac{mk_i(t)}{\sum_{j=1}^{t} k_j(t)} \approx \frac{k_i}{2t} \tag{3.7}$$

其中，初始条件为 $k_i(i) = m$，通过求解，可得动力学方程（3.7）的解为 $k_i(t) = m\left(\frac{t}{i}\right)^\beta$，其中 $\beta = \frac{1}{2}$，在既有研究中学者将其命名为动力学指数（dynamic exponent）。因为计算网络的度分布需要随机选择一个节点，所以 $k_i(t)$ 中的 i 必须看成随机变量。

有了上述基础，现在就可以考察分布情况，由于选择过程是随机的，i 应该在所有员工节点中服从均匀分布，假设初始节点数为 m_0，经过持续的时间 t 后，$\rho(i) = \frac{1}{m_0 + t}$，但该过程在 0 处有跃度 $\frac{m_0}{m_0 + t}$。由于节点的度随着时间的推移而增长，各节点的度可以按照节点进入网络的时间先后进行排序，最老的节点是最大的。为了找到在时间 t 超过某个给定水平 k 的节点比率，我们只需求出在时间 t 的节点的度刚好严格大于 k，从而知道在那之前进入网络的节点在度上都是大于该给定水平的，反之在其后进入网络的节点度小于给定水平。由动力学方程的解，网络的度分布函数可以推导如下：

$$F_t(k) = P\big[k_i(t) < k\big] = P\left(i > \frac{m^2 t}{k^2}\right) = 1 - \frac{m^2 t}{k^2(m_0 + t)}$$

则可以得到相应的密度函数：

$$f_t(k) = \frac{\mathrm{d}F_t(k)}{\mathrm{d}k} = \frac{\mathrm{d}P\big[k_i(t) < k\big]}{\mathrm{d}k} = \frac{2m^2 k^{-3} t}{m_0 + t} \tag{3.8}$$

当 $t \to \infty$ 时，可以得到网络的稳态度分布为

$$f(k) = \lim_{t \to \infty} f_t(k) = \lim_{t \to \infty} \frac{2m^2 k^{-3} t}{m_0 + t} = 2m^2 k^{-3} \tag{3.9}$$

于是度分布为指数值为-3 的幂分布，该分布与前文完全随机分布形成的网络出现的指数分布类似，同样具有时间独立性。但式（3.9）所得的连续密度指数是离散概率的近似，所以对度值比较小的节点可能存在一定的偏差。

为了理解为什么按比例择优形成的密度分布是幂律-3 而不是其他值，本书进一步考察这一增长网络的形成过程。根据前文分析，节点 i 的度作为时间 t 的函数可以表示为 $k_i(t) = \frac{mt^{\frac{1}{2}}}{i}$，则各个节点度就以节点加入网络的持续时间与加入网络的初始时刻比值的平方根呈正比例成长。在分布函数中指数-2 所体现的该平方根，在密度函数中就变为-3。其根本原因在于节点的连接关系行为模式使得节点度以

特殊的速率增长，在更普适的情况下，假设节点度以 $\dfrac{\mathrm{d}k_i(t)}{\mathrm{d}t}=\dfrac{k_i(t)}{\gamma t}$ 速率增长，则

一个节点的度可以表示为 $k_i(t)=\dfrac{mt^{\frac{1}{\gamma}}}{i}$，而该度的分布情况则由 $F_t(k)=1-m^{\gamma}k^{-\gamma}$ 来

描述，则度分布的概率函数为

$$f_t(k)=\gamma m^{\gamma}k^{-\gamma-1} \tag{3.10}$$

这意味着任何给定节点的度随着时间的增长呈现幂律，进而可能导致其频率呈现较陡的落差度分布现象。也就是说，当 γ 增大时越来越多的节点聚拢在较低度值附近。对关键参数 γ 的影响分析，可以设计一种特殊情况。假设在时间 t 加入网络的不是一个节点，而是一组新节点，这些新节点仅以一定的概率（设为 α）与原网络中的老节点连接，而以 $1-\alpha$ 的概率在新节点之间进行相互连接，则节点 i 在时刻 t 获得一条新连接的概率就成为 $\dfrac{\alpha m k_i}{2mt}$，则 $\gamma=\dfrac{2}{\alpha}$。若 $\alpha=1$，则新节点会将所有的连接关系都指向网络中已有的老节点，这就表示 $\gamma=2$ 时的择优连接模型。当 α 不断减小时，新节点就会更倾向于与新节点连接，γ 不断增加，相应地网络中既有的员工老节点的度增长就相对较慢，在相对低的度值上节点分布更密集。

3.2.3　混合连接关系行为与员工知识分享网络生成分析

尽管由择优连接关系行为形成的网络呈现出了幂律分布，与大部分社会现象比较吻合，但是随着研究的深入，学者发现了诸如合著网络等网络的度分布，既不和完全随机连接下的指数过程完全一致，也不和择优连接关系行为下的无标度完全一致，它们更多的是处于这两者之间，这些发现暗示着需要探索更加符合与所观察到的度分布相匹配的网络模型。

Pavlov 和 Pennock（2002）在文献中较早地明确关注网络度分布的全面考察并寻找与传统研究中无标度存在差异的现象，后来这些现象引起了该领域著名专家 Jackson 和 Rogers 的关注。我们充分借鉴他们的研究成果，更详细地分析该现象在知识分享网络中的情况。考虑任意动态增长网络，其中各节点按其加入网络的时间先后标记，在时间 t 节点 i 的度可以表示为

$$k_i(t)=\varphi_t(i) \tag{3.11}$$

其中，$\varphi_t(i)$ 是 i 的可逆减函数，即较年轻的节点有较低的度，若给定某一具体度 k，则就能通过逆函数求出哪个节点在时间 t 的度恰好为 k。因为节点的度随着时间呈递增状态，则至少存在度为 k 的节点比节点 i 更早加入网络，且满足条件的节点，也就是那些比 $\varphi_t^{-1}(k)$ 更早加入网络的员工节点。于是在时间 t 的度分布应为

$$F_t(k) = 1 - \frac{\varphi_t^{-1}(k)}{t} \tag{3.12}$$

进而如果我们能够推导出 $k_i(t)$ 随着 i 变化的表达式，那么相应的度分布也就确定下来了。

考察员工间知识分享混合连接关系行为模型，在该模型中一个新节点与现有节点通过两种不同的行为方式进行连接，具体情况为以 $\alpha(\alpha < 1)$ 的概率完全随机方式选择现有节点进行连接，以 $1 - \alpha$ 的概率通过择优连接方式，每个新节点都与网络中已有节点共产生 m 条连接关系。基于连续性理论，一个节点的度变化的动力学方程可以表示如下：

$$\frac{\mathrm{d}k_i(t)}{\mathrm{d}t} = \frac{\alpha m}{t} + \frac{(1-\alpha)mk_i(t)}{2mt} = \frac{\alpha m}{t} + \frac{(1-\alpha)k_i(t)}{2t} \tag{3.13}$$

其中，$\dfrac{\alpha m}{t}$ 表示通过完全随机行为方式取得的连接动态；$\dfrac{(1-\alpha)k_i(t)}{2t}$ 表示择优连接方式下的连接动态。通过求解微分方程可得

$$k_i(t) = \varphi_t(i) = \left(k_0 + \frac{2\alpha m}{1-\alpha}\right)\left(\frac{t}{i}\right)^{\frac{1-\alpha}{2}} - \frac{2\alpha m}{1-\alpha} \tag{3.14}$$

其中，k_0 是一个节点在其进入网络时具有的连接的最初个数。对式（3.14）求逆可得

$$\varphi_t^{-1}(k) = t\left(\frac{k_0 + \dfrac{2\alpha m}{1-\alpha}}{k + \dfrac{2\alpha m}{1-\alpha}}\right)^{\frac{2}{1-\alpha}} \tag{3.15}$$

于是，在式（3.15）中令 $k_0 = m$，可得

$$F_t(k) = 1 - \left(\frac{m + \dfrac{2\alpha m}{1-\alpha}}{k + \dfrac{2\alpha m}{1-\alpha}}\right)^{\frac{2}{1-\alpha}} \tag{3.16}$$

当 $\alpha = 0$ 时网络的度分布变为 $F_t(k) = 1 - \left(\dfrac{m}{k}\right)^2$，这与前文描述的择优连接一致；当 $\alpha \to 1$ 时，它逼近于各条连接完全随机的指数分布形式，但极限难以确定。为了比较这两种连接对网络特性的影响，令 $\lambda = \dfrac{\alpha}{1-\alpha}$ 表示两种连接的非对称程度，则可得

$$F_t(k) = 1 - \left(\frac{m + 2\lambda m}{k + 2\lambda m}\right)^{2(\lambda+1)} \tag{3.17}$$

在此分布函数下，令网络的节点 $n=120$，$\lambda = \dfrac{\alpha}{1-\alpha}$ 分别取 0.06 和 0.6，模拟知识分享网络的生成和度分布如图 3.1 所示。通过图 3.1 不难看出节点度呈现拟幂律分布状态。

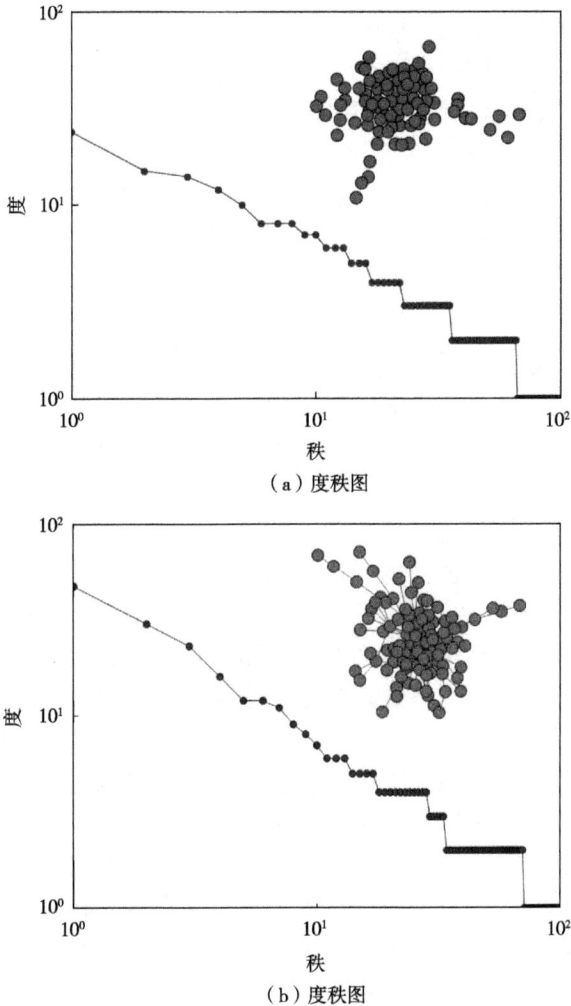

（a）度秩图

（b）度秩图

图 3.1　混合连接关系下知识分享网络的度分布示意图

通过图 3.1 看出，调节非对称程度 λ 的值，模型可以有效刻画和模拟任何介于随机连接行为和择优连接行为情况下的知识分享网络生成机理。然而这些模型还是缺乏一些重要的考量，特别是缺乏对节点的关系行为动机和关系行为成本及收益的分析。下面本书进一步从策略观点考虑成本与收益影响下的员工知识分享关系行为及网络的结构特征。

3.3　员工知识分享关系行为选择与知识分享策略网络形成分析

从策略观点审视网络中知识分享关系行为遇到两个挑战：第一个挑战是需要清楚地刻画出现在网络上的各种分享关系行为的成本和收益。这样做不仅使我们能够分析当存在缔结知识分享关系或断开知识分享关系的个人收益时，知识分享网络如何发展；而且还为我们度量整个知识分享网络的社会福利提供了确切方法。第二个挑战是对个人激励如何转换为网络结果进行预测。由于网络中员工知识分享的个人需求不是马基雅维利式的（Machiavellian），而是考虑了他们构建每一种关系的可能潜在收益和成本。经济学理论告诉我们，任何的理性企业员工会缔结有利于自身的知识分享关系，断开不利于自身的知识分享关系。

从策略观点来分析知识分享网络形成的另一个重要方面，在于它们给出了为何网络呈现出特定的形式，而不仅仅是如何呈现出那些形式的答案。例如，前文讨论的随机关系连接行为使我们了解到网络的节点度指数增长特征。尽管这些分析已经把网络的特征和形成过程联系起来了，但是它们并未给出为何人们常常在某些情境下而不是其他情境下偏向于随机连接行为的原因。策略方法与情境基本面的解释是紧密关联的。例如，经典的小世界网络模型的构造方法是从一个完全的规则网络出发，以一定的概率将网络中的连接关系打乱重连。该模型给出了小世界的高聚类性和低特征路径长度的特性，然而却没有给出形成这种特性背后的行为动因。通过策略网络模型，可以分析连接关系的行为动因，进而内生地理解知识分享关系网络的生成机理，就像后文所要讨论的，知识分享关系网络高聚类性和低特征路径长度是小世界构造背后原因，策略网络模型根植于实际情况，可以把网络高聚类性和员工社会或地理距离的低成本连接联系起来，以及把低特征路径长度和较远的节点拥有的知识收益联系起来进行策略分析。这一分析过程为我们带来了丰富的启示，在知识分享中，员工的收益取决于他们自身拥有的知识量及可能从其他员工处获取的知识量。因此，这种获取别人知识的机会影响着他们形成或保持员工知识分享关系方面的激励与制约，并最终影响员工知识分享网络的结构。

3.3.1　员工知识分享关系行为网络形成博弈的扩展式

为了分析员工知识分享关系网络形成的个人行为方面原因，我们首先需要分析网络中每个参与人即员工通过网络关系可以获得的净盈利或效用。在这样的背景下，网络中 $N=1,2,\cdots,n$ 的各个节点被当成是各个参与人。一个参与人从网络中获取的收益和承担的成本主要通过效用函数（utility function）或收益函数（payoff function）来模拟和刻画。在该领域，Aumann 和 Myerson（2003）率先给出了网络形成的简化模型。他们研究的贡献在于给出了合作博弈基础的交流图的构建思路，他们考察的博弈结构是网络形成的核心思想。与此同时，汪秉宏、毕桥、方锦清和陈关荣等学者从网络科学和物理学方面对节点连接关系形成进行了丰富的研究，作者借鉴这些思想将员工知识分享关系网络形成描述如下：

　　企业中员工同时进行知识分享关系行动并提出连接关系宣告，然后该宣告或被接受或被拒绝。与前文不同，扩展式博弈是以所有可能连接的次序为基础的，记为（$i_1j_1, i_2j_2, \cdots, i_kj_k$）。在该顺序中当轮到连接关系 i_kj_k 出现时，关系涉及的员工组对 i_k 和 j_k 就会对 i_kj_k 是否形成进行决策。根据博弈信息结构，这时可以已知它们之前所有组对做出的决策并预测它们之后的决策。员工 i_k 行动并说"是"或"不"，同时员工 j_k 说"是"或"不"，并且两人都说"是"该连接才可以形成。因此产生一条知识分享关系连接的决策是捆绑性的而且不能拆开，但我们考虑关系策略可以多次进行，即如果一个组对 i_kj_k 初始决定不形成知识分享关系，但是紧随之后的其他组对形成了一条连接，该连接可能给 i_kj_k 带来外部效应，则博弈中 i_kj_k 还可以重新考虑关系决策。这一特征允许员工 1 对员工 2 发出这样一类的威胁："如果你不和员工 3 形成一条连接则我就不这样做，如果你和员工 3 形成一条连接则我就这么做。"该威胁是通过社会网络中的结构平衡压力来体现的。该博弈最初通过所有的连接展开，如果至少一条连接形成了，那么该博弈以相同顺序重新开始，这时仅在尚未形成的各个连接上展开。该博弈通过其余的尚未形成的连接依次继续，直至所有的连接都形成，或者存在某轮博弈使得所有尚未形成的连接都被考虑但没有新连接形成，这两种情况的出现关系博弈结束。这一方法往往具备纯策略子博弈完美均衡的优点，但它的缺点是该博弈可能非常难以求解，即便在仅有少数博弈局中人的简单背景中也是如此。

　　鉴于存在一个很难操作的序列顺序及其固有的关系不对称性，Myerson 进一步提出了在交流图形成背景下的另一个博弈刻画过程，它也适用于分析网络的形成机理。从目前的研究来看，可以把它称为连接宣告博弈（link-announcement game）。每个员工同时宣告其所希望连接的一组参与人，则关系连接是由所涉及的两个参与人共同提出的。

　　更正式地，员工 i 的策略空间是 $S_i = 2^{N(i)}$。若 $s \in S_1 \times S_2 \times \cdots \times S_n$ 采取的是关系策略切面，则连接 ij 形成的条件是，当且仅当同时有 $j \in s_i$ 和 $i \in s_j$，即两者都将对方作为连接伙伴时关系才会形成。形成的网络可以表示为 $g(s) = \{ij \mid i \in s_j, j \in s_i\}$，在连接宣告博弈网络建模中，我们就可以使用包括纳什均衡（Nash stable）在内的任何一种博弈理论的解。

连接宣告博弈的收益是通过效用函数截面 $u = (u_1, u_2, \cdots, u_n)$ 来描述的，这表示每个员工的收益都是当前网络状态的函数。如果网络 $g \in G(N)$ 是纳什均衡的，是指它是由连接宣告博弈的纯纳什均衡组成的，那么其中作为关系策略截面的函数的参与人 i 的收益可以表示为 $u_i = u(g(s))$。

该博弈比 Aumann 和 Myerson（2003）早期扩展式更容易描述，并且它避免了企业中各个员工或者各个连接关系之间先验的不对称性。可论证的是，在没有参与人希望断开任何连接的意义时都会是该博弈的一个均衡。不过该博弈也存在不足，主要表现为可能会有过多的均衡，这些均衡中还包括一些不合常理的策略，尤其是无论收益情况如何，对所有的 i 有 $s_i = \phi$（空网络）总是一个纳什均衡。然而在实际中，每个员工拒绝或断开既有连接，主要是因为他对与对方连接的收益与成本的权衡，而且他还可以正确地预测其他员工也将这么做。网络中存在不合常理的均衡，该情况在成对博弈情形中尤为严重（Jackson，2009）。尽管断开一个关系只需要一个员工的同意，而形成两个员工之间的连接关系需双方赞成，为了说明这样的事实，我们需要探索一个非合作博弈解的网络版本，提出与传统纳什均衡不同的均衡或稳定性的概念。基于纳什均衡的基本解概念没有体现两个员工都想参加到一种知识分享关系中时的情况，我们应当对他们所做的可能性进行预测，因此需要在纳什均衡的基础上融合网络情境，对均衡或稳定性进行新的界定。

3.3.2　员工知识分享行为博弈关系配对稳定性

如前文分析，传统博弈和标准的均衡概念不完全适用于网络研究，因为它们不能有效说明人员交流和协调行为对网络中社会关系的重要性。对该问题，有学者曾将其简单地归因于博弈过程中没有给关系适当的定义，建议明确地分析博弈局中人与人之间可利用的所有交流关系，以及由此引致的他们可能采取的响应行动。从表面来看这样的建议是合理的，但是分析网络中所有可能的交流异常复杂，把形成员工间知识分享社会关系中可能发生的所有博弈都包含进来是复杂的，而这些增加的复杂性只不过是为了体现一种非常简单的思想：当一条连接关系关乎彼此共同的利益时，两个人应当能够协调而构建它。对该简单思想的表述，我们可以选择一种直接的方法给涉及彼此赞同的网络均衡概念下定义。这体现为关系双方赞成的一个非常简明的稳定性概念就是配对稳定，这是由 Jackson 和 Wolinsky（1996）最先提出的。一个网络 g 是配对稳定的，是指如果：①对所有的 $ij \in g$ 有 $u_i(g) \geq u_i(g-ij)$，且 $u_j(g) \geq u_i(g-ij)$；②对所有的 $ij \notin g$，如果 $u_i(g+ij) > u_i(g)$，则 $u_j(g+ij) < u_j(g)$。

如果一个网络中没有哪一个员工想断开一条连接，而且没有哪两个参与人同时希望增加一条连接，那么该网络就是配对稳定的。值得注意的是，配对稳定性对一个网络随时间的稳定性而言是一种必要而非充分条件。尽管如此，配对稳定性最终还是十分有用的判断条件，可以使得研究人员不需要考虑多种策略背离，就可以对稳定网络进行稳健预测分析。

3.3.3　员工知识分享关系行为的网络效率

除了稳定性，在已有网络研究的文献中，Boyd、Nowak、Jackson、汪秉宏、陈关荣、方锦清等不少学者关注了在个人关系行为基础上形成的网络和使全体社会福利最大化的那些网络之间的差异。在个人收益和社会福利之间经常存在着某种冲突，因此需要在连接关系稳定的情况下，进一步从既定网络的角度考虑网络整体福利的衡量和评价。收益概念不仅给出了网络上个人的判断，而且使我们能够在一定程度上确定网络的整体社会福利情况。

网络科学家和社会物理学家认为，评价网络成员集体社会福利的一种有效方式是采取功利主义原则的方法，就是说最佳网络是一种使总社会效用最大化的网络。这一观点率先被 Jackson 和 Wolinsky（1996）称为"强效用"，但是在后来许多的文献中将其改称为效率（efficient）。我们称一个网络 g 在效用函数 $(u_1, u_2, \cdots, u_n)$ 基础上是有效率的，是指如果对所有的 $g' \in G(N)$，有 $\sum_i u_i(g) \geqslant \sum_i u_i(g')$。很明显，在网络结构仅有有限种情况下，至少存在一个有效率的网络。

除此之外，一些经济学家和部分社会学家使用了另一个判断标准，帕累托效率（Pareto efficient）来考察整个员工社会福利。一个网络 g 相对于 $(u_1, u_2, \cdots, u_n)$ 是有帕累托效率的，即不存在任意网络 $g' \in G(N)$ 能够使得对所有的员工 i 有 $u_i(g') \geqslant u_i(g)$，而对某些员工 i 为严格的不等式。

一个网络帕累托优于另一个网络，是指它给所有个体带来了弱的较高收益，且至少有一个人是严格高收益的。因此一个网络是有帕累托效率的，可以理解为它不会被另外一个网络帕累托占优。帕累托占优表明在两个网络之间次序的一致认同，和相对不占优的网络比较，这是一个支持占优性网络有力的论据。但问题是一致认同的次序可能十分稀少，从而尽管帕累托的占优性能够帮助排除一些伪效率网络，但仍然面临众多有帕累托效率的网络，所以该概念可能不是特别能够辨别的。通过研究，学者发现效率和帕累托效率存在一定关系，注意如果 g 相对于 $(u_1, u_2, \cdots, u_n)$ 是有效率的，那么它相对于 $(u_1, u_2, \cdots, u_n)$ 也一定是有帕累托效率的，然而逆命题并不成立。因此在研究中，需要根据实际情况选取不同的效率标准。

3.3.4　员工知识分享策略行为的均衡分析

1. 模型的基本假设

由于员工间社会网络是员工知识分享的重要平台和渠道。假设在社会网络中，存在 n 个员工，员工的集合为 $N = \{1, 2, \cdots, n\}$，每个员工选择一个知识分享行为 $e_i \in E$，这里 E 是 $\mathbf{R}_+$ 的一个紧而且凸的区间，表示了知识分享策略行为空间。令 $e_i \in [0, +\infty)$，其代表了代理人 i 的在知识分享中投入的努力水平（此处也可以理解为员工将知识分享出来的程度，0 表示员工完全不愿意分享自己的知识，$+\infty$ 表示员工愿意全部分享自己的知识）。令个体分享知识的单位成本均为 c，$e = (e_1, e_2, \cdots, e_n)$ 表示社会网络中所有员工个体知识分享行为的策略组合。

进一步假设这些员工通过交往形成了社会网络，用图 G 表示该网络。在图 G 中，如果 $g_{ij} = 1$ 表示员工 i 与员工 j 之间存在直接社会交往关系，进而表示了员工 j 可以通过网络直接与员工 i 分享知识；反之 $g_{ij} = 0$ 表示员工 i 与员工 j 之间不存在直接社会交往关系，员工 j 不能通过网络直接与员工 i 分享知识。用 N_i 表示与员工 i 直接相连的全部员工集合，即 $N_{(i)} = \{j \in N : g_{ij} = 1\}$ 是员工 i 的邻居集合；同时令 k_i 表示员工 i 的邻居个数，即 $k_i = |N_i|$。

为了更简洁直观地分析网络对员工知识分享的影响，本书在构建基础模型过程中特作如下假定：其一假定员工间知识行为存在相互替代效应，即处在连接关系中的员工，如果一方更努力分享知识，可能使得另一方偷懒；其二假定知识分享的范围界定在直接连接关系之间，即知识传导的范围只有一步，不存在间接效应；其三假定在整个知识分享过程中没有员工离开该网络，这主要是确保分享过程中网络群体的稳定性。基于这些假设，我们可以看到，在知识分享过程中，员工的收益取决于员工知识水平的高低，而员工知识水平一方面与自身的知识储量相关，另一方面与邻居的知识分享程度相关。本书假设员工知识收益与知识分享程度存在严格凹函数关系，即当 $e = 0$ 时，$f(e) = 0$，$f(0) = 0, f'(e) > 0, f''(e) < 0$。

2. 员工知识分享策略行为基础模型构建及均衡存在性分析

在前述假设条件下，可将社会网络 G 中员工 i 知识分享过程中的收益函数表示为

$$U_i(e; G) = f\left(e_i + \sum_{j \in N_{(i)}} e_j\right) - ce_i \qquad (3.18)$$

本书进一步说明员工之间知识分享的情况，给定员工社会网络结构 G，网络中的所有员工同时对知识分享程度进行决策。对一个知识分享行为组合 e，任何员工 i 的知识分享收益为 $U_i(e; G)$，通过收益函数可以得出这是一个纯局部效应的策略替代博弈，而且收益函数是其他邻居员工节点行动的递增函数，而边际收益则

是递减函数，因此在网络中知识分享行为是具有正外部效应的策略替代博弈，后文将进一步分析网络中的策略均衡。

由于行动集合是紧的，收益是所有员工知识分享行动的连续函数，是自己行动的凹函数，根据 Fudenberg 和 Tirole（1991）及 Goyal（2007）、Goyal 和 Vega-Redondo（2005）、Goyal（2012）博弈均衡的存在性判定准则，判定在此情景下知识分享行为中必然存在一个纯策略的纳什均衡。

3. 知识分享关系结构对知识分享策略行为均衡的影响

本书首先刻画纳什均衡，令 e^* 表示网络中所有员工的边际知识分享收益等于员工边际知识分享成本的知识分享程度，即 $f'(e^*) = c$，则 $\overline{e}_i = \sum_{j \in N_{(i)}} e_j$ 表示员工 i 的所有邻居节点的知识分享总和。

这样可以推断组合 e 为知识分享的纳什均衡的条件如下：

当且仅当：①$\overline{e}_i \geq e^*$，那么 $e_i = 0$；②$\overline{e}_i < e^*$，那么 $e_i = e^* - \overline{e}_i$。

通过前文的分析，显然对网络中的任意员工来讲，均衡的知识分享努力程度等于 e^*，因此如果邻居的知识分享努力总和超过 e^*，那么该员工不会有知识分享的动机；如果邻居的知识分享努力总和没有达到 e^*，那么该员工会补足其知识分享努力的差额部分。

在本博弈模型中，由于员工间知识分享努力是直接替代的，即员工的邻居越努力分享知识，该员工在知识分享中就越没有积极性。借鉴 Goyal 的研究成果，称 e 为专业化均衡（specialized equilibria），即每个员工的知识分享努力程度要么为零，要么为最大均衡值 e^*，该结果显示知识分享网络中存在贡献者和搭便车问题。

要注意的一点是，当网络缺乏分享知识的社会关系时，特别是空网络情况下，存在每个员工都选择 e^* 的均衡，在这样的空网络中，就不存在搭便车的问题，而且这是唯一不存在搭便车问题的网络。为了证明这一点，我们需要借用图论中的最大独立集的方法。一个图 G 的独立集 I 是其顶点集的一个子集，在该集合中任何两个顶点之间没有直接连接，即 $\forall i$，$j \in I$，当 $i \neq j$ 时，$g_{ij} = 0$。而在图中最大独立集是指顶点最多的独立集，即不能被任何其他独立集包含的独立集。

在前述分析的基础上，我们可以提出如下命题：

命题 3.1　对任意知识分享关系网络都存在一个最大独立集，同时存在一个专业化的知识分享纳什均衡策略。在一个空网络里，唯一的均衡是专业化均衡，其均衡中每个员工都选择 e^*，因此不存在搭便车问题。在任何的非空知识分享关系网络中，则存在一个同时拥有知识分享者和搭便车的知识隐匿者专业化均衡。

证明：

（1）首先证明每个知识分享关系网络都存在一个最大独立集。我们可以首先给知识分享关系网络中每一个员工用数字$1, 2, \cdots, n$予以编号。现在先把员工 1 放入独立集 I 中，寻找 $j \notin N_{(1)}(G)$ 的员工。如果员工 $2 \notin N_{(1)}(G)$，那么就可以把他放在 I 中；如果 $2 \in N_{(1)}(G)$，那么就可以把他放在补集 I^C 中。假设员工 $1, 2 \in I$，继续考虑员工 3，如果员工 $3 \notin N_{(1)}(G) \bigcup N_{(2)}(G)$，那么就可以把他放在 I 中；如果 $3 \in N_{(1)}(G) \bigcup N_{(2)}(G)$，那么就可以把他放在补集 I^C 中。以此类推，直到网络中最后一个员工 n。在上面每一个阶段里，如果一个员工不是独立集中任何一位员工的邻居，那么他就属于独立集。该过程从员工 1 开始就定义明确，并且会最终产生一个最大的员工集合 I，在集合中对任何一对员工 $i, j \in I$，都存在 $g_{ij} \neq 1$。因为 G 可以代表任意网络，这就显示在任何一个知识分享关系网络 G 中都存在一个最大独立集。

（2）现在可以给这个最大独立集中的每一个员工指定知识分享行为 e^*，同时给不是这个集合中的其他员工指定为 0，显然这种行为组合构成一个均衡，其特征符合前面的命题。这样的均衡就是一个专业化的均衡。而且还可以看出在任何一个非空的知识分享关系网络中，一个最大的独立集必须是员工集合 N 的一个真子集。因此，在任何一个非空网络中，都存在一个免费搭便车的均衡。证毕。

下面进一步探讨关于网络关系结构在知识分享中如何发挥作用的直观情况，当我们从空网络过渡到非空网络时，明显的搭便车问题就可能出现了，一部分员工真诚奉献自己的知识，而另一部分员工不会分享出自己的知识。例如，在星型网络中，存在两个专业化的均衡，其中一个均衡里，中心员工选择真诚分享知识，所有边缘员工都倾向于选择隐匿知识；而在另一个均衡里，边缘员工选择真诚分享知识，中心员工选择隐匿知识。通过这两种情况不难看出，网络关系结构对员工知识分享行为选择产生了复杂影响，同样的结构、同样的关系，可以存在截然不同的知识分享策略行为均衡。

图 3.2（a）中的中心员工是隐匿者，边缘为分享者；图 3.2（b）中的中心员工是分享者，边缘为隐匿者。

现在讨论每个人都会分享知识的可能性。本书借鉴 Goyal（2007）的研究，所有参与者都选择做出努力的均衡策略是分布均衡（distributed equilibrium）。接下来，本书继续讨论星型网络中是否存在一个分布均衡。从最简单的（$n \geq 3$）星型网络出发，在任何分布均衡里，对每一个网络中的员工 i 来讲 $e_i > 0$，且 $e_i + \sum_{j \in N_{(i)}} e_j = e^*$。用 e_c 表示网络中心员工的知识分享努力程度，e_l 表示边缘参与者

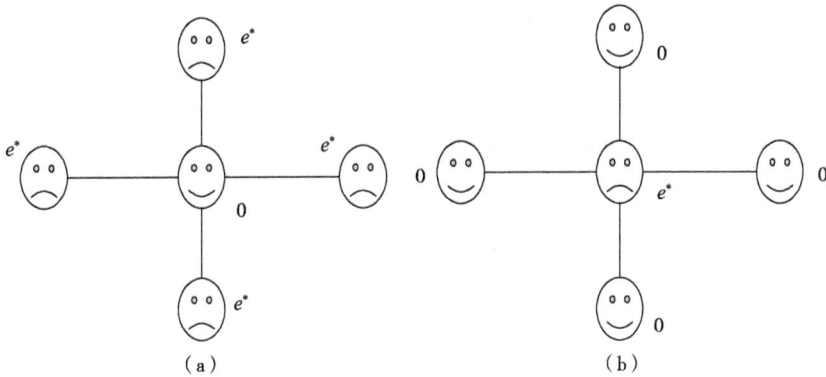

图 3.2　星型网络中专业化均衡图

的知识分享努力程度。对中心参与者，则 $e_c + \sum_{l \in N_{(c)}} e_l = e^*$；对边缘参与者，则意味着 $e_c + e_l = e^*$。然而由于在分布均衡中要求 e_c, e_l 均大于零，上面两个等式不可能同时成立。因此得出结论，分布均衡不可能出现在星型网络中。

对规则网络来讲，在任何一个度值为 k 的规则网络里，通过边界条件可得 $f'(e_k + k e_k) = c$，由于规则网络中各点是相同的，则 $e_k = \dfrac{e^*}{k+1}$，因此，在规则网络中存在一个对称分布均衡，该分布均衡中知识分享努力程度与节点度呈现负相关关系。

从上述分析不难看出，网络结构决定了均衡存在的形态，并且网络中搭便车的程度会随着网络结构变化而变化。由于网络结构促使了网络中知识分享专家出现并产生利他的行为，目前关于网络结构产生的网络效应研究中，大家关注了是否存在个体利用网络中的有利位置获取额外的收益，探讨均衡状态下的个体收益水平与网络结构是否存在一个系统性的关系。

在现实的案例和已有的研究成果中，不难看出个体的收益随着邻居的努力而增加，因此一个有趣的问题就是度值更高的网络成员是否在均衡状态下赚取更多的收益。通过前文的分析不难看出，在星型网络中，存在两个专业化的均衡。一个是中心成员选择 e^*，而边缘成员选择 0；另一个是中心成员选择 0，而边缘成员选择 e^*。在第一个均衡中，中心成员的收益少于边缘者，而第二个均衡的情况则恰好相反。在完全网络中，如果每个参与者都选择 $e_i = \dfrac{e^*}{n}$，那么就存在一个所有员工都分享的分布均衡。然而，运用前文的研究结论，该网络同样存在最大独立集，但是该独立集只有一个网络成员，因而在网络中也存在一个专业化的均衡，即网络中任意成员选择 e^*，其他成员选择 0。这显示出网络中度值与均衡收益之间存在着复杂的关系。在星型网络中，既存在度值与收益正相关的均衡，也存在与收益负相关的均衡。而且在完全网络中，既存在所有度值相同的成员获得相同收益的均衡，也存在某个成员收益低于其他所有人的均衡。迄今为止关于该问题的研究和讨论，学界还无法给出网络中成员收益与度值关系的普适性定理。

进一步讨论网络结构下网络成员整体的社会效益情况。在前面模型的基础上，面对网络 G 中知识分享行为策略组合 e 时，网络成员 i 的收益函数为

$$U_i(e;G) = f\left(e_i + \sum_{j \in N_{(i)}} e_j\right) - ce_i \tag{3.19}$$

此时网络的整体社会效益函数为

$$W(e|G) = \sum_{i \in N}\left[f\left(e_i + \sum_{j \in N_{(i)}} e_j\right) - ce_i\right] \tag{3.20}$$

令 e^* 为该非空网络 G 的一个均衡，假设网络成员 i, j 之间存在连接，$g_{ij} = 1$。

从前面研究的结论可得 $e_i^* + \sum_{j \in N_{(i)}} e_j^* = e^*$，这隐含着 $f'\left(e_i^* + \sum_{j \in N_{(i)}} e_j^*\right) - c = 0$。考虑在 e_i^*

处，社会效益关于 e_i 的偏导数：

$$\frac{\partial W(e^*|G)}{\partial e_i} = \sum_{j \in \{i\} \cup N_{(i)}} f'\left(e_i^* + \sum_{j \in N_{(i)}} e_j^*\right) - c = \sum_{j \in N_{(i)}} f'\left(e_i^* + \sum_{j \in N_{(i)}} e_j^*\right) \tag{3.21}$$

由于 $f'(\bullet) > 0$，式（3.21）严格大于零，所以社会效益可以通过增加员工 i 的知识分享努力程度 e_i 而严格增加，因此均衡是不充分的（无效率的）。

对该函数可以看出，在一个非空网络中，任何的均衡都不是充分的。在任何均衡中，网络成员按照个体的知识分享边际收益与边际成本相等的原则，来选择自己的分享策略。另外，社会效益最大化则要求社会的边际回报等于边际成本，社会的边际回报等于个体与邻居的边际收益的总和，根据凹函数假设 $f'(\bullet) > 0$，就可知每个邻居的边际收益严格为正，因而社会边际回报严格超过个体的边际收益。

3.4　员工知识分享关系行为与网络均衡结构特征分析

3.4.1　直接连接效用下员工知识分享关系行为与均衡网络结构特征

该问题的核心思想是，员工只能获取与自己直接相连员工节点的知识，即知

识传导只限于直接近邻之间。在此情况下，网络成员对建立并维持关系的行为成本和收益进行判定，并由此决定采取何种知识分享关系行为、建立哪些知识分享关系。模型背景是存在 n 网络成员，每个网络成员都可以和网络中任意部分的其他成员建立连接关系。成员 i 可以通过承担一定成本而与网络中任意成员 j 建立关系，然后通过该关系获得对方的知识。本书假设网络成员集合为 $N = \{1, 2, \cdots, n\}$，$n \geq 3$。网络成员 $i \in N$ 的一个关系行为策略可以表示为一个行向量 $\boldsymbol{g}_i = \{g_{i1}, g_{i2}, \cdots, g_{ii-1}, g_{ii+1}, \cdots, g_{in}\}$，这里对每个 $j \in N \setminus \{i\}$，$g_{ij} \in \{0, 1\}$。如果 $g_{ij} = 1$，员工 i 与 j 之间存在关系，所有网络成员的关系行为策略组合记为 $\boldsymbol{g} = \{g_1, g_2, \cdots, g_n\}$。Goyal（2007）研究发现，策略组合与网络结构状态之间存在映射关系，在这个框架里，任意成员都可以决定是否承担成本来建立关系，进而关系就成为知识分享的渠道。

只要两个成员之间建立知识分享关系，他们之间就可以分享知识，就能够将知识进行转移，因此对于员工 i，如果能够接触到更多员工，意味着有更多的知识获取渠道，就会更具优势；然而维持知识分享关系需要相应的成本，因此需要对建立关系策略的收益和成本进行分析。

首先定义每个网络成员的收益函数 π_i 为

$$\pi_i(G) = \phi\big(\hat{n}_i(G), \eta_i^d(G)\big) \tag{3.22}$$

这里把非负整数集合记为 ϕ_+，函数 ϕ 表示 $\phi_+^2 \to \mathscr{R}$ 的实值函数，$\hat{n}_i(G)$ 为员工 i 在知识分享网络 G 中可以接触到的其他员工数量，其代表了可以获得知识的渠道数，而 $\eta_i^d(G)$ 则是成员 i 在网络 G 中主动与对方建立关系的成员数量，其代表了员工需要维持知识分享关系所需的成本。因此函数 $\phi\big(\hat{n}_i(G), \eta_i^d(G)\big)$ 具有性质：函数对 $\hat{n}_i(G)$ 严格递增，对 $\eta_i^d(G)$ 严格递减。

命题 3.2　如果知识分享关系网络中员工具有 $\pi_i(G) = \phi\big(\hat{n}_i(G), \eta_i^d(G)\big)$ 表述的收益函数及性质，那么知识分享均衡网络不是空网络就是最小连通网络。

证明：令 G 为一个非空的均衡网络，并假设它不是连通的；那么在 G 中必然存在一个知识分享关系独立分支 P，分支中成员数必定大于或等于 2，即有 $|P| \geq 2$。

进一步假设员工 $i \in P$，则 $\eta_i^d(G) \geq 1$，那么可以得出 $\phi\big(\hat{n}_i(G), 1\big) \geq \phi\big(\hat{n}_i(G), \eta_i^d(G)\big) = \pi_i(G)$。同时，根据假设，由于 G 是均衡网络，可以得出 $\pi_i(G) \geq \pi_i(G_{-i}) = \phi\big(\hat{n}_i(G_{-i}), 0\big) \geq \phi(1, 0)$，这里 G_{-i} 表示成员 i 没有建立任何关系的网络。因此，$\phi\big(\hat{n}_i(G_{-i}), 1\big) \geq \phi(1, 0)$，由于 G 不是连通的，网络中必然会存在另一个员工 j，$j \notin P$。

接下来，首先考虑 j 自成分支的情况，由于收益函数对第一个变量，成员可以接触的人数是严格递增的，可以得出 $\phi\big(\hat{n}_j(G) + 1, 1\big) > \phi\big(\hat{n}_j(G), 1\big) \geq \phi(1, 0) = \pi_j(G)$，

该结果与员工 j 选择最优反应的假说矛盾。下面假设 $j \notin P'$，而 $|P'| = w \geqslant 2$，进一步假设 $w \leqslant \hat{n}_i(G)$，且 $\eta_j^d(G) \geqslant 1$。如果网络成员 j 断开他所有的关系，而与成员 i 建立关系，那么他的收益就会存在 $\phi(\hat{n}_i(G)+1,1) > \phi(w,1) \geqslant \pi_j(G)$；这也与成员 j 选择最优反应的假说矛盾。

对均衡网络的最小连通性，考察如果网络中存在一个闭链，那么就必然存在一个网络成员，他可以断开一个连接关系，但仍然和所有网络成员保持连通关系，因此一个具有闭链的网络不可能是一个均衡，所以均衡网络中不存在多余的连接关系。综上所述，如果网络 G 是非空网络，那么它一定是最小连通网络。

进一步分析严格的均衡网络，假定 G 是一个非空的严格均衡网络，那么存在网络成员 i,j，$g_{ij}=1$。考察对所有的 $k \neq i$，$g_{j,k}$ 的取值问题。如果 $g_{j,k} \neq 0$，那么网络成员 i 可以断开与 j 的连接，建立起与成员 k 的关系连接，这样网络成员 i 就可以获得不少于与 j 连接的收益，这就与 G 是严格均衡网络相矛盾。因此，$g_{j,k}$ 只能取值为零，这就意味着与网络成员 i 连接的任何网络成员都不能与其他的网络成员建立连接关系。由于 G 是连通的，这也就意味着网络成员 i 一定可以接触到每一个网络成员。如果网络中另一成员存在 $g_{li}=1$，那么这意味着网络成员 l 可以改变网络关系却又维持相同的收益，这又与严格均衡网络要求相矛盾。因此，网络 G 一定是一个由中心成员发出连接的星型网络。同时对主动发出的连接关系数 $\eta_i^d(G) \in \{0,1,2,\cdots,n-2\}$ 来讲，如果满足 $\phi(n,n-1) > \phi(\eta_i^d(G)+1,\eta_i^d(G))$，就可以得出由中心成员发出连接的星型网络是严格的均衡网络。因为如果 $\phi(n,n-1) < \phi(\eta_i^d(G)+1,\eta_i^d(G))$，那么 G 中的中心成员就可以在断开除了 $\eta_i^d(G)$ 以外的所有关系连接后，仍然保持相同的收益，这样 G 就不会是一个严格均衡网络。同理可以分析 $\phi(1,0) > \phi(\eta_i^d(G)+1,\eta_i^d(G))$ 的情况。因此可以得出如下结论：

命题 3.3 如果网络成员具有 $\pi_i(G) = \phi(\hat{n}_i(G),\eta_i^d(G))$ 表述的收益函数及性质，那么一个严格的均衡网络要么是由中心成员构建的星型网络，要么是空网络。

（1）当且仅当对所有的 $\eta_i^d(G) \in \{0,1,2,\cdots,n-2\}$，$\phi(n,n-1) > \phi(\eta_i^d(G)+1,\eta_i^d(G))$，严格的均衡网络是由中心成员构建的星型网络；

（2）当且仅当对所有的 $\eta_i^d(G) \in \{0,1,2,\cdots,n-2\}$，$\phi(1,0) > \phi(\eta_i^d(G)+1,\eta_i^d(G))$，严格的均衡网络是空网络。

3.4.2 间接连接效用下员工知识分享关系行为与均衡网络结构特征

间接连接效用的基本思想是通过知识分享，员工不仅从他们的直接连接员工中获取知识收益，而且也从间接连接的员工中获取知识收益，但是收益随着两个员工之间的距离增加而递减。于是，在其他条件相同的情况下，与其他员工距离越近得到的知识收益越高。员工的知识收益随员工之间距离增加的衰减效应可以通过收益函数进行刻画。可以这样理解，在知识分享关系网络的框架下，由于在员工之间的知识分享过程中存在理解偏差、环境噪声等问题，因此如果知识必须经由较长的传导路径才会到达目标成员，知识产生的价值就可能出现衰减效应。类似地，我们可以预计在员工 i 与 j 之间的网络路径越长，i 与 j 能够获得的知识收益就会越低。

借用 Goyal（2007）研究中成熟的线性收益函数模型，构建知识分享中的距离衰减模型，知识的价值随着距离增加呈几何级数下降，用 $\delta(\delta \in [0,1])$ 表示衰减的程度。当 $\delta = 0$ 时表示完全衰减的情况，知识分享只能在直接关系之间发生；当 $\delta = 1$ 时表示完全没有衰减的情况，只要存在路径，不管路径的长短，员工都可以通过该路径获取知识分享收益。本书中，把网络 G 中两个员工节点 i 与 j 之间的最短路径长度记为 $d(i,j;G)$，按照 Bala 和 Goyal（2000）的基本思路，网络中员工 i 的基于距离的知识分享收益可以表示为

$$\pi_i(G) = 1 + \sum_{j \in N_{(i)}} \delta^{d(i,j;G)} - \eta_i^d(G)c \tag{3.23}$$

其中，$\eta_i^d(G)$ 表示员工 i 直接发出连接的数量，也就是员工 i 需要花费成本维系的知识分享关系数量；c 为单位关系维系的成本。从式（3.23）来看，当距离的衰减效应非常明显时，就是促使员工通过建立直接关系进而缩短连接距离，这就意味着星型网络比一般网络更具吸引力。同时在知识随距离衰减效应的情况下，意味着闭链结构在均衡里面可能出现。

简单来讲，有效率的网络在一些重要的背景中都拥有简单直观的形式。如果连接的成本和收益相比较高，那么形成任何连接都没有意义，从而空网络是唯一的有效率网络。如果连接成本足够低，那么全部形成的连接有意义，因为增加一条连接的成本小于把最短距离的长度缩短为一条连接长度的路径所得到的利益，从而有效率的网络是完全网络。除此之外，在收益与连接成本比较适宜的特殊情况下，出现了令人感兴趣的情形，使得唯一有效率的网络结构是星型网。

于是可以提出如下命题：

命题 3.4　在知识分享关系网络中，如果间接连接关系可以传导知识，那么基于距离的知识分享效用模型中存在的唯一有效率网络如下：

（1）如果员工之间的连接关系行为的成本在区间 $0 < c < 2(\delta - \delta^2)$，那么唯一有效知识分享关系网络是一个完全网络；

（2）如果员工之间的连接关系行为的成本在区间 $2(\delta - \delta^2) < c < 2\delta + (n-2)\delta^2$，那么唯一有效知识分享关系网络是一个星型网络；

（3）如果员工之间的连接关系行为的成本超过 $2\delta + (n-2)\delta^2 < c$ ，那么唯一有效知识分享关系网络是空网络。

证明：由于建立了直接关系，不难算出网络中任意的一对员工 i 与 j 在知识分享中的联合边际收益的下限为 $2(\delta - \delta^2)$ ，只要 $c < 2(\delta - \delta^2)$ ，那么网络中的成员通过建立新连接关系就会获得正的收益，因此在此成本区间，完全网络才是唯一的有效网络。

下面考虑在 G 里面的一个分支 C_1 上，令 $|C_1| = k$ 。考虑 $k \geqslant 3$ 的情况，令 h 为该分支中员工知识分享的社会关系总数目，则 $h \geqslant k-1$ ，那么通过计算可以得到分支 C_1 的整体收益上限为 $k + h(2\delta - c) + [k(k-1) - 2k]\delta^2$ 。若分支 C_1 为星型网络，则整体收益为 $(k-1)\left[2\delta + (k-2)\delta^2 - c\right] + k$ 。在 $2(\delta - \delta^2) < c$ 条件下，$k + h(2\delta - c) + [k(k-1) - 2k]\delta^2 \leqslant (k-1)\left[2\delta + (k-2)\delta^2 - c\right] + k$ ，而当取端点值 $h = k-1$ 时，上述不等式变为等式。在任何具有 $k-1$ 条边的网络中，除了星型网络，其他网络至少存在一对网络最短距离超过 3 员工关系对，其整体收益严格少于星型网络的收益，这意味着在一个有效知识分享社会关系网络中，一个分支一定是星型网络。进一步考虑分支 C_1 和 C_2 的网络，其网络成员数分别为 k_1 和 k_2 。很明显，有效网络的分支的整体收益肯定非负。于是直接计算可得，星型网络的整体收益表达式为 $n + (n-1)2\delta + \left[\dfrac{n(n-1)}{2} - (n-1)\right]2\delta^2 - (n-1)c$ ，则一个有 $k_1 + k_2$ 个网络成员的单个分支，它的整体收益超过两个具有星型结构的 k_1 和 k_2 的不同分支。这就是说在所有非空网络中，网络整体收益在星型网络中达到最大化。当 $2\delta + (n-2)\delta^2 > c$ 时，上述星型网络收益函数值超过了空网络的整体收益，于是当成员之间的连接关系成本在区间 $2(\delta - \delta^2) < c < 2\delta + (n-2)\delta^2$ 时，唯一有效知识分享社会关系网络是一个星型网络。

当 $2\delta + (n-2)\delta^2 < c$ 时，空网络的整体收益大于星型网络，知识分享的社会关系连接收益小于成本，因此空网络成为唯一有效知识分享社会关系网络。证毕。

上述结论的一个重要含义是当员工之间的知识分享社会关系网络结构发生变化及当关系连接成本跨越不同的临界点时，相应的关系发生了急剧变化。在成本区间 $0 < c < 2(\delta - \delta^2)$ ，一个有效的知识分享网络中具有 $\dfrac{n(n-1)}{2}$ 条社会关系；而在区间 $2(\delta - \delta^2) < c < 2\delta + (n-2)\delta^2$ ，一个有效的知识分享网络只有 $n-1$ 条社会关系；当成本超越 $2\delta + (n-2)\delta^2$ 时，任何与知识分享相关的连接关系都是不经济的，因此有效网络变为空网络。值得注意的是，在所有的连通网络中，星型网络的关系数量最少，同时它的平均距离也比较小，由于在关系连接过程中，关系和距离都是具有成本的，因此仅从效率的角度来看，星型网络就具有较大的吸引力。

对基于距离的网络模型研究，首先，不难看出在相当宽泛的值域范围内，边缘主动连接中心的星型网络在均衡里出现，这与前面没有距离衰减效应的情况不同。其次，距离衰减效应与网络的效率直接相关，前文研究中，在没有距离衰减效应下，一旦成本满足条件 $c > 1$，空网络成为唯一的均衡网络；而在本模型中只要 $c < 2\delta + (n-2)\delta^2$，非空的有效网络都可以维持。最后，距离衰减效应直接影响了网络的收益分布状况，在边缘主动连接中心的星型网络中，网络边缘成员负责承担关系成本，因而其获得的收益比中心成员低。这与前文中心主动连接边缘的星型网络恰好相反，前文结论为中心成员的收益低于边缘成员。

3.4.3　"群内—群外"效应下员工知识分享关系行为与均衡网络结构特征

在企业员工的知识分享过程中，知识分享关系网络上存在许多小群体，其中有些可以演化为实践社群，逐渐成为重要的知识分享平台。为了分析这类重要现象，本小节进一步引入 Jackson（2005）及 Galeotti 等（2006）提出的"岛屿"模型，分析处于不同群体的员工之间知识分享关系行为与均衡网络的结构特征，进一步丰富研究的内容。在本书分析中，将不同群体中的员工体现到对建立关系的差异化成本效应上来。考虑关系形成的"群内—群外"模型，一个知识分享关系网络中的员工可以分为不同的群体，在群体内员工建立关系的成本低于群体间员工建立关系的成本。

基于 Galeotti 等（2006）的研究基础，先将员工整体网络分为两个群体 a 与 b，$n_l = |N_l|$ 为群体 l 的规模，这里 $l = a, b$。为了分析的简洁性，假定对网络中任意的员工 i 与 j 之间建立知识分享关系的收益均为 1。群内员工之间建立知识分享关系的成本为 c_I，不同群间员工建立知识分享关系的成本为 c_B，这里 $0 < c_I < c_B$。对 $l = a, b$，令 $N_{(i)}^{d,l}(G) = \{ j \in N_l \mid g_{ij} = 1 \}$，$\eta_i^{d,l}(G) = |N_i^{d,l}(G)|$。

首先分析群体 a 中的关系连接行为的情况，由于群体 a 和 b 可以相互替代，同样的结论对群体 b 也成立。在前文模型的基础上，网络 G 中群体 a 中成员 i 的收益为

$$\pi_i(G) = 1 + \sum_{j \in N_{(i)}} \delta^{d(i,j;G)} - \eta_i^{d,a}(G) c_I - \eta_i^{d,b}(G) c_B \qquad (3.24)$$

在上述收益函数的基础上，为了便于分析，我们进一步假设群体 a 和 b 规模相等，则 $n_l = |N_l| = \hat{n}$，可以提出如下命题：

命题 3.5　在基于距离的衰减效应比较小（δ 接近于 1）的情况下：

（1）假定群内连接关系成本 $0 < c_I < 1$。

如果 $c_I < c_B < \hat{n}$，那么任何一个群体相互连接的星型网络都是一个严格的均衡

网络。

如果 $c_B > \hat{n}$，那么任何一个非连通的群体星型网络都是一个严格的均衡网络。

（2）假定群内连接关系成本 $1 < c_I < \hat{n}$。

如果 $c_I < c_B < \hat{n}$，那么严格均衡网络要么为空网络，要么为相互连接的由边缘主动连接中心的星型网络。

如果 $c_B > \hat{n}$，那么严格均衡网络要么为空网络，要么为孤立的由边缘主动连接中心的星型网络。

（3）如果 $c_B > c_I > \hat{n}$，那么空网络就为唯一的严格均衡网络。

证明：上述分析突出了对不同的连接成本值域范围、局部星型网络及相互连接的星型网络的独特特征。当衰减效应比较小时，一个均衡网络将是最小连通网络。首先考虑 $0 < c_I < 1$ 的情况，群内成员一定是相互连通的。如果 $c_I < c_B < \hat{n}$，那么不同群体间可以通过增加连接来获取收益，因此一个相互连接的群体星型网络就是一个均衡。如果 $c_B > \hat{n}$，那么不同群体间建立关系的成本大于通过关系获取的知识分享收益，因此均衡网络就会变为非连通的星型小群体构成的网络。其次考虑 $c_B > c_I > \hat{n}$ 的情况，则网络中没有任何成员有积极性去建立知识分享关系，因此均衡网络就是空网络。

下面着重论证 $1 < c_I < \hat{n}$ 的情况，首先注意到当 δ 接近于 1 时，均衡网络就是最小连通网络。其次注意到如果对于 $i \in N_I, j \in N_I \setminus \{i\}, g_{ij} = 1$，那么群 N_I 是连通的，因为如果不是连通的，那么网络中必然存在一个成员 $i'(i' \in N_I \setminus \{i, j\})$，该成员通过与 i 建立关系而获得的收益严格高于成员 i 的收益。然后，如果 $c_I > 1$，就可以立即得出空网络永远是一个严格均衡的网络。当均衡网络非空时，网络中群体就会有两种可能，一种可能是群体间不存在任何连接关系，所有群体都是独立的；另一种可能是群体间存在相互连接关系，形成一个大连通网络。

对群体间不存在知识分享连接关系的情形，即 $g_{ij} = 0$，$\forall i \in N_a$，$\forall j \in N_b$，$a \neq b$。前面的 $1 < c_I < \hat{n}$ 的情况意味着在一个均衡里，群内成员要么是相互连通的，要么是成员之间不存在任何连接关系。由于群体之间没有连接关系，每个群面临的问题与 Bala 和 Goyal（2000）及 Feri（2007）研究过的群内同质情形相似。于是，可以得知如果群内是连通的，这个连通是最小连通，那么这个群就成为一个边缘发起的星型网络。因此，G 要么是没有连通的边缘发起的星型网络，要么是具有一个边缘发起的星型网络群的网络。很明显，这样的网络 $c_I > \hat{n}$ 时，才是严格的均衡。

对群体间存在知识分享连接关系的情形，$g_{ij} = 1$，$\forall i \in N_a$，$\forall j \in N_b$，$a \neq b$，则网络 G 是连通的。于是，如果 $1 < c_I < \hat{n}$，那么必定存在一个衰减系数 $\delta'(\delta' < 1)$ 和一个新的群体 l'，使得对任意的 $\delta(\delta' \leq \delta < 1)$，对于某些 $i \in N_I$ 及 $j \in N_{l'}$，那么

对于任何的 $j' \in N_{i'}$，$g_{j'j} = 1$。

第一，任何由员工 i 通过 $g_{ij} = 1$ 接触的终端员工节点记为 v，由于 $c_I > 1$，则由这些节点发出的连接关系，记为 $g_{vj} = 1$。

第二，员工 i 只有通过 $g_{ij} = 1$ 才能连接到 $N_{i'}$ 中的成员，否则必然另存在一个网络成员 $i' \in N_i$，由员工 i 通过 $g_{ij} = 1$ 连接，则可得新网络 $G' = G - g_{ij} + g_{ii'}$，然而网络中个体的邻居数量并没有改变，即 $N_i(G) = N_i(G')$，因此当 δ 趋近于 1 时有

$$\pi_i(G) - \pi_i(G') = \sum_{j \in N_{(i)}} \left[\delta^{d(i,j;G)} - \delta^{d(i,j;G')} \right] - (c_B - c_I) < 0 \qquad (3.25)$$

这与均衡的假设矛盾。

第三，员工 i 只有通过 $g_{ij} = 1$ 才能连接到 $N_{i'}$ 中的每一个成员，否则，由于 G 是连通的，则 $N_{i'}$ 中必然存在某些成员可由员工 i 通过某个其他网络成员接触到。基于此，假定这些员工中 j' 是与员工 i 最接近的网络节点，并且 j' 通过连接关系 $g_{j'i'} = 1$ 连接到员工 i。由于这里假设 $i' \in N_i$，这就意味着 $g_{ii'} = 1$，而且由 i' 通过关系 $g_{i'j'} = 1$ 连接到的任何网络成员都属于 $N_{i'}$。进而可以选择出这样一个终端节点 v'，由于 $c_I > 1$，该节点可以主动发出连接关系，使用 Goyal（2007）转化方法，就可以很容易看出 v' 通过调整连接关系严格获利。这就与网络包含一个均衡的前提矛盾。

第四，由于群体 $N_{i'}$ 内部是完全连通的，通过前文的衰减效应分析，$N_{i'}$ 成为一个有边缘员工主动发出的星型网络群。还可以看出网络中员工 j 是该星型网络的中心成员，否则，网络成员 i 可以通过转换成为群体 $N_{i'}$ 的中心员工而严格获利。

第五，对群体 N_i 来讲也是内部完全连通的，成为一个由边缘员工发出的星型网络。所以如果 G 是一个严格均衡网络，它一定是一个相互连接的、边缘发出关系的扩展星型网络。如果 $c_I > 1$ 并且衰减效应较弱，那么均衡网络一定是最小连通的，根据前文分析，边缘成员就会主动建立起与中心成员的关系。

3.4.4　多知识社群效应下的知识分享关系行为与小世界特征分析

我们来考察关系连接模型的另外一个变种。该模型表明了所观测到的真实世界里的一些重要特征，如小世界特征是如何从策略的观点得到解释的。它提供了一个全新的视角来分析小世界和随机网络生成机理。在本模型中，知识分享关系网络的小世界特征来自以距离为基础的成本结构。较靠近的（或较相似的）那些节点发现维持产生高集群性的彼此连接关系具有经济性。总体上的较短特征路径长度出现是因为两个给定节点之间没有充分短的路径，于是即便增加一条连接有较高成本，该连接也会为网络遥远的部分搭桥并给各节点带来更高的收益。

在 3.4.3 小节"群内—群外"效应分析的基础上，进一步考虑多"岛屿"下知识分享关系行为与均衡网络的结构特征。首先，假设两个员工之间的最短路径长度大于 D，那么他们彼此不会获得对方的任何知识价值。其次，假设关系成本表现出差异化社群的结构，也就是说若网络中有 M 个社群，每一个社群内有 N 个博弈局中人。如果局中人 i 和 j 处在同一社群内，那么他们建立一条知识分享连接关系的成本为 c_I，而如果局中人 i 和 j 处在不同社群内，那么社群间知识分享关系建立的成本为 c_B，同样地，假设 $c_B > c_I > 0$，于是与同群内的员工建立知识分享连接关系是较便宜的。这样的多群体特性为引入员工或网络节点之间的异质性提供了非常简单的方法。

$$\pi_i(G) = 1 + \sum_{j \neq i: l(i,j) \leq D} \delta^{l(i,j)} - \sum_{j: ij \in G} c_{ij} \qquad (3.26)$$

其中，如果 i 和 j 在同一群体内，则 $c_{ij} = c_I$，否则为 $c_{ij} = c_B$。这一成本结构类似于前文的"群内—群外"模型，但也存在一定的不同。由于在"群内—群外"模型中，δ 接近于 1，因此知识价值随着距离衰减效应逐渐减小，而多岛群连接模型主要考虑了距离的衰减效应明显，使得成本结构存在明显差别，进而导致了对集群性非常不同的结论。对充分大的特征路径长度 D，缩减关系距离是没有意义的。对于较小的 D，缩减距离体现了超过某个临界连接距离收益迅速下降的概念，如获得朋友的朋友的朋友的朋友的帮助是不可能的。现有研究揭示出许多社会网络拥有相对小的直径、较短的路径长度和集群性（与独立随机网络比较）等小世界特性。Carayol 和 Roux（2005）首次尝试用连接关系的成本和收益清楚地解释小世界现象，这与网络科学中随机模拟出的小世界网络存在本质的不同。

命题 3.6　如果群内和群间连接成本 $c_I < \delta - \delta^2$，$c_B < \delta + (N-1)\delta^2$，那么任何配对稳定或有效率的知识分享关系网络使得

（1）任何给定社群上的员工都是完全彼此连接的；

（2）网络直径和特征路径长度均不大于 $D+1$；

（3）如果 $\delta - \delta^3 < c_B$，那么员工个体、网络平均和网络整体的集群性的下界均为 $\dfrac{(N-1)(N-2)}{M^2 N^2}$。

该命题背后的直观启示相对简洁，在知识分享关系网络中任意员工与群内员工建立知识分享关系的低成本性导致了高集聚性，而与其他群体建立连接关系可以获取不同于群内的知识，往往该类知识具有较高的价值，因此群间连接关系的高价值性是导致短的特征路径长度的直接经济动机。同时，由于较高的群间连接关系成本使得群间连接关系数相对较少。

证明：首先证明情况（1）。假设处在同社群上的两个员工在某网络中是不连通的。在此情况下，若他们增加一条直接连接，则每人至少会从增加该连接中获

益 $\delta - \delta^2 - c_I > 0$ ，而且这样做也会有利于其他员工，于是该网络不可能是配对稳定或有效率的。

对情况（2），假设有两个员工（在不同的社群里），设为 i 和 j ，使得 $d(i,j;G) \geqslant D+2$ 。正如刚刚论证的，在任意配对稳定或有效率的网络中，j 会和他同社群的所有成员都建立直接连接，而 i 也是如此。于是 i 处在至少和 j 的社群的每个成员相距 $D+1$ 的距离上，从而不享有来自任何一个参与人的收益，而 j 和 i 的社群关系也一样。于是通过与 j 连接，i 至少的获益为 $\delta + (N-1)\delta^2 - c_B > 0$ ，所以该网络也不可能是配对稳定或有效率的。

下面推导网络中员工个体的集群性（从而得出平均集群性）的一个下界。在群内随机选择一个员工，令其有 K 条群内连接关系，于是至少有 $\dfrac{(N-1)(N-2)}{2}$ 个 i 的邻居组对，出自于最大总数 $\dfrac{(N+K-1)(N+K-2)}{2}$ 的邻居总组对中，这就产生了一个下界 $\dfrac{(N-1)(N-2)}{(N+K-1)(N+K-2)}$ 。由于 $K \leqslant N(M-1)$ ，所以有一个宽松的下界 $\dfrac{(N-1)(N-2)}{[N+N(M-1)]^2}$ ，即为要求的结论。

整体集群系数的下界确立如下：对一个给定的网络，把 i 的集群系数表示为 $\dfrac{a_i}{b_i}$ ，其中 a_i 是 i 的邻域中邻居之间连接的个数，而 b_i 是 i 的邻域中邻居组对的个数。我们已经确定了 $\dfrac{a_i}{b_i}$ 的一个下界。注意整体集群性为 $\sum_i a_i \Big/ \sum_i b_i$ ，显然其大于 $\min_i \left(\dfrac{a_i}{b_i} \right)$ 。

总的来讲，该命题背后的直观意义相对简明。和接近的同群体员工之间连接的低成本导致了网络整体高集群性，而和其他群体连接的较高价值导致了低的平均路径长度。群体之间连接的高成本意味着群体之间只有少数连接。这在很大的意义上确定了小世界的特性。直径界定为大于 $D+1$ ，而平均路径长度是较小的，因为每个社群都是完全连接的，接着看到平均集群性近似为 K^2 。这样当 n 非常大时集群性仍然较大，倘若每个社群的人口不是太小。在 c_B 足够大以致群体之间的连接个数较低（以 MN 为界）的情况下，集群性的下界甚至更高（大约为 $\dfrac{N}{(N+M)^2}$ ）；因而即使对相对于 N 较大的 M ，该集群性也比独立随机网络看到的大得多。

作者从连接关系行为的经济学视角分析了员工知识分享关系行为与关系网络中的小世界效应，这与 Watts 和 Strogatz 在网络科学上讨论的小世界生成效应不同，经典文献认为小世界是由规则网络在一定程度上重新连接而生成的，作者认为是员工对连接关系行为的理性决策导致的小世界效应，本书的分析可以对经典文献提供互补性的理解。

3.5　本章小结

本章主要从策略的视角分析知识分享关系行为与关系网络生成机理及结构特征，首先从无连接成本的随机角度探讨知识分享关系行为及网络生成机制，其次从策略角度对随机关系行为模型进行补充，在分析中强调策略模型和纯随机模型之间的差异性和互补性。随机模型能够识别发生特定特征的过程但不能解释为什么那些过程会出现。在策略模型中，对一个网络具体特点的解释取代为对更多原始要素的理解，如知识分享关系行为的成本和收益。于是，在某种意义上，策略模型可被认为是对"如何"的解释，在此情景下系统分析了知识分享中员工基于经济性思维选择与之建立关系的对象，以及均衡下网络结构呈现的特征和复杂性。

第4章　复杂社会网络上员工知识分享策略行为的动力学过程研究

复杂社会网络理论的发展为描述博弈关系提供了系统且便利的框架，使得近年来网络博弈得到越来越多的人的重视，成为一个重要的研究领域。目前复杂社会网络理论在社会经济系统中的应用非常广泛，尤其对知识管理的推动极为巨大，如知识、信息、新技术等在社会网络上的分享和转移，知识分享与知识创新行为在网络上的涌现，以及网络上知识分享文化等方面都取得了比较丰富的研究成果。本章在前人研究的基础上，进一步分析复杂社会网络上员工知识分享策略行为演化的动力学过程，探索网络结构如何影响知识分享策略行为的演化；在此基础上探讨网络上知识分享行为涌现的条件。

4.1　复杂网络上的人类行为动力学基础

追根溯源，对人类行为的探索古已有之，但人类自身的复杂性和多样性，对一切科学的尝试来说都是巨大的挑战；可以说对人类行为进行科学而系统的研究，或始于 Waston 的行为主义流派，特别是 2005 年 Barabasi 在 *Nature* 上发表的开创性文章，清晰地揭示了人类行为在时间上对泊松过程的偏离，并提出了排队论模型；与此同时，随着网络科学的发展，ER 模型的提出及无标度性和小世界性的发现，大量相继的文章在 *Nature*、*Science*、PNAS（*Proceedings of the National Academy of Sciences*，即美国科学院院报）等期刊发表，掀起了有关人类行为动力学研究的热潮。著名学者 Newman（2006）和 Barabasi（2010）等的总结发现，复杂网络上的人类合作行为与社会动力学过程越来越成为大家关注的焦点。系统结构决定了系统功能，网络科学的研究就是为了探索、理解并运用网络上复杂系统的运作方式（Newman，2003）。作为一门新兴的交叉学科，这些研究涉及的内容都与现实中的各类现象和问题密切相关，其中人类动力学的研究为解决这些问题提供了新视角和新解释。复杂社会网络是典型的复杂网络，目前该领域的研究涉及的主要理论问题包括：人类群体行为时空复杂性分析，知识、信息、新技术等在社会网络上的分享和转移，群体智能与社会媒体挖掘，惯例与文化的形成与演化，以及人类合作行为、人际影响、行为传导和群体行为涌现的基本原理。

近年来随着对复杂社会网络研究的深入，无论是网络模型构建及网络上动力学过程研究，还是有针对性的实际网络数据结构特征分析，都获得了很多深入的认识和了解，但还有一些重要的问题尚未得到充分研究，一些新问题也尚未展开（Albert and Barabasi, 2002; Newman, 2003; Amaral and Ottino, 2004; Watts, 2004; Jackson et al., 2006; Boccaletti et al., 2006; Nowak, 2012; 汪秉宏等, 2012）。综合目前该领域的研究及综述性文章和本书的展望部分，不难看出复杂社会网络上人类的行为规律和动力学过程是当前研究的焦点内容之一。在该领域研究中，Ohtsuki 和 Nowak（2006）首次给出了网络博弈的生灭更新（birth-death updating）、灭生更新（death-birth updating）、模仿更新（imitation updating）机制及其复制动态方程。Vickrey 和 Koller（2002）提出了网络博弈的多策略算法。值得注意的是，Nowak 等在研究空间二维格子上的囚徒困境博弈中发现对囚徒困境博弈，博弈个体的空间关系结构会加强合作。但是，Hauert 和 Doebeli（2004）发现对雪堆博弈该情况刚好相反，博弈个体的空间关系结构往往会削弱合作水平。Santos 等（2005, 2006）研究了同质和异质的小世界网络博弈上的进化问题，通过仿真工具分析了小世界网络上的"弱"囚徒困境的博弈情形，发现均衡情况下，异质小世界网络上的合作策略比例比同质小世界网络上的要大。迄今为止，开创网络科学新局面的两大支柱性理论（图论和统计物理）已经运行了十多年，在最初的新奇发现之后，网络科学发现网络的世界越来越复杂，特别是由大量节点（子系统）组成，具有网络结构和时空演化的复杂性。总的来看，目前还缺乏对复杂社会网络上具有决策能力的人的行为规律的深入研究。

与此同时，在这些研究中员工群体往往被当做在时间和空间上的动力学实体来处理。毫无疑问，群体是由个体组成的，因而描述个体策略行为的参数，最终取决于个体的行为生态学和决策行为的历史信息。由于知识分享是典型的合作行为，知识分享行为的许多重要问题都隐含了一个更深层次的基本问题，即合作行为是怎样在群体竞争中演化并被保存下来的。因为从大自然中动物报警行为到人类社会中利他行为，这些能够促进个体所在群体繁荣发展的复杂行为机制，都是以减少合作个体自身适应度（fitness）为代价的，按照传统理论，该行为会在演化进程中被其他行为取代而消亡，但是在现实生活中随处可见合作行为现象，这与传统理论推演相矛盾。事实上，这个谜一样的问题不仅曾被达尔文强调，而且也是当今众多学科研究中重要的理论命题之一。

从本质上来讲，知识分享网络中员工的知识分享策略行为是一种带有利他性质的合作行为，因而如果采用经典演化博弈论方法则无法有效解决知识分享行为困境问题。基于此，本书将网络博弈理论与演化动力学进行融合，系统研究复杂网络上知识分享策略行为动力学过程，并探讨如何通过社会网络解决员工知识分享行为困境。

4.2　演化动力学的理论基础

生物学是演化博弈理论的理论基础，Darwin、Smith、Tirole、Nowak、Boramoulle 等众多生物学家、经济学家和博弈专家的研究显示，在任何生命系统的进化与发展过程中，演化动力学主要体现为三个基本原则：复制（replicator）、选择（selection）和突变（mutation）。生命体进化的先决条件是种群中的个体具有繁殖力，在适当的环境条件下，不管是细胞、病毒还是多细胞生命体等都能够进行自我复制。遗传物质对这些生命体的结构起决定性作用，并且通过复制遗传给下一代。一般来讲，繁殖较快的个体能通过增加相对多的后代数量在进化过程中取得优势。当不同类型的生命体彼此之间发生竞争时，选择就将发挥重要的作用，适应度大的个体能在竞争中胜出。但是繁殖的过程并非完美无瑕，偶尔也会出现差错，这就会发生突变，这些突变能促使生物产生多种变异，促成生物多样性的形成；而这些突变又会经受自然选择作用的筛选，它们最终或被保留下来，或被淘汰，这样就使遗传多样性得以提高或降低。这三个基本原则不仅是生态学的基础，同时也构成了演化博弈理论的理论基础，其体现为复制动力学、变异（突变演化）与准种方程。

4.2.1　复制动力学

只要不同类型的个体以不同速度进行繁殖，选择就会发生作用。假设种群中有两类亚种群，记为 C 和 D，我们可以分别将其理解为知识分享者和知识隐匿者。知识分享者 C 类个体的繁殖速度是 a，知识隐匿者 D 类个体的繁殖速度是 b，在此处用繁殖速度代表个体的适应度，即知识分享者 C 类个体的适应度为 a，知识隐匿者 D 类个体的适应度为 b，$x(t)$ 表示 t 时刻 C 类个体的数量，$y(t)$ 表示 t 时刻 D 类个体的数量。在初始时刻 C 类个体和 D 类个体数量分别记为 $x(t=0)=x_0$，$y(t=0)=y_0$。由此可以得到描述亚种群知识分享者 C 群体和知识隐匿者 D 群体的进化动力学规律的微分方程，即

$$\frac{\mathrm{d}x}{\mathrm{d}t} = ax, \frac{\mathrm{d}y}{\mathrm{d}t} = by$$

上述方程是由两个线性常微分方程构成的系统，其解析解为

$$x(t) = x_0 e^{at}, y(t) = y_0 e^{bt}$$

因此，亚种群知识分享者 C 群体和知识隐匿者 D 群体分别以速度 a 和 b 进行指数增长。如果 $a > b$，那么 C 群体比 D 群体繁殖更快，经过一定的时间段后，C 类个体数将会超过 D 类个体数；相反，如果 $a < b$，那么知识隐匿者 D 将战胜知识分享者 C，在种群演化过程中会看到更多的 D 策略类个体。

前述微分方程考虑的是无限种群大小的情形，现在进一步分析在一定环境容量下整个种群大小保持恒定的情况，此处 $x(t)$ 表示 t 时刻亚种群知识分享者 C 群体的相对多度，也称频率，$y(t)$ 表示 t 时刻亚种群知识隐匿者 D 群体的相对多度。由于种群中只包含 C 和 D 两个亚种群，在种群大小保持恒定的情况下有 $x(t) + y(t) = 1$，得到进化的微分动力学方程，即

$$\frac{dx}{dt} = x(a - M), \frac{dy}{dt} = b(y - M) \tag{4.1}$$

其中，M 为种群的平均适应度，此处 $M = ax + by$。进一步可得

$$\frac{dx}{dt} = x(1 - x)(a - b) \tag{4.2}$$

当 $a \neq b$ 时，该微分方程有两个平衡解，即 $x = 0$ 和 $x = 1$；这说明该系统呈现竞争排他性，最终平衡状态要么全是知识分享者 C，要么全是知识隐匿者 D。进一步考察该系统的动态过程，如果 $a > b$，那么对于严格大于 0 且小于 1 的所有 x 来说，$\frac{dx}{dt} > 0$。这说明在 C 和 D 的混合种群系统中，知识分享者 C 的适应度高于知识隐匿者 D，则亚种群 C 群体在整个种群中所占比例将进一步增大，以此演化下去，知识隐匿者 D 群体的比例将趋于 0，而 C 的比例将趋于 1，这就与自然界的"适者生存"理论不谋而合。

前面分析了繁殖率为频率的线性函数情形，接下来将模型拓展到非线性的一般情况，考虑如下演化动力学方程：

$$\frac{dx}{dt} = ax^k - Mx, \frac{dy}{dt} = by^k - My \tag{4.3}$$

同前所述，a 和 b 分别表示亚种群知识分享者 C 群体和知识隐匿者 D 群体的适应度，$M = ax^k + by^k$。当 $k = 1$ 时，则式（4.3）就回到前面的方程（4.1）。当 $k > 1$ 时，增长是超指数的（super-exponential），在没有密度限制的情况下，它们的增长曲线都将快于指数增长。当 $k < 1$ 时，增长呈现亚指数（sub-exponential）增长，慢于指数增长。由 $x + y = 1$，演化动力学方程可以简化为

$$\frac{dx}{dt} = x(1 - x)\left[ax^{k-1} - b(1 - x)^{k-1} \right] \tag{4.4}$$

由不动点定理，知方程（4.4）存在多个均衡解，两个为边界点，一个为内部

点，即

$$x_1^* = 0, x_2^* = 1, x_3^* = \frac{1}{1 + \sqrt[k-1]{\dfrac{a}{b}}} (k \neq 1)$$

k 的大小与解的稳定性存在极其密切的关系。在上述解中，当 $k>1$ 时，边界的不动点 $x_1^* = 0$ 和 $x_2^* = 1$ 总是稳定的，而内部不动点则是不稳定解。若 $x > x_3^*$，则说明亚种群 C 将战胜亚种群 D；反之，若 $x < x_3^*$，则说明亚种群 D 将战胜亚种群 C，在此情况下值得注意的是，即使亚种群 C 的适应度大于亚种群 D 的适应度，即 $a>b$，亚种群 D 也不能被亚种群 C 突变入侵。当 $k<1$ 时，边界不动点 $x^* = 0$ 和 $x^* = 1$ 就变为不稳定的解，而内部不动点就成为全局吸引子。因此亚种群 C 和亚种群 D 共存，令人惊奇的是，即使亚种群 C 的适应度大于亚种群 D 的适应度，即 $a>b$，少量的亚种群 D 仍能入侵到亚种群 C 中。

上述情况可以推断出，超指数增长有利于先到者，而亚指数增长可以使所有种群共存。亚指数增长的特例就是 $k = 0$，此时增长速度完全不依赖于 x 和 y，此时就是个体"迁移"的情况，演化动力学方程为

$$\frac{\mathrm{d}x}{\mathrm{d}t} = a - Mx, \frac{\mathrm{d}y}{\mathrm{d}t} = b - My$$

其中，$M = a + b$。该方程可以被解释成亚种群知识分享者 C 群体和知识隐匿者 D 群体从其他地方迁移到种群空间中，可以很清楚地看到，这些迁移动态导致了不同亚种群间的共存。介于 0 和 1 之间的 k 值代表迁移和线性增长之间的混合作用，仍保持共存的特性。

另外，当 $k>1$ 时，即使 $a>b$，知识分享者 C 个体也不能入侵知识隐匿者 D 群体，直观解释如下：以 $k = 2$ 为例，这意味着为了能够繁殖，同一亚种群中的两个个体必须相遇。如果种群中只有极少的 C 个体，那么 C 个体之间将无法相遇，进而不能繁殖。在 $k = 3$ 的情形下，为了能够繁殖，同一亚种群中 3 个个体必须相遇。这就再一次说明了，在此条件下，任意小的亚种群无法进一步扩张，对所有 $k>1$ 的情形都有同样的解释。

4.2.2　突变演化

在生命的遗传物质的复制和传递过程中，出现差错在所难免。在基因工程中，DNA（deoxyribonucleic acid，即脱氧核糖核酸）或 RNA（ribonucleic acid，即核糖核酸）在复制过程中的小小改变就会形成许多新变异序列。繁殖过程中的差错又称为突变，本书将在前文的基础上进一步描述突变的最简单且合理的微分方程。

与前文一致，种群中存在知识分享者 C 和知识隐匿者 D 两类亚种群，用 x 和 y 分别表示 C 和 D 的频率，μ_1 表示从知识分享者 C 突变到知识隐匿者 D 的突变率，

μ_2 表示从知识隐匿者 D 突变到知识分享者 C 的突变率。在突变作用下，演化动力学系统方程可以表示为

$$\frac{\mathrm{d}x}{\mathrm{d}t} = x(1-\mu_1) + y\mu_2 - Mx, \frac{\mathrm{d}y}{\mathrm{d}t} = x\mu_1 + y(1-\mu_2) - My \qquad (4.5)$$

若 C 和 D 的适应度相等（ $a=b=1$ ），则种群的平均适应度是恒定的，即 $M=1$，考虑到 $x+y=1$，则动力学系统方程（4.5）简化为

$$\frac{\mathrm{d}x}{\mathrm{d}t} = \mu_2 - x(\mu_1 + \mu_2) \qquad (4.6)$$

令 $\frac{\mathrm{d}x}{\mathrm{d}t} = 0$，得平衡点 $x^* = \frac{\mu_2}{\mu_1 + \mu_2}$。

由此可以看出突变促使了亚种群 C 和 D 的共存。在平衡点处亚种群 C 和亚种群 D 的相对比例依赖于各自的突变率。在平衡位置有 $\frac{x^*}{y^*} = \frac{\mu_2}{\mu_1}$。在突变过程中，若一个方向的突变率要比另一个方向大得多，则忽略另一个方向的突变会更有意义。当 $\mu_2 = 0$ 时，有 $\frac{\mathrm{d}x}{\mathrm{d}t} = -x\mu_1$，因此亚种群 C 的频率随时间的增加而降低，即 $x(t) = x_0 \mathrm{e}^{-\mu_1 t}$，亚种群 D 的频率随演化进程而增加，即 $y(t) = 1 - (1 - y_0)\mathrm{e}^{-\mu_1 t}$。

如果突变仅发生在从亚种群 C 到 D 这一方向，那么 C 将灭绝，而 D 将占满整个种群。上述分析显示出突变可以影响生存，即使在繁殖率无差异的条件下，不同的突变率也可以诱导选择作用。因而突变促进不同类型的个体的共存。

4.2.3　准种方程

准种（quasispecies）的概念由化学家 Manfred Eigen 和 Peter Schuster 首先提出，在化学中，"种"是指完全相同的分子总体，后来引入生物学中，指在突变-选择过程中产生的相似基因组序列的全体，它描述了在常数适应度空间中无限种群的突变和选择过程。

定义 x_i 为基因组（策略）i 的生物体频率，于是，$\sum_{i=0}^{n} x_i = 1$，种群的基因组结构可记为向量 $\vec{x} = (x_0, x_1, \cdots, x_n)$，定义基因组 i 的适应度为 f_i，它是一个非负实数，可以代表其繁殖率。因此所有基因组的适应度空间为向量 $\vec{f} = (f_0, f_1, \cdots, f_n)$。种群的平均适应度 $M = \sum_{i=0}^{n} x_i f_i$ 是向量 $\vec{x}$ 和 $\vec{f}$ 的内积，即 $M = \vec{x}\vec{f}$。

在演化的复制动力学过程中，处处存在突变的可能，假设从基因组（策略）i 突变到基因组（策略）j 的概率为 q_{ij}，则突变矩阵可以表示为 $\boldsymbol{Q} = [q_{ij}]$，$\boldsymbol{Q}$ 为随机矩阵，满足以下条件：行和列的数目相同，每一元素都表示为概率，取值必然

在 0 和 1 之间，每行之和均为 1，即 $\sum_{j=0}^{n} q_{ij} = 1$。准种方程表示如下：

$$\frac{dx}{dt} = \sum_{j=0}^{n} x_j f_j q_{ij} - Mx_i \qquad (4.7)$$

在许多现实情景中，矩阵 $\boldsymbol{Q}$ 是不可约的，即从任意的一个基因组 i 出发，经历一系列突变过程，最终转变为任意一个其他基因组 j 总是有可能实现的。更进一步，假设至少对某些 i，有 $f_i > 0$ 成立。在这种情况下，在整个单形 S_n 内，准种方程存在一个全局稳定的平衡态，记为 $\vec{x}^*$。

4.3 有限员工群体中知识分享策略行为的演化动态分析

4.3.1 有限员工群体中的 Moran 演化过程

经典复制动态方程是基于群体规模无限大情况下的演化动态，而我们常常遇到的知识分享员工群体中员工数量是有限的，在 Ohtsuki 和 Nowak（2006）、Ohtsuki 等（2007，2009）的系列研究成果中指出，由于个体的丰度（abundance）可以由个体的数量直接测度，因此它不是一个连续变量。同时在有限群体中动态演化受随机因素影响很大，在此条件下，确定性的微分方程模型不再适合描述有限种群的进化动态，因此需要考虑采取新的研究方法来考察有限种群中的动态演化博弈过程。在有限种群中，频率制约选择（frequency dependent selection）和随机漂变（stochastic drift）的交互作用决定了演化博弈的结果（Nowak，2006）。对有限种群的博弈动态而言，选择强度发挥了重要的作用，博弈中获得的支付会对个体的总适应度产生或强或弱的影响。如果支付对适应度影响不大，就称选择为弱选择（weak selection）；反之，如果支付对个体适应度的影响很大，就称选择为强选择（strong selection）。我们得到的部分结果只适用于选择极弱的情况。相比之下，在经典的复制动力方程中，没有使用任何表示选择强度的参数。在研究中，博弈理论学者和生物学家对严格的纳什均衡和演化稳定策略给予了高度重视，因为在自然选择作用下，采取演化稳定策略的群体能够抵制突变的入侵（invasion），而 Smith、Nowak 和 Sigmund 的研究指出上述演化稳定条件只对无限种群的确定性动态成立，对有限种群中的随机性动态则需要提出新的演化稳定条件。风险占优（risk dominance）策略是博弈理论中一个非常重要的概念，其定义如下：如果策略 C 和 D 都是自身的最佳响应（best reply），那么称具有较大吸引域的策略为风险占优策略。在后面的研究中，本书将分析在有限种群中风险占优策略是否像无限种群一样具有更大的固定概率（fixation probability）；进一步分析研究在弱选择作用下，对充分大的种群数量 N，策略的吸引域与策略固定机制。

Moran 过程是一类重要的随机过程，是研究有限群体上博弈演化动态的重要工具。这一过程由著名的澳大利亚种群遗传学家 Moran 于 1958 年首次提出，并以其名字命名。假定一个大小为 N 的群体中有两类个体 C 和 D（在文中我们可以将其理解为知识分享者与知识隐匿者）。具体的基本规则是：在任何一个时间步，随机选择一个个体进行繁殖，再随机选择一个个体令其死亡，这样可以保证种群的规模恒定，同时选择的过程中不考虑突变，即 C 的后代仍是 C，D 的后代仍是 D。由于只有一个随机变量的随机过程比具有两个或更多个随机变量的过程研究起来要简洁很多，本书从最简洁的情形出发，然后再进行拓展和深入，在此过程中，唯一的随机变量是知识分享者 C 策略个体的数量，记为 i，则可知知识隐匿者 D 个体的数量为 $N-i$。这样 Moran 过程的状态空间可以抽象表示为：当 $i=0,1,\cdots,N$，知识分享者的繁殖或死亡的概率为 $\dfrac{i}{N}$，知识隐匿者的繁殖或死亡概率为 $\dfrac{N-i}{N}$。在任意的时间步，可能会出现以下四种情况：

其一，选择一个知识分享者繁殖并死亡，该事件发生的概率为 $\dfrac{i^2}{N^2}$，此时知识分享者个体在员工群体中的数量维持不变，随机变量 i 没有发生变化，记为 $p_{i,i}$。

其二，选择一个知识隐匿者繁殖并死亡，该事件发生的概率为 $\dfrac{(N-i)^2}{N^2}$，知识隐匿者个体在员工群体中的数量维持不变，随机变量 i 也没有发生变化，记为 $p_{i,i}$。

其三，选择一个知识分享者进行繁殖，然后选择一个知识隐匿者令其死亡，该事件发生的概率为 $\dfrac{i(N-i)}{N^2}$。经过该时间步后，知识分享者数量会增加一个，随机变量由 i 变为 $i+1$，记为 $p_{i,i+1}$。

其四，选择一个知识隐匿者进行繁殖，然后选择一个知识分享者令其死亡，该事件发生的概率为 $\dfrac{i(N-i)}{N^2}$。经过该时间步后，知识分享者个体数量就会少一个，随机变量由 i 变为 $i-1$，记为 $p_{i,i-1}$。

4.3.2　基于 Moran 过程的员工知识分享策略行为的动力学分析

1. 基本模型

假设企业员工在知识分享过程中，可以选择的策略有两类，知识分享策略记为 C，知识隐匿策略记为 D，采取 C 策略的个体称为知识分享者，采取 D 策略的

个体称为知识隐匿者，其相应的博弈支付原始矩阵为

$$
\begin{array}{cc}
 & \begin{array}{cc} C & D \end{array} \\
\begin{array}{c} C \\ D \end{array} & \begin{pmatrix} a & b \\ c & d \end{pmatrix}
\end{array}
$$

假定员工群体大小为 N，其中采取知识分享策略 C 的个体数为 i，则采取知识隐匿策略 D 的个体数为 $N-i$，就群体中每一个员工而言，有 $N-1$ 个其他员工可以参与博弈。由于群体内员工之间的相互作用是随机的，一个知识分享策略 C 个体与群中另一个 C 个体相互作用的概率为 $\dfrac{i-1}{N-1}$，而与一个知识隐匿策略 D 个体作用的概率是 $\dfrac{N-i}{N-1}$；一个 D 个体与一个 C 个体相互作用的概率为 $\dfrac{i}{N-1}$，而与另一个 D 个体发生相互作用的概率是 $\dfrac{N-i-1}{N-1}$。

因此当群体中有 i 个 C 策略个体时，C 和 D 两种策略的期望支付分别是

$$
F_C^i = \frac{a(i-1)+b(N-i)}{N-1}, F_D^i = \frac{ci+d(N-i-1)}{N-1} \tag{4.8}
$$

在经典的演化博弈动力学框架下，期望支付可以代表个体的适应度。无论是从遗传、传播还是学习的角度来看，个体采取策略的概率都正比于该策略相应的支付值，借鉴 Nowak 等的研究工作，引入选择强度参数 ω 对适应度函数进行改进，则知识分享策略 C 与知识隐匿策略 D 的适应度分别为

$$
f_C^i = 1-\omega+\omega F_C^i, f_D^i = 1-\omega+\omega F_D^i \tag{4.9}
$$

选择强度 ω 介于 0 和 1 之间。当 $\omega=0$ 时，意味着博弈支付对适应度没有影响，策略 C 和 D 是中性变量；当 $\omega=1$ 时，意味着选择强度很强，适应度完全由期望支付决定；当 $\omega \ll 1$ 时，意味着选择强度很弱，期望支付对适应度影响不大。值得注意的是，在前面研究无限种群的确定性复制动力学模型中，代表选择强度的 ω 曾被忽略，而它在有限种群的随机过程中发挥了极其关键的作用。考虑下面的 Moran 过程，在前述频率制约选择的适应度形式下，状态变量 i 转移到状态 $i+1$ 的概率为

$$
p_{i,i+1} = \frac{if_C^i}{if_C^i+(N-i)f_D^i} \cdot \frac{N-i}{N} \tag{4.10}
$$

状态变量 i 转移到状态 $i-1$ 的概率为

$$
p_{i,i-1} = \frac{(N-i)f_D^i}{if_C^i+(N-i)f_D^i} \cdot \frac{i}{N} \tag{4.11}
$$

从而保持状态变量不变的概率为

$$
p_{i,i} = 1-p_{i,i-1}-p_{i,i+1} \tag{4.12}
$$

从状态变量 i 转移到其他状态的概率是 0。注意到 $p_{0,0}=1$ 和 $p_{N,N}=1$，因而上

述 Moran 过程至少含有两个吸收（absorption）状态，$i=0$ 和 $i=N$。一旦员工群体到达吸收状态，那么群体就有可能保持稳定。

同时向后转移概率与向前转移概率之比为

$$\frac{p_{i,i-1}}{p_{i,i+1}} = \frac{f_D^i}{f_C^i} \tag{4.13}$$

根据 Nowark（2006）的研究结论，在有限群体中知识分享策略 C 的固定概率可以表示为

$$\rho_C = \frac{1}{1 + \sum_{k=1}^{N-1} \prod_{i=1}^{k} \frac{f_D^i}{f_C^i}} \tag{4.14}$$

则策略 C 和策略 D 的固定概率之比为

$$\frac{\rho_C}{\rho_D} = \prod_{i=1}^{k} \frac{f_C^i}{f_D^i} \tag{4.15}$$

现在考虑弱选择 $\omega \ll 1$ 的情况，将 ρ_C 进行泰勒展开，可得

$$\rho_C \approx \frac{1}{N} \cdot \frac{1}{1 - \frac{\omega(\alpha N - \beta)}{6}} \tag{4.16}$$

其中，$\alpha = a + 2b - c - 2d$；$\beta = 2a + b + c - 4d$。

当条件 $\rho_C > \frac{1}{N}$ 成立时，动态演化过程有利于知识分享策略 C 在员工群体中生存下来。条件 $\rho_C > \frac{1}{N}$ 等价于 $\alpha N - \beta > 0$，即

$$a(N-2) + b(2N-1) > c(N+1) + d(2N-4) \tag{4.17}$$

对常见的两人博弈而言，$N=2$，有 $b>c$。该结果的直观解释是，当由知识分享者与知识隐匿者进行博弈时，C 策略的期望支付为 b，D 策略的期望支付为 c，如果 $b>c$，那么选择机制更青睐于 C 策略。当 N 充分大时，不等式（4.17）就变为 $a + 2b > c + 2d$。

考虑一个博弈，博弈矩阵满足条件 $a>c$ 且 $b<d$，此时，协调博弈 C 和 D 都是自身的最优反映，假设员工群体规模充分大，如果群体中 C 策略个体的频率高，那么 C 策略相对于 D 策略具有更大的适应度，反之亦然。根据博弈理论，这样就存在一个临界点，满足混合策略均衡的条件，即

$$x^* = \frac{d-b}{a-b-c+d} \tag{4.18}$$

在复制动力方程中，x^* 定义了一个不稳定的均衡点。

由不等式 $a + 2b > c + 2d$ 可得，群体中知识分享策略 C 能够在演化过程中胜出

的条件为 $x^* < \dfrac{1}{3}$，这就是 Nowak 提出的"$\dfrac{1}{3}$定律"。因此，在不稳定均衡点处 C 策略的临界概率为 $\dfrac{1}{3}$，那么对一个群体数量为 N 的有限员工群体而言，在弱选择的情况下，单个策略 C 突变最终占据整个群体的概率会大于 $\dfrac{1}{N}$。这类似于著名的马尔萨斯内禀增长率，策略 C 的个体密度超过 $\dfrac{1}{3}$ 时，就对应了内禀增长率大于零的情况，内禀增长率大于零是指数型增长过程，即策略 C 不再是可抑制的了，就会取代原有的策略，成为网络演化中获胜的策略。

2. 知识分享行为的演化稳定分析

众所周知，演化稳定策略的定义是建立在无限种群选择动力学研究的基础上的。在期望支付矩阵中，如果满足以下两条件中的任意一条：一是 $a > c$，二是 $a = c$，且 $b > d$，知识分享策略 C 就是演化稳定的。这意味着在无限大的 C 种群中"选择机制"制约了极少部分的 D 个体的入侵。不过在有限群体中演化稳定条件与群体规模直接相关，结合前文的分析，可知如果 C 策略为演化均衡策略，那么其必须能够阻碍突变策略的入侵和固定。通过推导应满足以下两个条件：其一，选择机制能够阻碍知识隐匿策略 D 入侵知识分享策略 C；其二，选择机制能够阻碍知识隐匿策略 D 取代知识分享策略 C。

具体来讲，条件一是指单个的 D 突变在 C 种群中具有更低的适应度，即 $a(N-2) + b > (N-1)c$，条件二是指 $\rho_C > \dfrac{1}{N}(\forall \omega > 0)$，即 $a(N-2) + b(2N-1) > c(N+1) + d(2N-4)$。当 $N = 2$ 时，以上两个条件均退化为 $b > c$。当 N 充分大时，两个条件可以分别简化为 $b > c$ 和 $x^* < \dfrac{1}{3}$，所以经典的演化均衡条件对小种群来讲，既不是充分条件也不是必要条件；对充分大的有限种群来讲，是必要但不充分条件。考虑一个具有多策略空间的博弈，演化均衡策略必须阻碍任意突变策略的入侵和固定。

4.4　复杂社会网络上的知识分享策略行为演化分析

4.4.1　基本模型

传统的演化博弈动力学模型假定种群是充分混合的（Hofbauer and Sigmund, 1998），这就意味着所有的个体将以相同的概率相遇并发生相互作用。然而，在现实社会中，个体间的相互联系受空间因素和社会网络的制约。在意识到该现象以后，Nowak、May 及 Santos 等学者将传统的图论与演化博弈进行融合，构建了演化博弈的图论模型，并采用该理论工具对空间制约下的演化动力学进行富有成效的开拓性研究。在演化博弈的图论模型中，图的顶点（vertice）代表了群体中的博弈个体，而连接顶点的边（edge）则代表博弈局中人之间的相互作用关系。在此基础上仍然考虑只有两类局中人的博弈，即知识分享者采用 C 策略与知识隐匿者采用 D 策略的博弈。其博弈期望支付矩阵为

$$\begin{array}{c} \begin{array}{cc} C & \quad D \end{array} \\ \begin{array}{c} C \\ D \end{array} \begin{pmatrix} b-c & -c \\ b & 0 \end{pmatrix} \end{array}$$

　　首先分析在给定社会网络框架（图 4.1）下的策略选择与演化问题，其次讨论一般情况下社会网络中知识分享行为涌现的条件。为了有效处理网络结构问题，我们引入死生过程（death-birth process），即每一个时间步，随机选择一个个体节点令其死亡，然后与该节点连接的所有邻居节点竞争这个空节点位置，占据该空节点的概率与竞争节点的适应度成比例。该过程也可以理解为在演化的每一时间步中，任意选择社会网络上的一个员工节点，则该员工学习其邻居策略的概率正比于邻居节点在博弈中的收益。这与 Smith 和 Price 的社会科学中学习模仿的演化动态博弈思想完全一致。基于 Nowak 的研究成果，节点的适应度 f 可以由两部分构成：其一，基本适应度为 $1-\omega$；其二，选择适应度为选择强度 ω 乘邻居博弈中的收益 π，则适应度可以刻画为 $f = 1-\omega+\omega\pi$，当 $\omega=1$ 时，称为弱选择，在其影响下策略演化的速度较慢。

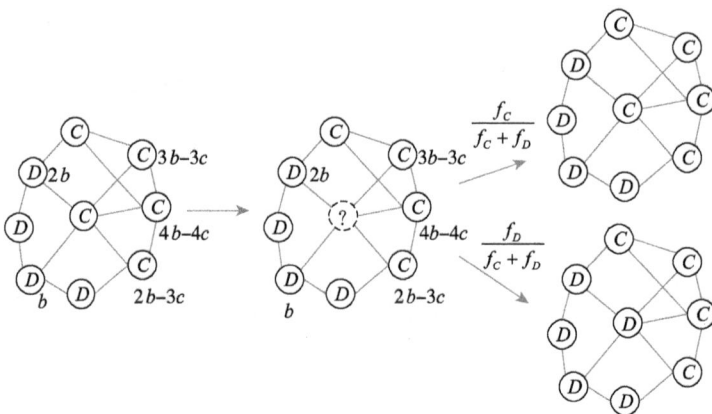

图 4.1　复杂社会网络上博弈更新的规则图例

　　图 4.1 直观显示了复杂社会网络上博弈更新的过程及规则，在图中若令死亡节点为中心节点，则与中心节点相连接的周围节点会竞争该空节点位置，根据适应

性选择，中心节点以概率 $\dfrac{f_C}{f_C + f_D}$ 更新为策略 C，以概率 $\dfrac{f_D}{f_C + f_D}$ 更新为策略 D。

基于 Ohtsuki 和 Nowak（2006）的复制方程分析方法，在完全网络下策略复制动力方程可以表示为

$$\dot{x} = w x_C \left(f_C - \overline{f} \right) \tag{4.19}$$

其中，w 表示选择的强度；x_C 表示知识分享策略 C 的概率；f_C 表示员工采用知识分享策略 C 的适应度；$\overline{f}$ 表示网络中所有员工的平均适应度。

下面分析复杂社会网络对知识分享策略演化的影响，探索支持知识分享策略在演化进程中胜出的网络条件。借用 Nowak 在有限群体中的策略演化思想，假设在最初状态网络中所有的节点都是知识隐匿者，接着随机选择一个节点让知识分享替代知识隐匿，然后分析演化过程，直到所有节点都被知识分享者或者知识隐匿者占据，因此网络的演化只有两个最终状态（terminal states），要么全部是知识分享者，要么全部是知识隐匿者。基于前文的分析，很显然在此情形下，知识分享者能够在知识分享关系网络中胜出的条件为：其策略 C 的固定概率 $\rho_C > \dfrac{1}{N}$。为了分析固定概率 ρ_C，必须先分析整个网络中策略 C 的概率 p_C 和条件概率 $q_{C|C}$ 的变化情况。

1. 策略 C 的概率 p_C 的动态变化情况

假设一个员工节点仅与他的邻居进行博弈，借用统计学中 k 近邻法思路，探索策略 C 在网络中概率的变化情况。令 $N(k)$ 表示网络中度为 k 的节点数，令 $P_{nn}(k_{nn})$ 表示节点的近邻节点度为 k_{nn} 的概率，也表示了近邻节点的度分布情况，这不同于度分布函数 $P(k)$。令 $p_C(k)$ 表示度为 k 的节点采用策略 C 的概率，借鉴 Matsuda 的成对近似方法（pair approximation），则 $q_{C|D}(k_{nn}, k)$ 表示为一对相互连接节点（已知节点度为 k 且采用策略 D 及相邻节点度为 k_{nn}）时，相邻节点使用 C 策略的条件概率，如图 4.2 所示。

其中图 4.2（a）表示自身度为 k 而邻居节点度为 k_{nn}，图 4.2（b）表示被邻居度为 k_{nn} 的节点包围的节点自身度也为 k_{nn}。

（1）更新一个知识隐匿 D 策略个体，知识分享 C 策略个体频率变化的情况。

首先考虑在复杂知识分享关系网络中随机选择一个度为 k 且采用知识隐匿 D 策略的个体，则该个体从总体中被选到的概率为 $p_D(k)P(k)$，其次将其策略由知识隐匿 D 改变为知识分享 C，这样 p_C 就会增加 $\dfrac{1}{N(k)}$。进一步假设该个体的 k 个邻居中有 k_C 数量的个体采用 C 策略，k_D 数量的个体采用 D 策略，即 $k_C + k_D = k$，这样的邻居关系的概率为 $\dfrac{k!}{k_C! k_D!} q_{C|D}^{k_C} q_{D|D}^{k_D}$，假设邻居节点的平均度为 $\langle k_{nn} \rangle$。基于平

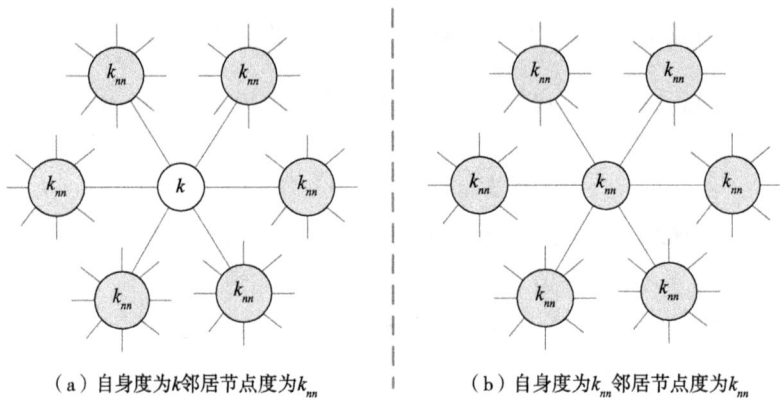

（a）自身度为k邻居节点度为k_{nn}　　　　（b）自身度为k_{nn}邻居节点度为k_{nn}

图4.2　平均场近似方法下的网络节点度

均场近似方法，通过变换可以将任何邻居节点的度替换为$\langle k_{nn} \rangle$，这样随机选择一个 D 策略个体其邻居节点中 C 策略个体与 D 策略个体的数目和为$\langle k_{nn} \rangle$。令$q_{C|D}^{nn} = q_{C|D}^{nn}\left(\langle k_{nn} \rangle, \langle k_{nn} \rangle\right)$，则邻居节点中每个 C 策略和每个 D 策略个体的适应度分别为

$$f_C = 1 - \omega + \omega\left\{\left(\langle k_{nn} \rangle - 1\right)q_{C|C}^{nn}R + \left[\left(\langle k_{nn} \rangle - 1\right)q_{D|C}^{nn} + 1\right]S\right\} \quad （4.20）$$

$$f_D = 1 - \omega + \omega\left\{\left(\langle k_{nn} \rangle - 1\right)q_{C|D}^{nn}T + \left[\left(\langle k_{nn} \rangle - 1\right)q_{D|D}^{nn} + 1\right]P\right\} \quad （4.21）$$

其中，ω 为选择强度系数。此时随机选择出的中心节点 D 通过模仿机制学习策略 C 的概率为

$$\frac{f_C k_C}{f_C k_C + f_D k_D}$$

基于前面的分析，一个度为 k 的节点选择策略为 D，邻居节点中有 k_C 数量的 C 策略和 k_D 数量的 D 策略，同时所有邻居节点的度为 $\langle k_{nn} \rangle$ 的概率为

$$\frac{k!}{k_C!\,k_D!}\left[q_{C|D}^{nn}\left(\langle k_{nn} \rangle, k\right)^{k_C}\, q_{D|D}^{nn}\left(\langle k_{nn} \rangle, k\right)^{k_D}\right] \quad （4.22）$$

因此，在一次更新过程中，$P_C(k)$ 增加 $\dfrac{1}{N(k)}$ 的概率为

$$\text{Prob}\left(\Delta P_C(k) = \frac{1}{N(k)}\right)$$

$$= P_D(k)P(k)\sum_{k_C+k_D=k}\frac{k!}{k_C!\,k_D!}\left[q_{C|D}^{nn}\left(\langle k_{nn} \rangle, k\right)^{k_C}\, q_{D|D}^{nn}\left(\langle k_{nn} \rangle, k\right)^{k_D}\right] \quad （4.23）$$

$$\times \frac{f_C k_C}{f_C k_C + f_D k_D}$$

（2）更新一个知识分享 C 策略个体，知识分享 C 个体的频率变化情况。

同理在总体中随机选择一个度为 k 且采用知识分享 C 策略的个体的概率为 $p_C(k)P(k)$，其邻居节点中有 k_C 数量的 C 策略和 k_D 数量的 D 策略，同时所有邻居节点的度为 $\langle k_{nn} \rangle$ 的概率为

$$\frac{k!}{k_C!k_D!}q_{C|C}^{nn}(\langle k_{nn}\rangle,k)^{k_C}\,q_{D|C}^{nn}(\langle k_{nn}\rangle,k)^{k_D} \tag{4.24}$$

此时，知识分享 C 个体的邻居网络中知识分享 C 策略和知识隐匿 D 策略个体的适应度分别为

$$g_C = 1-\omega+\omega\left\{\left[\left(\langle k_{nn}\rangle-1\right)q_{C|C}^{nn}+1\right]R+\left(\langle k_{nn}\rangle-1\right)q_{D|C}^{nn}S\right\} \tag{4.25}$$

$$g_D = 1-\omega+\omega\left\{\left[\left(\langle k_{nn}\rangle-1\right)q_{C|D}^{nn}+1\right]T+\left(\langle k_{nn}\rangle-1\right)q_{D|D}^{nn}P\right\} \tag{4.26}$$

同理知识分享 C 策略个体学习邻居网络中知识隐匿 D 策略的概率为

$$\frac{g_D k_D}{g_C k_C + g_D k_D}$$

综上所述，在一次互动更新过程中，知识分享 C 策略个体减少一个，即 $P_C(k)$ 减少 $\dfrac{1}{N(k)}$ 的概率为

$$\text{Prob}\left(\Delta P_C(k)=-\frac{1}{N(k)}\right)$$

$$= P_C(k)P(k)\sum_{k_C+k_D=k}\frac{k!}{k_C!k_D!}\left[q_{C|C}^{nn}(\langle k_{nn}\rangle,k)^{k_C}\,q_{D|C}^{nn}(\langle k_{nn}\rangle,k)^{k_D}\right] \tag{4.27}$$

$$\times\frac{g_D k_D}{g_C k_C+g_D k_D}$$

利用 $P_C'(k)\approx\dfrac{E(\Delta P_C(k))}{\Delta t}$，$\Delta t$ 不影响整个计算过程，暂时考虑 $\Delta t=1$，则有

$$P_C'(k)=\frac{1}{N(k)}\text{Prob}\left(\Delta P_C(k)=\frac{1}{N(k)}\right)+\left(-\frac{1}{N(k)}\right)\text{Prob}\left(\Delta P_C(k)=-\frac{1}{N(k)}\right) \tag{4.28}$$

因而有

$$P_C'(k)=\frac{1}{N(k)}p_D(k)P(k)\sum_{k_C+k_D=k}\frac{k!}{k_C!k_D!}\left[q_{C|D}^{nn}(\langle k_{nn}\rangle,k)^{k_C}\,q_{D|D}^{nn}(\langle k_{nn}\rangle,k)^{k_D}\right]$$

$$\times\frac{f_C k_C}{f_C k_C+f_D k_D}-\frac{1}{N(k)}p_C(k)P(k)\sum_{k_C+k_D=k}\frac{k!}{k_C!k_D!}\left[q_{C|C}^{nn}(\langle k_{nn}\rangle,k)^{k_C}\,q_{D|C}^{nn}(\langle k_{nn}\rangle,k)^{k_D}\right]$$

$$\times\frac{g_D k_D}{g_C k_C+g_D k_D}$$

$$\tag{4.29}$$

需要求得 $E\left(\Delta p_C^{nn}\right)$，这里 $p_C^{nn} = p_C\left(\langle k_{nn}\rangle\right)$，将 $\langle k_{nn}\rangle$ 替换式（4.29）中的 k 可得

$$
\begin{aligned}
P_C'^{nn} = {} & \frac{1}{N\left(\langle k_{nn}\rangle\right)} p_D\left(\langle k_{nn}\rangle\right) P\left(\langle k_{nn}\rangle\right) \sum_{k_C + k_D = \langle k_{nn}\rangle} \frac{\langle k_{nn}\rangle!}{k_C! k_D!} \Big[q_{C|D}^{nn}\left(\langle k_{nn}\rangle, \langle k_{nn}\rangle\right)^{k_C} \\
& \times q_{D|D}^{nn}\left(\langle k_{nn}\rangle, \langle k_{nn}\rangle\right)^{k_D} \Big] \times \frac{f_C k_C}{f_C k_C + f_D k_D} - \frac{1}{N\left(\langle k_{nn}\rangle\right)} p_C\left(\langle k_{nn}\rangle\right) P\left(\langle k_{nn}\rangle\right) \\
& \times \sum_{k_C + k_D = \langle k_{nn}\rangle} \frac{\langle k_{nn}\rangle!}{k_C! k_D!} \Big[q_{C|C}^{nn}\left(\langle k_{nn}\rangle, \langle k_{nn}\rangle\right)^{k_C} q_{D|C}^{nn}\left(\langle k_{nn}\rangle, \langle k_{nn}\rangle\right)^{k_D} \Big] \\
& \times \frac{g_D k_D}{g_C k_C + g_D k_D}
\end{aligned}
\tag{4.30}
$$

2. 策略 C 的条件概率 $q_{C|C}$ 的动态变化情况

进一步分析条件概率的动态变化，即 $q_{C|C}$ 和 $q_{C|C}^{nn}$。由于可以通过平均场近似方法，将任何随机选择出来的节点度用平均度 $\langle k_n\rangle$ 替换，而与其连接的邻居节点用 $\langle k_{nn}\rangle$ 表示。基于此，首先分析 $q_{C|C} = q_{C|C}\left(\langle k_{nn}\rangle, \langle k\rangle\right)$ 在互动网络情形中增加的情形。随机选择一个知识隐匿 D 策略的节点个体，假设其拥有 k_C 个知识分享 C 策略邻居节点和 k_D 个知识隐匿 D 策略邻居节点的概率为

$$
p_D P\left(\langle k\rangle\right) \frac{\langle k\rangle}{k_C! k_D!} \left(q_{C|D}\right)^{k_C} \left(q_{D|D}\right)^{k_D}
\tag{4.31}
$$

与前文的模仿学习规则一致，其策略由知识隐匿 D 演化为知识分享 C 的学习概率为

$$
\frac{f_C k_C}{f_C k_C + f_D k_D}
$$

在知识隐匿 D 策略突变为知识分享 C 策略后，条件概率 $q_{C|C}$ 增加为

$$
\begin{aligned}
\nabla q_{C|C} = {} & \frac{p_C\left(\langle k\rangle, t\right) \cdot q_{C|C}\left(\langle k_{nn}\rangle, \langle k\rangle\right) \cdot \langle k\rangle N\left(\langle k\rangle\right) P_{nn}\left(\langle k_{nn}\rangle\right) + k_C}{p_C\left(\langle k\rangle, t + \nabla t\right) \cdot \langle k\rangle N\left(\langle k\rangle\right) P_{nn}\left(\langle k_{nn}\rangle\right)} \\
& - q_{C|C}\left(\langle k_{nn}\rangle, \langle k\rangle\right)
\end{aligned}
\tag{4.32}
$$

由于条件概率 $q_{C|C}\left(\langle k_{nn}\rangle, k\right)$ 表示了在自身节点度为 k 而邻居节点度为 $\langle k_{nn}\rangle$ 的 C 策略行为者与所有邻居连接中 C-C 策略连接对的比率，且 p_C 的变化与 $O(w)$ 同阶，基于 Ohtsuki 和 Nowak（2006）的研究结果，式（4.32）可以表示为

$$
\frac{k_C}{P_C\left(\langle k\rangle\right) N\left(\langle k\rangle\right)} + O(w)
\tag{4.33}
$$

同理可以推出当一个 C 策略改变为 D 策略时，条件概率 $q_{C|C}$ 就会减少相应的单位，在综合考虑增减效应后，可以得到在学习效应下 $q_{C|C}$ 变化为

$$q'_{C|C} = \sum_{k_C+k_D=\langle k \rangle} \frac{k_C}{p_C \langle k \rangle N(\langle k \rangle)} \cdot p_D P(\langle k \rangle) \frac{\langle k \rangle!}{k_C! k_D!} (q_{C|D})^{k_C} (q_{D|D})^{k_D} \cdot \frac{f_C k_C}{f_C k_C + f_D k_D}$$
$$- \sum_{k_C+k_D=\langle k \rangle} \frac{k_C}{p_C \langle k \rangle N(\langle k \rangle)} \cdot p_C P(\langle k \rangle) \frac{\langle k \rangle!}{k_C! k_D!} (q_{C|D})^{k_C} (q_{D|D})^{k_D} \cdot \frac{g_D g_D}{g_C k_C + g_D k_D} + O(w)$$

$$(4.34)$$

同理计算原条件概率 $q_{C|C}^{nn}$ 变化为

$$q_{C|C}'^{nn} = \sum_{k_C+k_D=\langle k_{nn} \rangle} \frac{2k_C}{p_C^{nn} \langle k_{nn} \rangle N(\langle k_{nn} \rangle)} \cdot p_D^{nn} P(\langle k_{nn} \rangle) \frac{\langle k_{nn} \rangle!}{k_C! k_D!} (q_{C|D}^{nn})^{k_C} (q_{D|D}^{nn})^{k_D} \cdot \frac{f_C k_C}{f_C k_C + f_D k_D}$$
$$- \sum_{k_C+k_D=\langle k_{nn} \rangle} \frac{2k_C}{p_C^{nn} \langle k_{nn} \rangle N(\langle k_{nn} \rangle)} \cdot p_C^{nn} P(\langle k_{nn} \rangle) \frac{\langle k_{nn} \rangle!}{k_C! k_D!} (q_{C|D}^{nn})^{k_C} (q_{D|D}^{nn})^{k_D} \cdot \frac{g_D k_D}{g_C k_C + g_D k_D}$$
$$+ O(w)$$

$$(4.35)$$

为了进一步分析出解析解，通过平均场近似方法可以得到如下连接对的概率：

$$p_{CD} = \frac{C\text{-}D\text{连接数}}{\text{网络中所有的连边总数}} = \frac{\sum_{k_{nn},k} q_{C|D}(k_{nn},k) P(k_{nn}|k) kN p(k) p_D(k)}{N \langle k \rangle} \quad (4.36)$$

$$p_{DC} = \frac{D\text{-}C\text{连接数}}{\text{网络中所有的连边总数}} = \frac{\sum_{k_{nn},k} q_{D|C}(k_{nn},k) P(k_{nn}|k) kN p(k) p_C(k)}{N \langle k \rangle} \quad (4.37)$$

在由员工知识分享而形成的复杂社会网络中由于员工之间连边是互动的，所以 $p_{CD} = p_{DC}$，根据平均场近似方法，用平均度 $\langle k \rangle$ 替代 k 而用近邻平均度 $\langle k_{nn} \rangle$ 替代 k_{nn}，可得

$$p_{CD} = \frac{\sum_{k_{nn},k} q_{C|D}(k_{nn},k) P(k_{nn}|k) p(k) p_D(k) kN}{N \langle k \rangle} = \frac{q_{C|D} p_D N \langle k \rangle}{N \langle k \rangle} = q_{C|D} p_D \quad (4.38)$$

同理可得 $p_{DC} = q_{D|C} p_C$，因而有

$$p_{DC} = q_{D|C} p_C = p_{CD} = q_{C|D} p_D \quad (4.39)$$

在此基础上，借鉴 Ohtsuki 的研究成果，并运用 Ohtsuki 的在图与社会网络上研究合作演化的方法，将前述关于员工总体中知识分享者比率变化及条件概率变化的动态方程表示为以下形式：

$$p'_C = \frac{\langle k \rangle - 1}{\langle k \rangle N} \cdot p_{CD}(I_R R + I_S S - I_T T - I_P P) w + O(w^2) \quad (4.40)$$

其中，$I_R = (\langle k \rangle - 1) q_{C|C}^{nn} (q_{C|C} + q_{D|D}) + q_{C|C}$；$I_S = (\langle k \rangle - 1) q_{D|C}^{nn} (q_{C|C} + q_{D|D}) + q_{D|D}$；$I_T = (\langle k \rangle - 1) q_{C|D}^{nn} (q_{C|C} + q_{D|D}) + q_{C|C}$；$I_P = (\langle k \rangle - 1) q_{D|D}^{nn} (q_{C|C} + q_{D|D}) + q_{D|D}$。

$$p_{C|C}'^{nn} = \frac{\langle k_{nn} \rangle - 1}{\langle k_{nn} \rangle N} \cdot p_{CD} \left(I_R^{nn} R + I_S^{nn} S - I_T^{nn} T - I_p^{nn} P \right) w + O(w^2) \qquad (4.41)$$

其中，$I_R^{nn} = (\langle k \rangle - 1) q_{C|C}^{nn} \left(q_{C|C}^{nn} + q_{D|D}^{nn} \right) + q_{C|C}^{nn}$；　$I_S^{nn} = (\langle k \rangle - 1) q_{D|C}^{nn} \left(q_{C|C}^{nn} + q_{D|D}^{nn} \right) + q_{D|D}^{nn}$；

$I_T^{nn} = (\langle k \rangle - 1) q_{C|D}^{nn} \left(q_{C|C}^{nn} + q_{D|D}^{nn} \right) + q_{C|C}^{nn}$；　$I_P^{nn} = (\langle k \rangle - 1) q_{D|D}^{nn} \left(q_{C|C}^{nn} + q_{D|D}^{nn} \right) + q_{D|D}^{nn}$。

$$q_{C|C}' = \frac{1}{\langle k_{nn} \rangle N p_C} \cdot p_{CD} \left[1 + (\langle k \rangle - 1)(q_{C|D} - q_{C|C}) \right] + O(w) \qquad (4.42)$$

$$q_{C|C}'^{nn} = \frac{2}{\langle k_{nn} \rangle N p_C^{nn}} \cdot p_{CD} \left[1 + (\langle k_{nn} \rangle - 1)(q_{C|D}^{nn} - q_{C|C}^{nn}) \right] + O(w) \qquad (4.43)$$

令动态方程在平衡点处，由 $q_{C|C}' = 0$，$q_{C|C}'^{nn} = 0$ 可得

$$1 + (\langle k \rangle - 1)(q_{C|D} - q_{C|C}) = 0 \qquad (4.44)$$

$$1 + (\langle k_{nn} \rangle - 1)(q_{C|D}^{nn} - q_{C|C}^{nn}) = 0 \qquad (4.45)$$

4.4.2　复杂社会网络上员工知识分享策略行为涌现条件

复杂社会网络上员工之间的知识分享行为传导类似于物理学中的扩散现象，为了分析出知识分享者在总体中的变化情况，本书借鉴物理学中研究扩散过程的方法，来讨论知识分享者比率的动态变化，在很短的时间 Δt 内有

$$E(\Delta P_C) = \frac{1}{N(\langle k \rangle)} \times \text{Prob}(\Delta p_C(\langle k \rangle)) = \frac{1}{N(\langle k \rangle)} + \left[-\frac{1}{N(\langle k \rangle)} \right] \times \text{Prob}(\Delta p_C(\langle k \rangle))$$

$$= -\frac{1}{N(\langle k \rangle)} = w \Delta t \cdot \frac{\langle k \rangle - 2}{\langle k \rangle(\langle k \rangle - 1) N} \cdot p_C(1 - p_C)$$

$$\times \left[p_C(R - S - T + P)(\langle k \rangle - 2) - p_C^m(R - S - T + P)\langle k \rangle(\langle k_{nn} \rangle - 2) \right.$$

$$\left. + (R - S - T + P) + (R - S)\langle k \rangle + (S - P)\langle k \rangle\langle k_{nn} \rangle \right]$$

$$= m(p_C) \Delta t$$

$$\text{Var}(\Delta p_C) = \left(\frac{1}{N(\langle k \rangle)} \right)^2 \times \text{Prob}\left(\Delta p_C(\langle k \rangle) = \frac{1}{N(\langle k \rangle)} \right) + \left(-\frac{1}{N(\langle k \rangle)} \right)^2$$

$$\times \text{Prob}\left(\Delta p_C(\langle k \rangle) = -\frac{1}{N(\langle k \rangle)} \right) \qquad (4.46)$$

$$= \frac{2}{N N(\langle k \rangle)} \cdot \frac{\langle k \rangle - 2}{\langle k \rangle - 1} \cdot p_C(1 - p_C) \Delta t$$

$$= v(p_C) \Delta t$$

基于 Nowak 的研究成果，若复杂社会网络中员工知识分享策略 C 给定初始状态为 $p_c(t = 0) = x$，则其策略固定概率 $\rho_c(x)$ 函数应该满足微分方程：

$$m(x) \cdot \frac{\mathrm{d}\rho_C(x)}{\mathrm{d}x} + \frac{v(x)}{2} \cdot \frac{\mathrm{d}^2 \rho_C(x)}{\mathrm{d}x^2} = 0 \tag{4.47}$$

基于前面的推导，将 $m(p_C)\Delta t$ 与 $v(p_C)\Delta t$ 代入可得

$$
\begin{aligned}
& w\Delta t \cdot \frac{\langle k \rangle - 2}{\langle k \rangle (\langle k \rangle - 1)N} \cdot p_C(1 - p_C) \\
& \times \Big[p_C(R - S - T + P)(\langle k \rangle - 2) + (R - S)\langle k \rangle + (S - P)\langle k \rangle \langle k_{nn} \rangle \\
& + (R - S - T + P) - p_C^m(R - S - T + P)\langle k \rangle (\langle k_{nn} \rangle - 2) \Big] \frac{\mathrm{d}\rho_C(x)}{\mathrm{d}x} \\
& + \frac{1}{NN(\langle k \rangle)} \cdot \frac{\langle k \rangle - 2}{\langle k \rangle - 1} \cdot p_C(1 - p_C)\Delta t \frac{\mathrm{d}^2 \rho_C(x)}{\mathrm{d}x^2} = 0
\end{aligned}
\tag{4.48}
$$

为了分析知识分享动态变化与知识分享收益与成本的关系，令囚徒困境期望支付矩阵为 $\begin{pmatrix} b - c & -c \\ b & 0 \end{pmatrix}$，可得

$$w(b - c\langle k_{nn} \rangle)\frac{\mathrm{d}\rho_C(x)}{\mathrm{d}x} + \frac{1}{N(\langle k \rangle)} \cdot \frac{\mathrm{d}^2 \rho_C(x)}{\mathrm{d}x^2} = 0 \tag{4.49}$$

由于 $w \ll 1$，$\rho_C(0) = 0$，$\rho_C(1) = 1$，微分方程（4.49）的解为

$$\rho_C(x) \approx x + w\frac{N\langle k \rangle}{2}(b - c\langle k_{nn} \rangle)x(1 - x) \tag{4.50}$$

根据 Nowak 与 Ohtsuki 在复杂网络中合作行为的 "$\frac{1}{3}$ 定律" 可知，在复杂社会网络中知识分享策略 C 能够在动态演化中胜出的条件为

$$\rho_C\left(\frac{1}{N}\right) > \frac{1}{N} > \rho_D\left(\frac{1}{N}\right) \tag{4.51}$$

即

$$\frac{w(N - 1)}{2N^2} \cdot (b - c\langle k_{nn} \rangle) > 0$$

由 $N > 1$，$0 < w < 1$，可得

$$\frac{b}{c} > \langle k_{nn} \rangle \tag{4.52}$$

这与 Nowark 提出的合作行为网络互惠条件 $\frac{b}{c} > k$ 类似，本书将网络互惠的一阶条件延伸到二阶距离的情况，当 $\frac{b}{c} > \langle k_{nn} \rangle$ 时选择力量将会偏向于知识分享策略 C，不过该条件是必要条件，即当知识分享策略 C 在网络中传导时，式（4.52）必须成立。这意味着通过员工互动增加网络中连接关系有利于促进网络中的知识分

享，同时证明了在网络中知识分享行为的传导效应。

4.5 本 章 小 结

传统的演化博弈动力学模型假定群体是无限大的，同时也是充分混合的，这就意味着所有的个体将以相同的概率相遇并发生相互博弈。然而，在现实社会中，企业的员工数是有限的，并且知识分享的员工个体间的相互联系受空间因素和社会网络的制约。基于此，本书运用演化博弈的图论模型，通过 Moran 过程刻画并分析了企业中员工知识分享的动力学过程。通过分析发现，在社会网络中，固定概率决定了选择是否有利于突变策略取代原有策略。在复杂网络结构下，本书进一步分析了有利于知识分享策略行为在演化过程中胜出的必要条件是节点的邻居节点的平均度要大于成本收益率，这类似于 Nowak 的空间互惠有利于合作演化的条件，本章研究将 Nowak 的空间互惠拓展到考虑邻居的邻居影响，即间接网络间接互惠效益下，知识分享策略胜出的条件。该条件不难理解，在现实中我们的连接关系并不局限于直接认识的人，朋友的朋友的朋友也可以启动链式反应，并最终影响我们的行为选择。

第5章 复杂社会网络上员工知识分享关系行为与策略行为共演化研究

近年来，随着对关系选择行为下空间因素影响的深入研究，研究者已经尝试把这一重要因子整合到演化博弈理论的研究中，并以此来分析和解决现实中的问题。目前研究者们非常关注关系行为变化与策略行为演化的相互影响问题，这种背景可以产生异质性的个体间相互连接关系和员工关系的动态调整及其对相应的策略演化影响（Fine and Lapavitsas., 2004；Szabó and Vukov, 2004；Lieberman et al., 2005；Nakamaru and Iwasa, 2005；Szabó et al., 2005；Kun and Scheuring, 2009；张慧，2012）。基于此，本书将知识分享关系行为与知识分享策略行为纳入复杂社会网络框架下进行综合分析，研究员工间异质性连接关系行为与根据策略收益的动态关系调整行为问题，以及知识分享行为对策略行为演化的影响。

我们看到，知识分享的合作或利他策略，在无局部结构的群体内注定了不能对自私的知识隐匿策略占优，所以必须研究各种可能支持知识分享的局部结构。在实际中，人类的活动范围是有限的，我们与亲友、邻居、同事之间更容易相遇，因此现实中组成的群体具有一定的空间分布及空间结构。这主要体现在个体内嵌于社会网络，个体两两相遇的概率由空间的相互关系和社会网络所决定，不是被随机选取，个体间相互建立知识分享连接的概率存在差异。同时员工个体不是被动接受既有社会网络，在博弈过程中，员工个体的策略选择既被网络制约，同时个体的策略行为又改造了社会网络。与传统情形相比，这主要体现在员工个体之间连接关系的动态变化，最显著的特征是，个体与邻居有选择的相互作用，或者是同类的相互作用，这样一个主要结果使知识分享关系因素的介入可能产生与平均场假设下不同的演化现象，甚至得到相反的结论。

5.1 无差异连接关系行为与知识分享
策略行为动态演化分析

　　由于博弈个体之间的相互作用关系，可以抽象为个体之间的连接关系，无差异连接（uniform interaction）就是网络中个体之间的相互博弈的概率是相同的，网络中个体之间建立关系的概率是随机的，并与他们选择的策略无关。在这些关系缔结过程中，博弈支付可以累加，这里的支付类似于生态学中的适应度。在博弈中，获胜对应于繁殖成功，策略较好的个体繁殖得比较快，策略不好的就会被淘汰，这也与生态学中自然选择过程相一致，其核心思想就是适者生存理论。与传统的演化博弈类似，其研究对象是频率制约选择下的演化动态，个体的适应度并非常数，而是依赖于不同策略表现型态在网络中所占的比例（频率）。

　　博弈中通常有两个策略，知识分享策略 C 和知识隐匿策略 D，用支付矩阵描述如下：

$$\begin{array}{cc} & \begin{array}{cc} C & D \end{array} \\ \begin{array}{c} C \\ D \end{array} & \begin{pmatrix} a & b \\ c & d \end{pmatrix} \end{array}$$

　　支付矩阵的含义是，当 C 和 C 通过连接关系相遇时，C 获得的收益是 a；当 C 和 D 相遇时，C 获得的收益是 b；当 D 和 C 相遇时，D 获得的收益是 c；当 D 和 D 相遇时，D 获得的收益是 d。在网络中用 x 表示知识分享策略 C 个体的比例，用 y 表示网络中知识隐匿策略 D 个体的比例，则 $x + y = 1$。

　　在无差异连接关系行为影响下，网络中的个体与其他个体建立知识分享关系的概率相同，则策略的演化就可以用标准的动态复制方程来刻画，即

$$\dot{x} = x\left(\pi_C - \bar{\pi}\right), \dot{y} = y\left(\pi_D - \bar{\pi}\right)$$

　　那么 C 和 D 的期望支付（适应度）可以表示为

$$\pi_C = ax + by, \pi_D = cx + dy \tag{5.1}$$

　　该方程假定任意一个个体与一个 C 策略个体建立知识分享关系的概率是 x，与一个 D 策略个体建立知识分享关系的概率是 y。在方程（5.1）中引入上述线性适应度函数，可得到方程：

$$\dot{x} = x(1-x)\left[(a-b-c+d)x + b - d\right] \tag{5.2}$$

　　下面根据支付矩阵中元素的大小关系对这个非线性微分方程的动力学行为进行分类，可以归纳出五种情况，如图 5.1 所示。

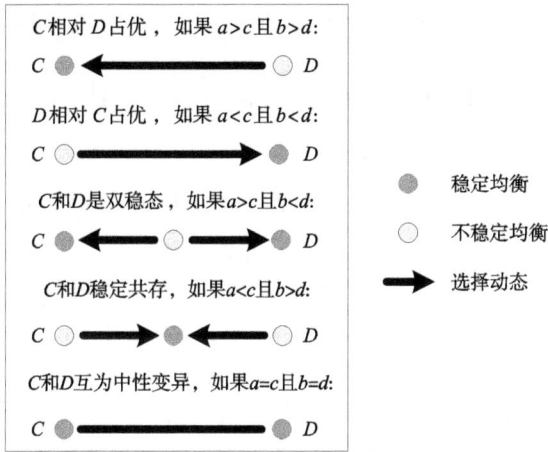

图 5.1　双策略下五种可能的选择过程

（1）C 相对 D 占优，如果 $a>c,b>d$ 成立。在这类博弈中，无论对手采取何种策略（C 或是 D），对个体来讲，采取 C 策略都是最佳选择，对一个包含 C 策略个体和 D 策略个体的网络，支付之间存在的这种大小关系意味着 C 策略个体的平均适应度总是高于 D 策略个体的平均适应度。于是，无论网络中个体组成如何，选择都更加青睐于 C 策略。选择使得种群最终全部由 C 类型个体构成，即 $x=1$。更确切地说，C 相对 D 占优，其中 $a\geq c$ 和 $b\geq d$ 至少一个不等式严格成立。

（2）D 相对 C 占优，如果 $a<c,b<d$ 成立。这种情况和（1）类似，只是将 C 和 D 互换了位置。更确切地说，D 相对 C 占优，如果 $a\leq c,b\leq d$，其中至少一个不等式严格成立。

（3）C 和 D 是双稳态，如果 $a>c,b<d$ 成立。在这类博弈中，由于 C 为 C 的最佳响应，D 为 D 的最佳响应，所以网络个体应该和对手采取相同的对策。对网络中的选择动态，结果依赖于初始条件。在区间[0，1]中，存在一个不稳定的内均衡点 $x^*=\dfrac{d-b}{a-b-c+d}$。如果初始条件 $x(0)$ 小于这个值，即 $x(0)<x^*$，那么系统最终收敛到全 D 状态。如果 $x(0)>x^*$，那么系统最终收敛到全 C 状态。

（4）C 和 D 稳定共存，如果 $a<c,b>d$ 成立。在这类博弈中，由于 C 是 D 的最佳响应，D 也是 C 的最佳响应，因此网络中成员应该使用和对手相反的策略。一个具有 C 和 D 两类策略个体的网络将会收敛到稳定的内均衡点。

$$x^*=\frac{d-b}{a-b-c+d} \tag{5.3}$$

（5）C 和 D 互为中性变异，如果 $a=c,b=d$。在这类博弈中，无论个体采取什么策略，其都会获得和对手相同的期望支付，选择将不会改变网络成员的组成，任何一个 C 和 D 的混合状态都是选择动力系统的均衡态。

5.2 异质性连接关系行为与知识分享
策略行为动态演化分析

前面分析了随机无差异连接情况下的策略演化情况，然而，标准的复制动态方程是一种理想化的模型。现实中经常会观察到，有的人喜欢同自己相似的人交往，而有的人喜欢与自己不同的人建立关系。因此假设在社会网络中，员工之间会根据不同的知识分享策略选择不同的关系连接对象。Taylor 和 Nowak（2006）率先将这种个体间有差别的作用关系，界定为非一致接触（non-uniform interaction），也称为异质连接，并将其与经典复制方程融合，通过引入取决于策略的相互作用率对其进行扩展，进而这种异质性相互作用关系可以产生非线性适应度函数（non-linear fitness functions），所以比经典的基于线性适应度函数的复制方程产生了更丰富的动力学性质。

在研究中，假设知识分享博弈过程中员工的策略行为选择与员工关系行为直接相关。对员工来讲有两种策略可选：知识分享策略（C）与知识隐匿策略（D）。基于此，我们把 C 策略个体与 C 策略个体在博弈中的建立连接关系概率记为 r_{CC}，把 C 策略个体与 D 策略个体在博弈中的建立连接关系概率记为 r_{CD}，把 D 策略个体与 D 策略个体在博弈中的建立连接关系概率记为 r_{DD}。

$$C+C \xrightarrow{r_{CC}} CC, C+D \xrightarrow{r_{CD}} CD, D+D \xrightarrow{r_{DD}} DD$$

设知识分享策略 C 员工个体在网络中的比例为 x，知识隐匿策略 D 员工个体在网络中的比例为 y，由于网络中只有这两种类型的员工个体，所以 $x+y=1$。在知识分享关系网络中不同策略员工个体从博弈中获得的收益可以表示为

$$\pi_C = \frac{a r_{CC} x + b r_{CD} y}{r_{CC} x + r_{CD} y}, \pi_D = \frac{c r_{CD} x + d r_{DD} y}{r_{CD} x + r_{DD} y} \qquad (5.4)$$

此时复制动态方程变为

$$\dot{x} = x(\pi_C - \bar{\pi})$$
$$\dot{y} = y(\pi_D - \bar{\pi})$$

其中，$\bar{\pi} = x\pi_C + y\pi_D$ 表示群体平均收益。由于 $x+y=1$，上面的动力系统等价于

$$\dot{x} = x(1-x)(\pi_C - \pi_D)$$

在式（5.4）中，r_{CC}, r_{CD}, r_{DD} 均为非负实数，因此标准化的复制动态方程是异质性连接关系行为下的特例，即 $r_{CC} = r_{CD} = r_{DD} > 0$。因此异质性关系行为模型更具普适性。若 $r_{CC} > r_{CD}, r_{DD} > r_{CD}$，则说明在网络中相同策略的个体之间博弈的概率大于与不同策略类型个体博弈的概率，出现了"人以群分，物以类聚"的现象。

5.2.1　基于复制方程的关系行为动力系统变换法则

对标准的复制动态方程来讲，在不改变演化动力机制的情况下存在一些有用的收益矩阵变换方法，这些变换在一定程度上也可适用于异质性连接行为机制下知识分享策略的复制方程，同时由于异质性关系连接，知识分享策略复制动态方程也会呈现出不同的动力学情况。

继续考虑前文的标准复制动态方程 $\dot{x} = x\left(\pi_C - \bar{\pi}\right)$，$\dot{y} = y\left(\pi_D - \bar{\pi}\right)$。

（1）对收益矩阵中所有收益值 a、b、c、d 加上相同的常数可得

$$
\begin{array}{cc}
& \begin{array}{cc} C & \quad D \end{array} \\
\begin{array}{c} C \\ D \end{array} &
\begin{pmatrix}
a+\pi' & b+\pi' \\
c+\pi' & d+\pi'
\end{pmatrix}
\end{array}
$$

则可进行如下替换：$\pi_C \to \pi_C + \pi', \pi_D \to \pi_D + \pi', \bar{\pi} \to \bar{\pi} + \pi'$。这对采取 C 策略和 D 策略的网络中员工的收益及网络中所有员工的平均收益都会增加 π'，因此当引入相同的初始适应度时演化结果和演化速度都不会改变。

（2）同样对收益矩阵中所有收益值 a、b、c、d 乘相同的常数可得

$$
\begin{array}{cc}
& \begin{array}{cc} C & \quad D \end{array} \\
\begin{array}{c} C \\ D \end{array} &
\begin{pmatrix}
\lambda a & \lambda b \\
\lambda c & \lambda d
\end{pmatrix}
\end{array}
$$

则可以进行如下替换：$\pi_C \to \lambda\pi_C, \pi_D \to \lambda\pi_D, \bar{\pi} \to \lambda\bar{\pi}$。这对采取 C 策略和 D 策略的网络中员工的收益及网络中所有员工的平均收益都会乘 λ，因此其演化结果不会改变，而演化的速率为原来的 λ 倍。

（3）同样对收益矩阵中不同的列加上不同的常数可得

$$
\begin{array}{cc}
& \begin{array}{cc} C & \quad D \end{array} \\
\begin{array}{c} C \\ D \end{array} &
\begin{pmatrix}
a+\pi' & b+\mu' \\
c+\pi' & d+\mu'
\end{pmatrix}
\end{array}
$$

在考虑异质性连接机制下则可以进行如下替换：

$$
\pi_C \to \left(\pi_C + \pi'\right) + \left(\mu' - \pi'\right)\frac{r_{CD}y}{r_{CC}x + r_{CD}y}
$$

$$
\pi_D \to \left(\pi_D + \pi'\right) + \left(\mu' - \pi'\right)\frac{r_{DD}y}{r_{CD}x + r_{DD}y}
$$

$$
\bar{\pi} \to \left(\bar{\pi} + \pi'\right) + \left(\mu' - \pi'\right)\left(\frac{r_{CD}xy}{r_{CC}x + r_{CD}y} + \frac{r_{DD}y^2}{r_{CD}x + r_{DD}y}\right)
$$

因此原复制动态方程就变为

$$\dot{x} = x\left(\pi_C - \bar{\pi}\right) = x\left[\pi_C - \bar{\pi} + \left(\mu' - \pi'\right)xy^2 \cdot \frac{r_{CD}^2 - r_{CC}r_{DD}}{\left(r_{CC}x + r_{CD}y\right)\left(r_{CD}x + r_{DD}y\right)}\right]$$

$$\dot{y} = y\left(\pi_C - \bar{\pi}\right) = y\left[\pi_D - \bar{\pi} + \left(\mu' - \pi'\right)x^2y \cdot \frac{r_{CD}^2 - r_{CC}r_{DD}}{\left(r_{CC}x + r_{CD}y\right)\left(r_{CD}x + r_{DD}y\right)}\right]$$

该变换不会改变员工间无差异连接下的进化动力系统，然而对员工异质性连接的情形，这个变换会改变进化动力系统。仔细观察变换后的复制动态方程，当 $r_{CD}^2 = r_{CC}r_{DD}$ 时，知识分享策略演化动力系统保持不变。同时当 $\mu' = \pi'$ 时，此时变换后复制动态方程退化到前面变换的第一种情况，异质性连接的动力系统也不受接触率的影响，所以在后续研究的复制方程中，为了形式上的简单并没有把基本适应度加进去，而只考虑博弈的收益。

5.2.2　异质性连接关系影响下知识分享策略行为演化稳定条件

首先分析博弈过程中，网络内员工个体只与和它相同类型的策略个体缔结连接的情况，即 $r_{CD} = 0$ 时，这时对员工来讲，知识分享策略 C 优于知识隐匿策略 D 的条件为 $a > d$，而知识分享策略 C 劣于知识隐匿策略 D 的条件为 $a < d$。考虑在演化过程中，如果有 θ 比率的 C 策略个体突变为 D 策略，并与剩余（$1-\theta$）比率 C 策略个体进行博弈。

在无差异连接下，C 策略个体与 D 策略的适应度为

$$\pi_C\left(\theta\right) = a\left(1-\theta\right) + b\theta, \pi_D\left(\theta\right) = c\left(1-\theta\right) + d\theta \tag{5.5}$$

根据演化策略稳定性定义，对足够小的扰动量 θ，$\pi_C\left(\theta\right) > \pi_D\left(\theta\right)$，则策略 C 为演化稳定均衡策略，可以抵御网络中 D 策略的入侵。通过计算可得，网络中 C 策略稳定条件为 $a > c$，或者 $a = c$ 且 $b > d$。

在异质性连接机制下，C 策略个体与 D 策略的适应度为

$$\pi_C\left(\theta\right) = \frac{ar_{CC}\left(1-\theta\right) + br_{CD}\theta}{r_{CC}\left(1-\theta\right) + r_{CD}\theta}, \pi_D\left(\theta\right) = \frac{cr_{CD}\left(1-\theta\right) + dr_{DD}\theta}{r_{CD}\left(1-\theta\right) + r_{DD}\theta} \tag{5.6}$$

同理根据演化策略稳定性定义，若 C 策略为演化稳定策略，对足够小的扰动量 θ，就必须满足 $\pi_C\left(\theta\right) \geqslant \pi_D\left(\theta\right)$。

$$\pi_C\left(\theta\right) - \pi_D\left(\theta\right) = \frac{ar_{CC}\left(1-\theta\right) + br_{CD}\theta}{r_{CC}\left(1-\theta\right) + r_{CD}\theta} - \frac{cr_{CD}\left(1-\theta\right) + dr_{DD}\theta}{r_{CD}\left(1-\theta\right) + r_{DD}\theta}$$

$$= \frac{\left(a-c\right)r_{CD}r_{CC}\left(1-\theta\right)^2 + \left(a-d\right)r_{CC}r_{DD}\theta\left(1-\theta\right) + \left(b-c\right)r_{CD}^2\theta\left(1-\theta\right) + \left(b-d\right)r_{CD}r_{DD}\theta^2}{\left[r_{CC}\left(1-\theta\right) + r_{CD}\theta\right]\left[r_{CD}\left(1-\theta\right) + r_{DD}\theta\right]}$$

$$\tag{5.7}$$

令式（5.7）大于零，其可以等价于：① $a > c$，或者② 若 $a = c$，则 $\left(a-d\right)r_{CC}r_{DD} + \left(b-c\right)r_{CD}^2 > 0$。

因此在异质性连接关系情况下，演化均衡策略不仅与策略的收益矩阵相关，而且还与策略个体之间的连接关系行为紧密相关，即与 r_{CC}, r_{DD}, r_{CD} 相关。这使得异质性连接关系情况下可能出现新的动力学现象。

考虑如下收益值：$a = 3, b = 1, c = 3, d = 2$，在无差异连接情况下，由于 $b < d$，所以知识分享策略 C 不能成为演化稳定策略。在异质性连接情况下，只要 $2r_{CD}^2 < r_{CC}r_{DD}$，知识分享策略 C 仍然是演化稳定策略。进一步在值域 $[0,10]$ 范围内，用 Mathematica 8.0 对 r_{CC}, r_{DD}, r_{CD} 的相互关系进行分析，如图 5.2 所示。

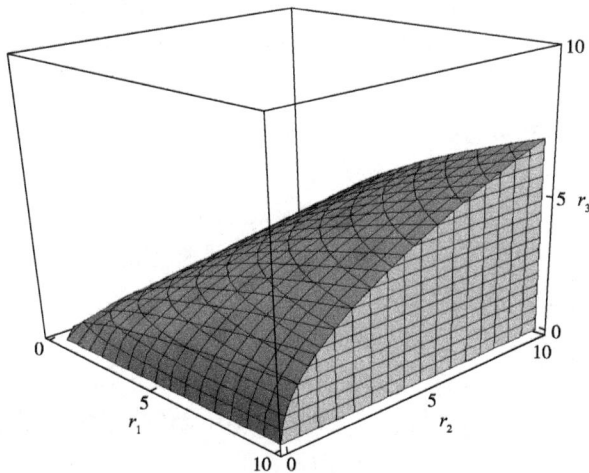

图 5.2　异质性连接关系图

从图 5.2 不难看出，若 C 要成为进化稳定策略，应满足条件：当 r_{CC} 保持不变时，r_{DD} 必须随着 r_{CD} 的增长而增长；当 r_{CD} 保持不变时，r_{CC} 要比 r_{DD} 以更快的速度增长。因此采取 C 策略的个体必须与采取 C 策略的个体有更多接触，也就是采取 C 策略的个体必须表现得更加活跃。这说明了在企业中要促进员工间知识分享，就必须激励知识分享者让其更加活跃，同时通过各种策略和措施，让知识分享者与知识分享者有更多的交流和互动，建立起比较稳固的知识分享关系。

5.2.3　异质连接关系行为与知识分享策略行为动态演化分析

在异质连接关系行为影响下，由于个体之间不同的连接关系系数，网络中个体之间相互作用的概率不同。不妨假设 r_{CC}, r_{CD}, r_{DD} 均不为零。根据 Taylor 和 Nowak（2006）的研究工作，可以对 π_C 和 π_D 中共同含有的连接关系系数进行化简和转化，作者主要对连接关系系数归一化，同时除以 r_{CD}，即 $r_{CC}' = \dfrac{r_{CC}}{r_{CD}}, r_{DD}' = \dfrac{r_{DD}}{r_{CD}}$，该变换可以理解为同类策略类型个体之间的连接相对于不同策略类型个体之间的连接比例，在归一化的连接系数下则可得新的收益函数：

$$\pi_C = \frac{ar'_{CC}x + by}{r'_{CC}x + y}, \pi_D = \frac{cx + dr'_{DD}y}{x + r'_{DD}y} \tag{5.8}$$

进而知识分享策略的复制动态方程就变为

$$\dot{x} = x(1-x)(\pi_C - \pi_D) \tag{5.9}$$

其中，x 表示网络中 C 策略个体的比例，通过计算并比较 C 策略的收益与 D 策略的收益就可以分析网络中知识分享策略行为选择的动力机制。

$$\pi_C - \pi_D = \frac{(ar'_{CC}x + by)(x + r'_{DD}y) - (cx + dr'_{DD}y)(r'_{CC}x + y)}{(r'_{CC}x + y)(x + r'_{DD}y)} \tag{5.10}$$

通过前文分析可知策略的均衡解可在内点和端点。

（1）在端点 $x = 0$ 处，Jacobian 等式为

$$J(x = 0) = \pi_C(x = 0) - \pi_D(x = 0) = b - d$$

因此，当 $b > d$ 时，$J(x = 0) > 0$，则 $x = 0$ 为不稳定的演化均衡点；当 $b < d$ 时，$J(x = 0) < 0$，则 $x = 0$ 为稳定的演化均衡点。

（2）在端点 $x = 1$ 处，Jacobian 等式为

$$J(x = 1) = \pi_C(x = 1) - \pi_D(x = 1) = c - a$$

因此，当 $c > a$ 时，$J(x = 1) > 0$，则 $x = 1$ 为不稳定的演化均衡点；当 $c < a$ 时，$J(x = 1) < 0$，则 $x = 1$ 为稳定的演化均衡点。

（3）对内点均衡 x^*，可以求 $\pi_C - \pi_D = 0$ 的根，令式（5.10）的分子为 $h(x)$，则

$$\begin{aligned} h(x) &= (ar'_{CC}x + by)(x + r'_{DD}y) - (cx + dr'_{DD}y)(r'_{CC}x + y) \\ &= [r'_{CC}(a-c) - r'_{CC}r'_{DD}(a-d) - (b-c) + r'_{DD}(b-d)]x^2 \\ &\quad + [r'_{CC}r'_{DD}(a-d) + (b-c) - 2r'_{DD}(b-d)]x^2 + r'_{DD}(b-d) \\ &= (\beta + \gamma - \alpha)x^2 + (\alpha - 2\gamma)x + \gamma \end{aligned} \tag{5.11}$$

其中，$\alpha = r'_{CC}r'_{DD}(a-d) + (b-c)$，$\beta = r'_{CC}(a-c)$，$\gamma = r'_{DD}(b-d)$。

令 $h(x) = 0$，可得 $x_1^* = \dfrac{2\gamma - \alpha + \sqrt{\alpha^2 - 4\beta\gamma}}{2(\beta + \gamma - \alpha)}$，$x_2^* = \dfrac{2\gamma - \alpha + \sqrt{\alpha^2 - 4\beta\gamma}}{2(\beta + \gamma - \alpha)}$。

在内点均衡 $x = x^*$ 处，根据 Taylor 和 Nowak（2006）及贾鲁昆等（2008）的研究方法，Jacobian 等式的符号方向与 $h'(x)$ 同向。

$$h'(x) = 2x^*(\beta + \gamma - \alpha) - (2\gamma - \alpha) = \pm\sqrt{\alpha^2 - 4\beta\gamma} \tag{5.12}$$

由于 x^* 是内点解，所以 $0 < x^* < 1$，且 $\alpha^2 - 4\beta\gamma \geqslant 0$。

因为 $h'(x_1^*) = \sqrt{\alpha^2 - 4\beta\gamma} > 0, h'(x_2^*) = -\sqrt{\alpha^2 - 4\beta\gamma} < 0$，所以内点 x_1^* 是不稳定均

衡点，内点 x_2^* 是稳定均衡点。

若 $\beta + \gamma - \alpha > 0$，则 $2\gamma - \alpha - \sqrt{\alpha^2 - 4\beta\gamma} > 0$，且 $2\gamma - \alpha + \sqrt{\alpha^2 - 4\beta\gamma} < 2(\beta + \gamma - \alpha)$。因此，可得 $\beta > 0, \gamma > 0, 2\beta > \alpha, 2\gamma > \alpha$。

若 $\beta + \gamma - \alpha < 0$，同理可得 $\beta < 0, \gamma < 0, 2\beta < \alpha, 2\gamma < \alpha$。

在 $\beta > 0, \gamma > 0$ 的情况下，可得 $\beta = r'_{CC}(a - c) > 0, \gamma = r'_{DD}(b - d) > 0$，因此 $a > c, b > d$，根据前面的分析，在此情形下，策略 C 是严格的纳什均衡。在异质性连接关系行为影响下，根据 $2\beta > \alpha, 2\gamma > \alpha$，可得 $x_1^* > x_2^*$，此时 x_2^* 是稳定的演化均衡点，x_1^* 是不稳定的演化均衡点。因此知识分享策略行为的演化方向为 $D \to x_2^* \leftarrow x_1^* \to C$。

在 $\beta < 0, \gamma < 0$ 的情况下，同理可得 $a < c, b < d$，根据前面的分析，在此情形下，策略 D 是严格的纳什均衡。在异质性连接关系行为影响下，根据 $2\beta < \alpha, 2\gamma < \alpha$，此时 $x_1^* < x_2^*$，x_1^* 是稳定的演化均衡点，x_2^* 不是稳定的演化均衡点。因此知识分享策略行为的演化方向为 $D \leftarrow x_2^* \to x_1^* \leftarrow C$。

5.2.4　异质连接关系下不同初始策略状态的演化分析

在上述基础上，为了将研究的问题更普适化，本书根据策略矩阵的各策略收益值大小关系，进一步讨论一般情况下的策略演化情况。参考 Taylor 和 Nowak（2006）及贾鲁昆等（2008）研究成果，考虑三种情况：其一，在策略 D 和策略 C 中，某个策略严格占优；其二，两个策略共存的情况；其三，策略处于双稳定状态（bi-stable）。

（1）根据收益矩阵，当 $c > a$ 且 $d > b$ 时，策略 D 优于策略 C。

在标准的复制动态过程中策略 D 优于策略 C，而在异质性连接关系行为影响下：

①在 $c > a > d > b$，且 $r'_{CC} r'_{DD} > \left[\dfrac{\sqrt{(a-b)(c-d)} + \sqrt{(a-c)(b-d)}}{a-d} \right]^2$ 的条件下可以确保 $\alpha^2 - 4\beta\gamma > 0$。

根据 $x_1^* = \dfrac{2\gamma - \alpha + \sqrt{\alpha^2 - 4\beta\gamma}}{2(\beta + \gamma - \alpha)}$，$x_2^* = \dfrac{2\gamma - \alpha - \sqrt{\alpha^2 - 4\beta\gamma}}{2(\beta + \gamma - \alpha)}$，其中 x_1^* 为稳定均衡点，x_2^* 为不稳定均衡点，可得策略行为的演化情况为 $C \to x_1^* \leftarrow x_2^* \to D$。

值得注意的是演化过程中的分叉点（bifurcation）为

$$ r'_{CC} r'_{DD} = \left[\frac{\sqrt{(a-b)(c-d)} + \sqrt{(a-c)(b-d)}}{a-d} \right]^2 $$

在演化过程中，该分叉点是下界，当 $r'_{CC} r'_{DD}$ 在该分叉点临界值上方不断增长时，

均衡点中的子项 $\alpha^2 - 4\beta\gamma$ 也就会不断增加，进而促使 x_1^*, x_2^* 在演化空间中移动。

②在 $d > b > c > a$，且 $r_{CC}' r_{DD}' < \left[\dfrac{\sqrt{(a-b)(c-d)} - \sqrt{(a-c)(b-d)}}{a-d} \right]^2$ 的条件下可以确保 $\alpha^2 - 4\beta\gamma > 0$。

根据均衡的稳定性判定法则，上述均衡点中 x_1^* 为不稳定均衡点，x_2^* 为稳定均衡点，可得策略行为的演化情况为 $C \to x_2^* \leftarrow x_1^* \to D$。此时演化过程中的分叉点不同于第一种情况，其为 $r_{CC}' r_{DD}' = \left[\dfrac{\sqrt{(a-b)(c-d)} - \sqrt{(a-c)(b-d)}}{a-d} \right]^2$。

在演化过程中，该分叉点是上界，当 $r_{CC}' r_{DD}'$ 在该分叉点临界值下方处不断减少时，均衡点中的子项 $\alpha^2 - 4\beta\gamma$ 就会不断增加，进而调整两个均衡内点在演化空间中的位置。

③除了以上两种情况，在其他情况下，$\alpha^2 - 4\beta\gamma < 0$。此时策略 D 优于策略 C，同时没有内点解，整个网络成员群体会由 C 演化到 D，即策略行为的演化情况为 $C \to D$。

在前面①②两种情况下，网络成员间异质性连接关系虽然没有改变演化过程中占优策略 D 对策略 C 的入侵的防御，不能使得策略 C 对策略 D 的入侵，但是通过改变 r_{CC}' 和 r_{DD}'，可以影响内点均衡的位置，改变网络中策略 C 和策略 D 的结构比例。进一步分析分叉点，研究临界点附近的演化动力学现象。

在分叉点处，$\alpha^2 - 4\beta\gamma = 0$，可得驻点：

$$x^* = \frac{\sqrt{-\gamma}}{\sqrt{-\beta} + \sqrt{-\gamma}} = \frac{\sqrt{(d-b)r_{DD}'}}{\sqrt{(c-a)r_{CC}'} + \sqrt{(d-b)r_{DD}'}} \qquad (5.13)$$

当 $\alpha^2 - 4\beta\gamma$ 超过该临界点，出现 $\alpha^2 - 4\beta\gamma > 0$ 时，均衡点就会离开 $\dfrac{2\gamma - \alpha}{2(\beta + \gamma - \alpha)}$ 向各自最近的端点方向移动。

同理当策略 C 优于策略 D，即 $a > c$ 且 $b > d$ 时，同样可以采取上述分析方法得到类似的结论。

（2）根据博弈支付矩阵，当原始支付满足 $a < c$ 且 $b > d$ 时，原始策略 C 与策略 D 共存。

在标准的复制动态过程中策略 D 与策略 C 能够共存，演化均衡为混合策略，在异质性连接关系行为影响下，易求得其稳定的均衡内点为 $x^* = \dfrac{2\gamma - \alpha - \sqrt{\alpha^2 - 4\beta\gamma}}{2(\beta + \gamma - \alpha)}$。

在此情形下，可以看出演化均衡本质不会因为员工间异质性的连接关系而改变，但是员工可以通过改变连接系数 r_{CC}' 与 r_{DD}' 来改变均衡点的位置，从而改变均衡状态下网络中不同策略类型的员工人数比例。此时策略行为的演化情况为 $C \rightarrow x^* \leftarrow D$。

进一步分析均衡点：

$$x^* = \frac{2r'_{DD}(b-d) - r'_{CC}r'_{DD}(a-d) - (b-c) - \sqrt{\left[r'_{CC}r'_{DD}(a-d) - (b-c)\right]^2 - 4r'_{CC}r'_{DD}(a-c)(b-d)}}{2\left[r'_{CC}(a-c) + r'_{DD}(b-d) - r'_{CC}r'_{DD}(a-d) - (b-c)\right]}$$

（5.14）

可以看出，网络中 C 策略员工的比例 x^* 随着 r'_{CC} 与 r'_{DD} 的增加而单调增加，因此异质性连接系数对均衡的影响为：当 $r'_{CC}(r'_{DD}) \rightarrow \infty$ 时，$x^* \rightarrow 1$；当 $r'_{CC}(r'_{DD}) \rightarrow 0$ 时，$x^* \rightarrow 0$。因此可以通过提升网络中同类策略个体之间的连接和互动，使得"人以群分"，进而达到促进更多的员工选择知识分享策略的目的。

在博弈支付矩阵中，当 $a > c$ 且 $b < d$ 时，原始策略 C 与策略 D 是双稳态均衡的。

在此条件下，策略 C 与策略 D 均是严格纳什均衡，这类似于社会协调博弈，存在一个不稳定的均衡内点：$x^* = \dfrac{2\gamma - \alpha + \sqrt{\alpha^2 - 4\beta\gamma}}{2(\beta + \gamma - \alpha)}$。

因此在引入员工间异质性连接关系后，与前文第②种情况一样，r'_{CC} 与 r'_{DD} 的变化主要影响了不稳定均衡点的位置状态。此时策略的演化情况为 $C \leftarrow x^* \rightarrow D$。

进一步分析均衡点，发现：

$$x^* = \frac{2r'_{DD}(b-d) - r'_{CC}r'_{DD}(a-d) - (b-c) + \sqrt{\left[r'_{CC}r'_{DD}(a-d) - (b-c)\right]^2 - 4r'_{CC}r'_{DD}(a-c)(b-d)}}{2\left[r'_{CC}(a-c) + r'_{DD}(b-d) - r'_{CC}r'_{DD}(a-d) - (b-c)\right]}$$

（5.15）

均衡点 x^* 随着异质性连接关系 r'_{CC} 与 r'_{DD} 的增加而单调递减。因此异质性连接关系对均衡的影响为：当 $r'_{CC}(r'_{DD}) \rightarrow \infty$ 时，$x^* \rightarrow 0$；当 $r'_{CC}(r'_{DD}) \rightarrow 0$ 时，$x^* \rightarrow 1$。在此情况下，可以通过减少网络中同类策略个体之间的连接和互动，而增加不同类策略个体之间的连接，进而促进网络中的知识分享行为。

5.2.5　算例及仿真分析

前面内容分析了异质性连接关系行为影响下不同博弈的策略演化问题。本部分在前文的基础上，通过仿真研究从直观的角度分析异质连接关系行为对社会网络中员工知识分享行为选择的影响问题。在分析中，我们用最为广泛和经典的囚徒困境博弈模型。在网络中，员工的策略选择为知识分享（C）与知识隐匿（D），假设其支付矩阵为

$$\begin{array}{cc} & \begin{array}{cc} C & D \end{array} \\ \begin{array}{c} C \\ D \end{array} & \begin{pmatrix} R & S \\ T & P \end{pmatrix} \end{array}$$

为了研究的科学性，作者沿用著名学者 Axelrod 和 Hamilton（1981）、Nowak（2006）、Krause 等（2007）等在囚徒困境研究中均赋予的支付矩阵值，即 $R = 3$，$S = 0$，$T = 5$，$P = 1$。假设在网络中 C 策略个体的比例为 x，则 D 策略个体的比例为 $1 - x$。与前文一致，网络中策略 C 个体与策略 C 个体的连接系数记为 r_{CC}，策略 C 个体与策略 D 个体的连接系数记为 r_{CD}，策略 D 个体与策略 D 个体的连接系数记为 r_{DD}。

（1）若不考虑异质性连接行为，此时的策略演化就应为标准的复制动力学方程。由于 $\pi_C = 3x$，$\pi_D = 4x + 1$，则

$$\dot{x} = x(1 - x)(\pi_C - \pi_D) = x^3 - x$$

均衡解为 $x_1 = 0$，$x_2 = 1$。

根据策略稳定性判定条件，知 x_1 为稳定均衡点，x_2 为不稳定均衡点。

在此情况下，我们看到知识隐匿 D 策略是网络中员工的占优策略。因此，策略演化的动力系统中 D 策略会不断入侵 C 策略的空间，策略演化的结果是 $C \to D$，到最后整个网络被知识隐匿策略占据。

（2）在异质性连接关系行为影响下，首先考虑 $r_{CD} = 0$，即不同策略类个体之间没有连接关系，因此知识分享博弈仅在同类策略个体之间发生，此时异质性连接系数 $r_{CC} > 0$，$r_{DD} > 0$，则策略收益为 $\pi_C = 3, \pi_D = 1$。

此时的复制动力学方程为

$$\dot{x} = x(1 - x)(\pi_C - \pi_D) = 2x - 2x^2$$

均衡解为 $x_1 = 0$，$x_2 = 1$。

根据策略稳定性判定条件，知 x_1 为不稳定均衡点，x_2 为稳定均衡点。

在此情况下，显然 $\pi_C > \pi_D$，这意味着在员工社会网络中知识分享策略可以在演化过程中胜出，策略演化的结果是 $D \to C$。因此网络员工中同类策略相配的连接机制有利于知识分享行为的发生。这与社会学中"相似-吸引"典范理论一致，可以理解为，网络个体若在某些特征上具有相似性，则容易互相吸引及喜欢。这是因为具有相似背景的人容易分享共同的生活经验及价值观，相处时较为自在，易于沟通，因此人们倾向和自己相似的人进行互动，进而产生社会认同感，有利于知识分享。

（3）若 $r_{CD} \neq 0$，这意味着 C 策略个体与 D 策略个体之间存在连接关系，假设 $r_{CC} > 0, r_{CD} > 0, r_{DD} > 0$，则策略收益为

$$\pi_C = \frac{3r_{CC}x}{r_{CC}x + r_{CD}(1 - x)}, \pi_D = \frac{5r_{CD}x + (1 - x)r_{DD}}{r_{CD}x + (1 - x)r_{DD}}$$

根据前文分析，可得 $\alpha = 2r_{CC}r_{DD} - 5$，$\beta = -2r_{CC}$，$\gamma = -r_{DD}$。

为了确保 $\alpha^2 - 4\beta\gamma > 0$，需满足在 $r_{CC}r_{DD} > \left[\dfrac{\sqrt{(R-S)(T-P)} + \sqrt{(R-T)(S-P)}}{R-P}\right]^2$，

即 $r_{CC}r_{DD} > \dfrac{1}{2}(\sqrt{6}+1)^2$，或者 $r_{CC}r_{DD} < \left[\dfrac{\sqrt{(R-S)(T-P)} - \sqrt{(R-T)(S-P)}}{R-P}\right]^2$，即 $r_{CC}r_{DD} <$

$\dfrac{1}{2}(\sqrt{6}-1)^2$ 的条件下。根据前文的演化分析，由 $R < T, S < P$，可知在端点处，$x = 0$ 为稳定均衡点，$x = 1$ 为不稳定均衡点。

在归一化连接关系行为系数后，演化动力系统的均衡内点解为

$$x_1^* = \frac{2\gamma - \alpha + \sqrt{\alpha^2 - 4\beta\gamma}}{2(\beta + \gamma - \alpha)} = \frac{5 - 2r_{CC}r_{DD} - 2r_{DD} + \sqrt{4r_{CC}^2 r_{DD}^2 - 28r_{CC}r_{DD} + 25}}{10 - 4r_{CC} - 2r_{DD} - 4r_{CC}r_{DD}}$$

$$x_2^* = \frac{2\gamma - \alpha - \sqrt{\alpha^2 - 4\beta\gamma}}{2(\beta + \gamma - \alpha)} = \frac{5 - 2r_{CC}r_{DD} - 2r_{DD} - \sqrt{4r_{CC}^2 r_{DD}^2 - 28r_{CC}r_{DD} + 25}}{10 - 4r_{CC} - 2r_{DD} - 4r_{CC}r_{DD}}$$

此时，$\beta < 0, \gamma < 0$；$x_1^* > x_2^*$，即 x_1^* 为稳定均衡点，x_2^* 为不稳定均衡点。

进一步通过数值模拟，r_{CC} 与 r_{DD} 对 x_1^* 在演化过程中的影响如图 5.3 所示。给定 r_{DD} 较高的情况下，只需要较低水平的 r_{CC} 就可以使得网络中员工选择知识分享策略行为而不是选择知识隐匿行为；值得注意的是，x_1^* 随着 r_{CC} 的增加反而下降，并趋于零。这说明在异质连接情况下，存在同类策略互动效果不明显区域，这是知识分享中的"陷阱"区域。

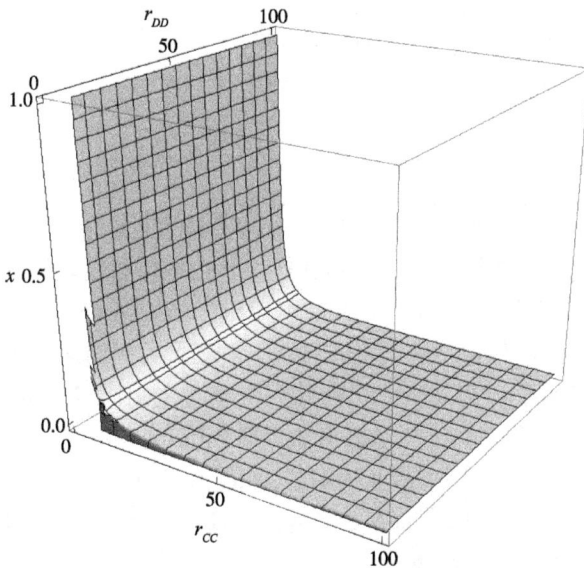

图 5.3　r_{CC} 与 r_{DD} 对知识分享行为稳定均衡 x_1^* 位置的影响图

同时，通过数值模拟对不稳定的均衡点 x_2^* 进行分析，r_{CC} 与 r_{DD} 对 x_2^* 在演化过程中的影响如图 5.4 所示。给定 r_{DD} 较高的情况下，只需要较低水平的 r_{CC} 就可以使得网络中员工选择知识分享行为而不是选择知识隐匿行为；x_2^* 随着 r_{CC} 的增加而增加。

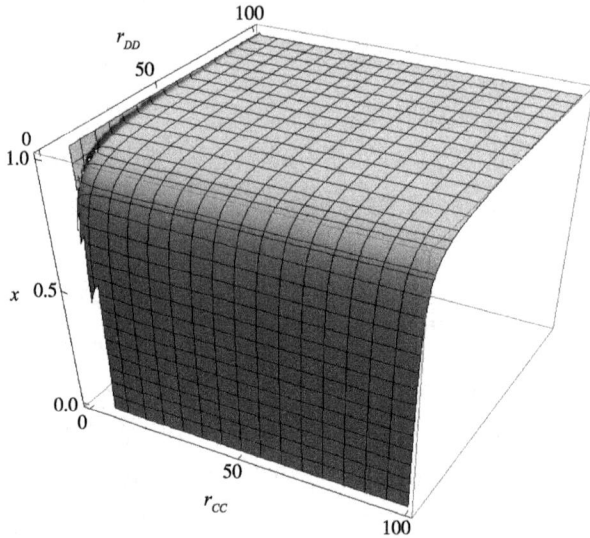

图 5.4　r_{CC} 与 r_{DD} 对知识分享行为不稳定均衡 x_2^* 位置的影响图

值得注意的是，在特殊的分叉点处：

$$r_{CC}r_{DD} = \left[\frac{\sqrt{(R-S)(T-P)} + \sqrt{(R-T)(S-P)}}{R-P}\right]^2 = \frac{1}{2}\left(\sqrt{6}+1\right)^2$$

驻点：

$$x^* = \frac{5 - 2r_{CC}r_{DD} - 2r_{DD}}{10 - 4r_{CC} - 2r_{DD} - 4r_{CC}r_{DD}} = \frac{1 + \sqrt{6} + r_{DD}}{2 + 2\sqrt{6} + r_{DD} + 2r_{CC}}$$

通过对驻点进行数值模拟分享，可得图 5.5。不难看出，给定 r_{CC} 的情况下，增加 r_{DD} 可以有效提升社会网络中员工采用知识分享策略的比率。但是当 r_{CC} 取值较小时，增加 r_{DD} 对提升均衡中员工知识分享策略采用率的影响要高于 r_{CC} 取值较大的情况。这说明如果社会网络中只有知识分享者之间连接率低的情况，那么需要更多的 TFT 策略者来维护社会网络中知识分享行为。在 r_{CC}, r_{DD} 同时都很小的情况下，即零值附近，若 r_{CC} 或 r_{DD} 微弱地减少，驻点就会加速向零移动；反之，若 r_{CC} 或 r_{DD} 微弱增加，驻点也会加速向 1 方向移动。这说明在社会网络中同类员工之间的初始互动连接对知识分享非常重要。

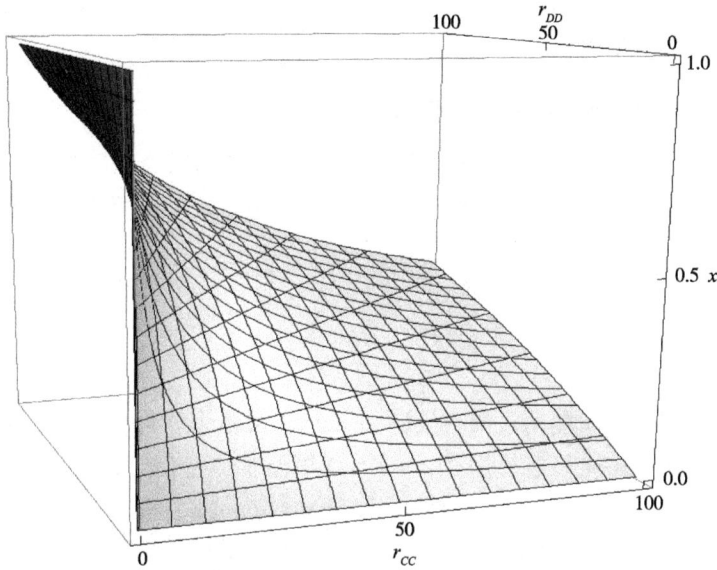

图 5.5　r_{CC} 与 r_{DD} 对知识分享行为驻点 x^* 位置的影响图

5.3　动态连接关系行为与知识分享策略行为演化分析

在经典演化博弈模型中，个体之间随机相遇，无法控制个体之间博弈关系的频率和持续时间，但在现实情况中，不同类型策略个体间连接率不一样，同时员工个体会根据博弈的收益来决定是否继续保持与对方的博弈关系。前文本书已经讨论了异质性连接情况下社会网络中员工知识分享策略行为动力学，研究了不同的连接关系对员工知识分享策略的影响。本部分本书进一步考虑员工可以动态调节自己的知识分享连接关系，终止不利于自己的连接边，在网络中寻找伙伴发起新的连接关系，于是呈现出更加丰富的动力学效应。在该领域 Pacheco 等（2006，2008）最早对其进行了探索，由于连接关系具有生命周期，故将其称为活跃连接或有效连接（active linking），本书将其称为动态连接，后来在国内贾鲁昆等（2008）、李玉英等（2012）等都对此进行了进一步探索。在前文分析的基础上，作者将动态连接引入复杂社会网络员工知识分享策略行为研究中，融合网络博弈思想，将复杂社会网络中员工知识分享分为两个阶段，第一阶段为员工根据已有策略收益动态调整连接关系，第二阶段为在调整后关系结构下对知识分享策略进行选择，并探索员工可以调节自己的知识分享关系情况，以及网络的动态结构与员工知识分享策略行为的相互影响。

5.3.1 模型的基本假设与构建

假设复杂社会网络中员工总体数为 N，其中选择知识分享策略 C 个体数量记为 N_C，选择知识隐匿策略 D 个体数量记为 N_D，策略之间进行 2×2 对称博弈，初始收益矩阵为

$$
\begin{array}{cc}
 & \begin{array}{cc} C & D \end{array} \\
\begin{array}{c} C \\ D \end{array} & \begin{pmatrix} a & b \\ c & d \end{pmatrix}
\end{array}
$$

首先不考虑动态连接，在混合人群中一个 C 策略个体将会与 $N_C - 1$ 个 C 策略个体及 N_D 个 D 策略个体进行博弈，一个 D 策略个体将会与 N_C 个 C 策略个体及 $N_D - 1$ 个 D 策略个体进行博弈，其收益分别为

$$
\pi_C = \frac{a(N_C - 1) + bN_D}{N - 1}, \pi_D = \frac{cN_C + d(N_D - 1)}{N - 1}
$$

假设在社会网络中两个个体之间的知识分享以一定概率选择连接关系，当知识分享关系形成后，该关系有一定的持续时间。在社会网络中连接关系按照发出方和接收方进行组合，则存在四种初始形态 C-C，C-D，D-C 及 D-D，但是关系的建立一般是由双方共同决定的，在研究中学者认为就关系效果来讲 C-D 与 D-C 没有本质区别，一般都将其归纳为一类关系（Pacheco et al., 2006；李玉英等，2012）。把在时刻 t 发生 C-D 连接的数量记为 $X(t)$，类似地，$Y(t), Z(t)$ 分别表示在时刻 t 发生 C-D，D-D 连接的数量。在知识分享网络中 C-C，C-D，D-D 连接的最大值可以达到：

$$
X_m = \frac{N_C(N_C - 1)}{2}, Y_m = N_C N_D, Z_m = \frac{N_D(N_D - 1)}{2}
$$

假设 C、D 策略个体在博弈中具有连接偏好，即选择 C、D 策略个体作为新连接对象的概率分别为 μ_C 和 μ_D，那么 C-C 连接形成的概率为 μ_C^2，C-D 连接形成的概率为 $\mu_C \mu_D$，D-D 连接形成的概率为 μ_D^2。考虑员工会对自己连接关系带来的知识分享净收益进行评价，如果关系双方有任何一方对已有关系不满就可以终止该关系，因此每类关系都有自己的生命周期，进一步假设知识分享网络中已有的 C-C，C-D，D-D 连接关系的平均持续时间分别为 $\tau_{CC}, \tau_{CD}, \tau_{DD}$。在单位时间内，由于关系的平均断开率与连接关系的平均持续时间存在倒数关系，因此在博弈的演化进程中三类知识分享关系平均断开率分别为 $\frac{1}{\tau_{CC}}$，$\frac{1}{\tau_{CD}}$，$\frac{1}{\tau_{DD}}$。

　　进而知识分享网络中员工之间知识分享连接关系动力系统可由三个常微分方程构成的方程组来刻画，即

$$\begin{cases} \dot{X} = \mu_C^2 \left(X_m - X \right) - \dfrac{1}{\tau_{CC}} X \\[2mm] \dot{Y} = \mu_C \mu_D \left(Y_m - Y \right) - \dfrac{1}{\tau_{CD}} Y \\[2mm] \dot{Z} = \mu_D^2 \left(Z_m - Z \right) - \dfrac{1}{\tau_{DD}} Z \end{cases} \qquad (5.16)$$

　　在稳定连接状态下通过求解可得三种连接的数量分别为

$$X^* = X_m \frac{\mu_C^2 \tau_{CC}}{\tau_{CC} \mu_C^2 + 1}, Y^* = Y_m \frac{\mu_C \mu_D \tau_{CD}}{\tau_{CD} \mu_C \mu_D + 1}, Z^* = Z_m \frac{\mu_D^2 \tau_{DD}}{\tau_{DD} \mu_D^2 + 1} \qquad (5.17)$$

　　为了更好地分析知识分享动态行为，本书将演化时间尺度也纳入研究的范畴，假设总体每步演化更新的时间尺度为 τ_0，则每单位时间内可以进行 $\dfrac{1}{\tau_0}$ 轮博弈，在每步演化更新过程中，个体间首先都存在一个时间尺度为 τ_a 的动态连接过程，然后存在耗费时间尺度为 τ_g 的策略选择过程，且 $\tau_a \ll \tau_g$，动态连接过程在极短时间内迅速达到稳定的连接状态。假定只有相互连接的个体之间才能进行知识分享博弈。对社会网络中的任意员工来讲，其可以拥有多个连接关系，同时与这些连接关系上的不同个体进行博弈。同时由于每个个体都有可能与其他个体缔结连接，把可能会发生的连接称作潜在连接（potential linking），把实际发生的连接称作活性连接。用 φ_{ij} 表示 $i \in (C,D)$ 类策略个体与 $j \in (C,D)$ 类策略个体活性连接率。根据 Pacheco 等（2006）的研究定义，某类关系的活性连接率为该类关系在稳定连接状态下的连接关系数与最大连接数的比值，则三种关系的活性连接率可以表示为

$$\varphi_{CC} = \frac{X^*}{X_m} = \frac{\mu_C^2 \tau_{CC}}{\tau_{CC} \mu_C^2 + 1}, \varphi_{CD} = \frac{Y^*}{Y_m} = \frac{\mu_C \mu_D \tau_{CD}}{\tau_{CD} \mu_C \mu_D + 1}, \varphi_{DD} = \frac{Z^*}{Z_m} = \frac{\mu_D^2 \tau_{DD}}{\tau_{DD} \mu_D^2 + 1}$$

　　在上述分析的基础上，在单位时间内，不同类型知识分享策略的平均收益可以表示为

$$\pi_C = \frac{1}{\tau_0} \cdot \frac{a\varphi_{CC} \left(N_C - 1 \right) + b\varphi_{CD} N_D}{N-1}, \pi_D = \frac{1}{\tau_0} \cdot \frac{c\varphi_{CD} N_C + d\varphi_{DD} \left(N_D - 1 \right)}{N-1} \qquad (5.18)$$

　　根据 Pacheco 等（2006）在足够大的群体中可以忽略单个个体差异带来的收益影响，式（5.18）通过收益矩阵可以转化为

$$\begin{pmatrix} \pi_C \\ \pi_D \end{pmatrix} = \frac{1}{\tau_0} \begin{pmatrix} a\varphi_{CC} & b\varphi_{CD} \\ c\varphi_{CD} & d\varphi_{DD} \end{pmatrix} \begin{pmatrix} x_C \\ x_D \end{pmatrix} = \frac{1}{\tau_0} \begin{pmatrix} a' & b' \\ c' & d' \end{pmatrix} \begin{pmatrix} x_C \\ x_D \end{pmatrix} \qquad (5.19)$$

其中，$x_C = \dfrac{N_C}{N}, x_D = \dfrac{N_D}{N}$ 分别表示知识分享网络中 C 策略个体与 D 策略个体的占比。将其与经典收益矩阵比较，可以看出员工间知识分享关系连接动力系统引入了一个简单的收益矩阵变换，那么就可以借用标准演化博弈动力系统分析方法，来探讨修正后支付矩阵中的知识分享行为。

5.3.2　动态连接下员工知识分享策略与知识隐匿策略演化分析

1. 动态连接下员工知识分享策略与知识隐匿策略选择模型

在前述动力模型的基础上，进一步研究策略 C 和策略 D 的个体在演化动力系统下的变化情况。根据前文假设的员工博弈收益动态连接发生在比较短的时间尺度 τ_a 内，当知识分享关系连接关系稳定时，就决定了策略个体的平均收益和适应度。由于企业中员工知识分享的社会网络是有限的，网络中的员工集体是有限种群，因此不能用分析无限种群的复制方程分析方法。本小节借鉴 Nowak（2006，2012）在研究有限生物种群博弈中策略演化稳定性采用的频率制约（frequency-dependent）选择方法。在 Nowak 的研究中，分析了图上有限群体的 Moran 过程，即仅有 C 和 D 两类策略的种群 N，假设初始状态有一个采用 C 策略的个体，$N-1$ 个采用 D 策略的个体；在弱选择作用下，最终若 C 个体经过世代繁衍，其后代能够以一定概率占据整个群体而不是消亡，Nowak 将此概率称为策略 C 的固定概率（fixation probabilities）ρ，分析发现一个策略能否在演化过程中胜出的关键在于策略的吸引域是否大于 $\dfrac{1}{3}$，这对应于该策略的固定概率是否大于 $\dfrac{1}{N}$，这就是第 4 章中提到的著名的"$\dfrac{1}{3}$ 定律"。

根据 Nowak（2006）的研究结论，如果知识分享策略 C 要在演化过程中取代策略 D，需 $\rho_C > \dfrac{1}{N}$，这就意味着需要满足条件：$a' + 2b' > c' + 2d'$。进一步令 $\kappa = a' + 2b' - c' - 2d'$，若 $\kappa > 0$，则对于弱选择 $\rho_C > \dfrac{1}{N}$，意味着在知识分享网络中即使存在单独的采取知识分享策略 C 的突变个体，其在演化过程中也是有优势的（advantageous）。

将支付矩阵（5.19）中的参数代入条件式，可得

$$\kappa = a' + 2b' - c' - 2d' = a\varphi_{CC} + 2b\varphi_{CD} - c\varphi_{CD} - 2d\varphi_{DD} \tag{5.20}$$

即

$$\kappa = a \cdot \frac{\mu_C^2 \tau_{CC}}{\tau_{CC}\mu_C^2 + 1} + (2b - c) \cdot \frac{\mu_C \mu_D \tau_{CD}}{\tau_{CD}\mu_C\mu_D + 1} - 2d \cdot \frac{\mu_D^2 \tau_{DD}}{\tau_{DD}\mu_D^2 + 1} \tag{5.21}$$

在非负的支付矩阵情况下，对式（5.21）的各变量求导得

$$\frac{\partial \kappa}{\partial \tau_{CC}} > 0, \frac{\partial \kappa}{\partial \tau_{DD}} < 0, \frac{\partial \kappa}{\partial \tau_{CD}} = \frac{(2b-c)\mu_C \mu_D}{(\tau_{CD}\mu_C \mu_D + 1)^2}$$

通过求导分析可以发现，κ 是 τ_{DD} 的减函数，是 τ_{CC} 的增函数。当 $b > \dfrac{c}{2}$ 时，κ 是 τ_{CD} 的增函数，当 $b < \dfrac{c}{2}$ 时，κ 是 τ_{CD} 的减函数。因此，在员工社会网络中要想最大可能地使知识分享策略 C 在演化过程中胜出，就需最大限度地促进 C-C 连接关系的持续存在，同时尽量缩短 D-D 连接关系的生命周期。对 C-D 连接关系，在支付矩阵中满足 $b > \dfrac{c}{2}$ 条件时，C-D 连接对策略 C 个体有利，可以增加 C-D 连接关系的持续时间；反之，$b < \dfrac{c}{2}$ 时，C-D 对策略 C 个体不利，缩短 C-D 连接的持续时间是对策略 C 个体的有利举措。

2. 动态连接下员工知识分享策略与知识隐匿策略演化分析

在前述模型的基础上，分析在知识分享策略个体与知识隐匿策略个体连接关系下，两类策略个体的行为演化规律。在本书中我们参考经典的囚徒困境支付矩阵元素，对知识分享博弈支付进行赋值，认为员工采用知识分享策略 C，则在连接关系中会承担成本 c，而给关系的另一方博弈参与者带来支付 b。如果员工采用知识隐匿策略 D，则不会有任何发生成本，也不会给关系的另一博弈方带来任何收益。假定 $b > c$，这样才能确保知识分享策略有可能获得大于零的净收益。基于上述假设，知识分享博弈支付矩阵为

$$\begin{array}{cc} & \begin{array}{cc} C & D \end{array} \\ \begin{array}{c} C \\ D \end{array} & \begin{pmatrix} a & b \\ c & d \end{pmatrix} \end{array} = \begin{array}{cc} & \begin{array}{cc} C & D \end{array} \\ \begin{array}{c} C \\ D \end{array} & \begin{pmatrix} b-c & -c \\ b & 0 \end{pmatrix} \end{array}$$

则原标准支付矩阵下的固定策略条件 $\kappa = a\varphi_{CC} + (2b-c)\varphi_{CD} - 2d\varphi_{DD}$ 变为 $\kappa = (b-c)\varphi_{CC} - (b+2c)\varphi_{CD}$。

根据 Imhof 和 Nowak（2006）的研究，在选择强度为 $v\left(v \in [0,1]\right)$ 下，有限种群中策略 C 的固定概率可以表示为 $\rho_C \approx \dfrac{1}{N} + \dfrac{v}{3N}(\alpha N - \beta)$，$\alpha$ 与 β 分别为 $\alpha = a + 2b - c - 2d$，$\beta = 2a + b + c - 4d$。当 $\rho_C > \dfrac{1}{N}$ 时，$\alpha N > \beta$。在动态连接下 C 策略固定的条件可以表示为

$$\frac{c}{b} > 1 + \frac{3N\varphi_{CD}}{(N-2)\varphi_{CC} - (N-1)\varphi_{CD}} \tag{5.22}$$

当 N 充分大时，$\dfrac{c}{b} > 1 + \dfrac{3\varphi_{CD}}{\varphi_{CC} - \varphi_{CD}}$，如果该条件满足，并且 C-C 连接的频率超过 C-D 连接的频率，那么在进化过程中知识分享策略 C 就会被选择。

5.3.3　动态连接下员工冷酷策略与知识隐匿策略演化分析

1. 动态连接下员工冷酷策略与知识隐匿策略选择模型

在前面分析的基础上，本小节进一步考虑在重复博弈的情况下，引入带有惩罚性质的冷酷策略（grim strategy）G，采用冷酷策略的个体与前文知识分享策略 C 不同，该个体是有条件的知识分享者。在新建关系中，冷酷策略在第一轮博弈会采用知识分享策略，第二轮博弈会根据对方的策略调整自己的策略。在第一轮中如果对方也采用知识分享策略，那么继续采用知识分享策略；如果对方采用知识隐匿策略，那么改变为知识隐匿策略直到双方的关系解除。

假设在社会网络中冷酷策略者与冷酷策略者之间的 G-G 连接关系平均维系时间为 τ_{GG}，因为完成一轮博弈的时间尺度为 τ_0，所以在 G-G 关系的整个生命周期内，冷酷策略者之间可以进行 $\dfrac{\tau_{GG}}{\tau_0}$ 轮博弈，进而收益为 $\dfrac{\tau_{GG}}{\tau_0} \times a$。在单位时间内，假定关系没有断开，单位时间内的 G-G 关系中冷酷策略者的收益可以表示为

$$\frac{\tau_{GG}}{\tau_0} \times a \times \frac{1}{\tau_{GG}} = \frac{a}{\tau_0} \tag{5.23}$$

同样考虑 D-D 关系，在单位时间内 D-D 关系中知识隐匿者的收益可以表示为

$$\frac{\tau_{DD}}{\tau_0} \times d \times \frac{1}{\tau_{DD}} = \frac{d}{\tau_0} \tag{5.24}$$

对冷酷策略者与知识隐匿者之间的 G-D 关系，当该关系建立后，我们将其维持的平均时间记为 τ_{GD}，则关系维持期间可以进行 $\dfrac{\tau_{GD}}{\tau_0}$ 轮博弈。根据假设，冷酷策略者第一轮博弈会采用知识分享策略，而知识隐匿者会始终采用知识隐匿策略，因此第一轮博弈中冷酷策略者支付为 b，知识隐匿者支付为 c。从第二轮博弈开始，冷酷策略者会改变自己的策略为知识隐匿，此时博弈与两位知识隐匿者之间博弈相同，双方获得相同的支付 d，在关系期内进行了 $\left(\dfrac{\tau_{GD}}{\tau_0} - 1\right)$ 轮"敌对"博弈。到该时间步结束，双方连接关系解除。在关系持续期间，冷酷策略者的支付为

$$\left[b+\left(\frac{\tau_{GD}}{\tau_0}-1\right)d\right]\times\frac{1}{\tau_{GD}}=\frac{d}{\tau_0}+\frac{b-d}{\tau_{GD}} \tag{5.25}$$

此时，知识隐匿者的支付为

$$\left[c+\left(\frac{\tau_{GD}}{\tau_0}-1\right)d\right]\times\frac{1}{\tau_{GD}}=\frac{d}{\tau_0}+\frac{c-d}{\tau_{GD}} \tag{5.26}$$

单位时间内冷酷策略者和知识隐匿者的收益分别为

$$\pi_G=\left(N_G-1\right)\varphi_{GG}\cdot\frac{a}{\tau_0}+N_D\varphi_{GD}\cdot\left(\frac{d}{\tau_0}+\frac{b-d}{\tau_{GD}}\right) \tag{5.27}$$

$$\pi_D=N_G\varphi_{GD}\cdot\left(\frac{d}{\tau_0}+\frac{c-d}{\tau_{GD}}\right)+\left(N_D-1\right)\varphi_{GD}\cdot\frac{d}{\tau_0} \tag{5.28}$$

对充分大的网络群体，上述收益用支付矩阵表示为

$$\begin{pmatrix}\pi_G\\\pi_D\end{pmatrix}=\frac{1}{\tau_0}\begin{pmatrix}a\varphi_{GG}&\left[d+\frac{\tau_0}{\tau_{GD}}(b-d)\varphi_{GD}\right]\\\left[d+\frac{\tau_0}{\tau_{GD}}(c-d)\varphi_{GD}\right]&d\varphi_{DD}\end{pmatrix}\begin{pmatrix}x_G\\x_D\end{pmatrix}=\frac{1}{\tau_0}\begin{pmatrix}a''&b''\\c''&d''\end{pmatrix}\begin{pmatrix}x_G\\x_D\end{pmatrix} \tag{5.29}$$

2. 动态连接下员工冷酷策略与知识隐匿策略演化研究

与前文分析一致，讨论在演化过程中两类策略与连接关系的动态情况，本书采用的原始支付矩阵为经典的囚徒困境博弈支付矩阵：

$$\begin{array}{cc}&\begin{array}{cc}C&D\end{array}\\\begin{array}{c}C\\D\end{array}&\begin{pmatrix}a&b\\c&d\end{pmatrix}\end{array}\Rightarrow\begin{array}{cc}&\begin{array}{cc}C&D\end{array}\\\begin{array}{c}C\\D\end{array}&\begin{pmatrix}b-c&-c\\b&0\end{pmatrix}\end{array}$$

为了简化分析过程，假设冷酷策略与知识隐匿策略拥有相同的新连接偏好，即 $\mu=\mu_G=\mu_D$，根据前文的有效连接计算方法，则动态连接下冷酷策略与知识隐匿策略的博弈支付矩阵可以转化为

$$\begin{array}{cc}&\begin{array}{cc}G&\qquad\qquad D\end{array}\\\begin{array}{c}G\\\\D\end{array}&\begin{pmatrix}\dfrac{\tau_{GG}\mu^2}{\tau_{GG}\mu^2+1}(b-c)&-c\cdot\dfrac{\tau_0\mu^2}{\tau_{GD}\mu^2+1}\\\dfrac{\tau_0\mu^2}{\tau_{GD}\mu^2+1}\cdot b&0\end{pmatrix}\end{array} \tag{5.30}$$

在不改变其动力学性质的情况下，将支付矩阵（5.30）乘 $\dfrac{\tau_{GD}\mu^2+1}{\tau_0\mu^2}$，可得

$$
\begin{array}{c}
\quad\quad G \quad\quad\quad D \\
\begin{array}{c} G \\ D \end{array}
\begin{pmatrix}
\hat{\omega}(b-c) & -c \\
b & 0
\end{pmatrix}
\end{array}
$$

其中，$\hat{\omega} = \dfrac{\tau_{GG}}{\tau_0} \cdot \dfrac{\tau_{GD}\mu^2+1}{\tau_{GG}\mu^2+1}$。

参数 $\hat{\omega}$ 表示有效的互动知识分享博弈轮数，基于 Nowak 的有限种群演化博弈分析理论，很明显 $\hat{\omega}$ 值越大越有利于采用冷酷策略的员工入侵采用知识隐匿策略的员工群体，通过动态连接关系冷酷策略的入侵更具效率。进一步分析员工间连接偏好与连接关系生命周期对参数 $\hat{\omega}$ 的影响。

首先分析连接关系生命周期对 $\hat{\omega}$ 的影响。对给定的 μ, τ_0, τ_{GD}，$\hat{\omega}$ 随着 τ_{GG} 的增加而增加，因此延长冷酷策略个体间连接关系的持续时间，有利于提升知识分享网络中员工知识分享策略的采用率。同时对给定的 μ, τ_0, τ_{GG}，发现 $\hat{\omega}$ 是 τ_{GD} 的增函数，这就意味着延长冷酷策略者与知识隐匿者之间连接关系的持续时间，也有利于知识分享网络中知识分享行为的发生。初看起来，这与我们的直觉相反，很像一个悖论。仔细分析，就会发现在一定的情境下这种反常现象的背后其实存在合理的理论支持。在动态连接中一旦冷酷策略者与知识隐匿者之间建立了联系，第一轮博弈结束后冷酷策略者就会遭受一定的损失（$-c$），但由于及时改变策略，在后续的博弈中就不会再承受损失，自然也没有任何的收益。如果企业的知识分享文化和制度很差，那么社会网络中知识隐匿者就会非常多，此时若冷酷策略者断开与知识隐匿者的连接关系，再次建立的新关系在很大程度上又是 *G-D* 关系，则冷酷策略者会承担新的损失，因此对冷酷策略者而言，最好维持原来的关系，至少不会承担新的损失。因此在比较恶劣的知识分享环境中维系原有 *G-D* 关系，可以防止被再次"知识剥削"。

下面分析员工间连接偏好对 $\hat{\omega}$ 的影响。当企业中员工知识分享网络关系比较稳定时，即动态连接率 μ 非常小时，有

$$
\hat{\omega} = \lim_{\mu \to 0} \frac{\tau_{GG}}{\tau_0} \cdot \frac{\tau_{GD}\mu^2+1}{\tau_{GG}\mu^2+1} \approx \frac{\tau_{GG}}{\tau_0} \tag{5.31}
$$

此时 $\hat{\omega}$ 刚好等于两个冷酷策略者在其连接关系生命周期中的平均博弈轮数。当企业中员工知识分享网络关系变化非常快时，即动态连接率 μ 比较大时，有

$$
\hat{\omega} = \lim_{\mu \to \infty} \frac{\tau_{GG}}{\tau_0} \cdot \frac{\tau_{GD}\mu^2+1}{\tau_{GG}\mu^2+1} \approx \frac{\tau_{GD}}{\tau_0} \tag{5.32}
$$

此时 $\hat{\omega}$ 刚好等于冷酷策略者与知识隐匿者在其连接关系生命周期中的平均博弈轮数。综上分析，知识分享网络中新连接关系的连接偏好直接影响网络中员工对知识分享策略与知识隐匿策略的选择概率。由于 τ_{GG} 比 τ_{GD} 更有利于促进知识分

享网络中员工的知识分享行为，因此比较稳定的员工知识分享网络关系有利于促进员工的知识分享行为。

进一步讨论动态连接网络中采用知识分享策略的个体能够在演化进程中胜出的条件。根据 Ohtsuki 和 Nowak（2006）对图 G 上有限种群的合作策略演化稳定性的研究结果，在弱选择效应下，基于经典囚徒困境的博弈支付矩阵中合作策略为演化稳定策略的条件为

$$\frac{b}{c} > \frac{3-2\omega}{\omega}$$

在 Ohtsuki 和 Nowak 的研究中 ω 表示再次博弈的概率，而本书中 $\hat{\omega}$ 表示博弈的轮数，因此 ω 与 $\hat{\omega}$ 存在如下关系：

$$\hat{\omega} = \frac{1}{1-\omega}$$

所以在弱选择效应下，社会网络上有利于知识分享的冷酷策略为演化稳定策略的条件为

$$\frac{b}{c} > \frac{\hat{\omega}+2}{\hat{\omega}-1}$$

即

$$\frac{b}{c} > \frac{\tau_{GG}\left(\tau_{GD}\mu^2+1\right)+2\tau_0\left(\tau_{GG}\mu^2+1\right)}{\tau_{GG}\left(\tau_{GD}\mu^2+1\right)-\tau_0\left(\tau_{GG}\mu^2+1\right)} \tag{5.33}$$

5.4　本章小结

综上所述，本章考虑了异质性连接机制、不同时间尺度、不同类型连接关系的生命周期长度以及员工间新连接不同倾向等，并将这些因素融合到现有的网络博弈模型中，系统分析了知识分享关系行为与知识分享策略行为演化问题。在连接关系调整快于策略演化的情况下，通过关系行为动态演化改变了博弈支付矩阵元素的大小关系，进而对演化动力系统产生了巨大的影响。在此基础上，研究内容紧紧抓住现实中复杂社会网络中员工知识分享行为呈现出的一些基本特征，特别是员工可以根据连接关系带来的收益大小对连接关系进行动态调整，反映出了复杂社会网络背后的动力机制。研究的结果显示，在连接关系持续时间足够长且比较稳定的知识分享网络关系结构下，复杂社会网络中员工更倾向于选择知识分享策略而不是知识隐匿策略，同时动态连接使得知识分享行为可以在社会网络中更大领域范围内涌现出来。本书中构建的理论模型为我们更进一步探索动态连接

关系对复杂社会网络中知识分享的促进原理提供了新的思路和方法。同时随着员工社会网络的动态化、复杂化，需要构建更能反映实际网络特征的理论模型，更加深入研究复杂社会网络上的知识分享行为动力学问题，促进员工的知识分享，提升企业的竞争力。

第6章 基于复杂社会网络的员工知识分享行为案例研究

通过前文分析,在企业中员工知识分享是知识管理成功的关键因素之一。既有研究显示,促进员工自愿性的知识分享行为是相当困难的;而对以知识为核心竞争优势来源的企业组织而言,若其员工不愿将宝贵的知识分享给他人及组织,则对于企业促进知识的吸收、创新及维持,将是极大的障碍。在企业中员工的社会关系是个体分享知识的关键渠道,而企业组织中的社会网络是企业知识分享的重要途径,因此社会网络在探讨知识分享的议题上便显得相当重要。通过社会网络理论,本书深入探讨了网络中人际互动的影响力与个人在网络中不同位置对资源的控制力,此种观点有利于厘清企业内部人际网络与知识分享如何交互运作的问题及其影响因素,进一步掌握企业内部动态的知识分享历程。

如今通信行业是一个飞速发展的行业,新技术、新业务、新模式、新业态层出不穷。然而,大多数通信企业还没有形成良好的知识管理文化,大量的有价值数据、文档资料等还分散在员工的计算机中,或者仅有小规模的文档管理系统实现了一些正式出版文件的存储。更重要的如经验、方法、策略等珍贵知识尚普遍"隐藏"在员工的大脑里。因此,如何将企业在发展过程中形成的重要知识和信息沉淀为宝贵的知识资源和知识财富,并使之充分共享和再利用,是通信企业共同面临的亟须解决的问题。对该问题,国内信息通信集团率先进行了系统化的知识管理,创建了知识分享平台,走在了行业的前端。

故本章拟在前文理论分析的基础上,以国内信息通信集团旗下某研究院为案例研究对象,运用社会网络分析为工具,通过实际案例,检验前文的理论结果,通过量化的语言来描述这些关系数据,利用特有的 UCINET 分析软件对得到的关系数据的各种参数(凝聚子群、可达性、网络密度、中心性、中介性等)进行分析,希望进一步探讨企业内部知识拥有者分享其知识的行为如何受到其所处的社会网络关系的影响;同时分析企业内部社会网络不同位置的成员在知识分享行为中的差异性，实现网络知识分享行为研究的定性与定量方法的有效结合。

6.1　研究方案设计

为了比较清晰和更加科学地分析社会网络对知识分享行为的影响，本书基于社会网络研究的特色，在综合前人研究的基础上，设计了相关的调研问题，通过一定的渠道选择了典型的案例研究对象。在取得该公司高层管理人员同意和支持后，将由研究者亲自至现场进行访谈，了解该企业组织的背景、营运状况及组织架构，并确定调查的范围。本书研究的最理想的状态是能针对组织内所有的成员进行调查，但为对方所造成不便，故将依实际状况，尽可能地在最大限度内选择一个典型知识组织进行访谈及社会网络的调查。根据本书研究的主题，调查的对象应偏向知识密集且沟通协调合作需求较大的部门。根据个案公司所能提供的调查范围，研究者将访谈高层主管、部门负责人及部门内的员工，理想状况是能访谈到所有相关的主管及团队的部分员工，将访谈情况反映到后面的问卷中；在后面的实际调研部分则视调研情况，选择几个互动紧密的典型部门，由于社会网络研究的侧重点不同于一般的实证统计调查问卷，需要对具体研究对象做全面调查，才能构建出知识分享的社会网络关系图，因而需在主管的大力支持和员工的配合下对全体研究对象员工进行相关访谈调查和问卷，但这存在一定的难度。

1. 访谈、调研项目的编排

本书的资料搜集方式为在实地访谈基础上进一步采用社会网络调查法，其特性为在某一人数范围内的团体成员中进行，且这些成员皆必须以其他成员的状况为填答的内容，而非传统仅以自评方式取得资料。因此，本书将请愿意配合的企业，从中挑选一定人数的典型部门或团队，确认调查意愿后，选定调查的范围，形成封闭式的社会网络，再对此范围内的所有成员制作专属的问卷，并制作该团体所有成员的代码表，一方面以方便填答者为每一位其他成员对其所问题项勾选适当的答案，另一方面在研究中也避免敏感人物姓名的出现，减少调查个体心理上的压力。依此方式，即使有某位成员未填答或漏填，其个人的状况仍会出现在后续的分析资料中。为避免过于敏感的问题导致降低研究对象的填答意愿，本书除了确认文句字意能被清楚了解外，也尽可能找出一些填答者会感觉内容敏感而不愿填答的题目，予以修改或删除，以提高调查资料的质量与完整性。

调研项目的编排。本书问卷项目的编排同一般收集数据的问卷相似，由四部分组成，分别是问卷名称、导语、基本信息和主体部分。问卷的导语部分共分三个项目：①首先向被调查者说明本次调查的目的、意义。②对被调查者的影响说明；对调研内容保密及不会给被调查者带来任何影响的说明，这便于获取高质量的信息资料。③调查内容，就是要告知被调查者此次调查的项目和研究的目的。基本信息主要包括被调查者自填的基本信息状况。问卷的主体部分包括两个项目：①填写说明及范例，用来说明如何填写问卷和解释问卷中各项目的特定含义，并通过范例进行展示指导被调查者如何填写问卷。②收集数据的问题。考虑到过多的问题会使人产生视觉疲劳，从而影响回答的效果，在参考 Wasserman 和 Faust（1994）、McAllister（1995）、陈静慧（2000）、沈其泰等（2004）、刘军（2004）、罗家德（2005）、殷国鹏等（2006）、钟琦和汪克夷（2008）、吴丙山等（2012b）等研究的基础上，本书将知识分享简化为两个层面，首先在专业化的分工体系下员工需要相互协作才能有效完成组织给予的工作任务，因此通过工作之间的互动，知识得到相互交流与分享。其次我们知道知识分享可能会造成知识垄断收益的下降，由于员工之间可能存在在职位竞争或工作冲突等多方面原因，因此需考虑知识分享双方互动角度，即知识分享过程中的知识寻求行为及知识奉献行为。综合本书已有的研究，具体通过如表 6.1 所示的六个问题来分别获取相关关系数据。

表 6.1　知识分享社会网络属性与调查题项内容说明

题项内容说明	参考资料
1. 在工作中，您必须与哪些同事有很多的沟通、协调、密切配合，方能顺利完成？ 2. 在工作中，遭遇困难需要寻求帮助时，您经常会向谁请教？ 3. 在工作中，哪些同事经常向您请教问题，向您寻求帮助？ 4. 在公司中，哪些同事能主动给予您新的想法、刺激和启发您新知识？ 5. 您会非常乐意将累积的经验与智慧传授给哪些同事？ 6. 您会经常与哪些同事交流有关工作的经验、技能、技巧和心得？	Wasserman 和 Faust（1994）、McAllister（1995）、陈静慧（2000）、沈其泰等（2004）、刘军（2004）、罗家德（2005）、殷国鹏等（2006）、钟琦和汪克夷（2008）等

通过刘军、边燕杰（2004）和罗家德等学者的文献，我们知道社会网络分析中用于收集关系数据的方法有很多，如提名法、提名诠释法和社会测量法等；不过这些方法都有固定的提问模式，虽然都能收集到关系数据，但不能包含六个问题的所有方面。因此，结合本书的内容，作者在研究中采用提名法与问卷法相结合。

传统的提名法是由被调查者自己说出与之有关系的人，在资料的收集过程中，可采用两种策略：回忆法（recall survey）和名册法。所谓回忆法指的是要请被调查者回忆与自己有关系的人有哪些。但是，考虑到被调查者可能遗忘一些人，因此在调查之前可以事先准备好该组织内部的所有成员，造成名册（check-list format），然后邀请被调查者根据名册指出与自己有关系的人有哪些。

同时由于本书对封闭团队进行研究，研究对象是确定的，因此为了资料信息准确同时采用了问卷法对提名法的关系数据进行验证和核实。具体操作中，主要将六个关系网表格的横行确定为所提的问题，纵列确定为成员的名单，这样名单与问题一一对应，被调查者读完问题后只需要在所选人的名字与问题对应处画勾即可。

2. 社会网络分析法与 UCINET 的选用

在近十多年来，社会网络越来越受到公众和学界的青睐，因而相应的社会网络分析软件也快速开发出来。Huisman 和 van Duijn（2005）总结指出近年来比较常用的软件有 UCINET、Pajek、NetMiner、Structure、Multinet 和 Stocnet 等通用程序。它们被广泛应用于社会网络数据分析，同时也有一些学者根据研究需要自己开发了特殊用途的软件程序，如 Frank 开发了专门识别分析亚群体的程序，Tsuji 开发了专门用于网络关系统计分析及检验的软件，以及 Yang 和 Hexmoor 开发了加权网络中的最优连接计算的软件。在这些软件中，UCINET 是较受欢迎、使用较为广泛的分析软件之一，为许多网络分析方法提供了综合的解决方案。因此在分析社会网络调研数据的部分，本书将采用 Borgatti 开发的网络分析软件 UCINET 6 来进行网络分析，UCINET 为菜单驱动的 Windows 程序，UCINET 能够处理的原始数据称为矩阵格式，其提供了大量数据管理和转化工具。该程序可将数据和处理结果输出至 NetDraw、Pajek、Mage 和 KrackPlot 等软件进行作图，生成直观图形。UNINET 包含探测凝聚子群（cliques，clans，plexes）和区域（components，cores）、中心性（centrality）分析、个人网络分析和结构洞分析在内的网络分析程序。具体来讲社会网络量表所获得的数据为某一群体内所有成员间彼此互评的关系性资料，其主要目的是调查填答者就某一事件与团队内其他成员的关系，如有往来关系者填入 1，无往来关系者填入 0，通过这些资料的搜集，便可将资料转换为行动者对行动者的矩阵（actor-by-actor matrix）。关于网络问卷数据的处理，是将问卷中每一题项单独处理，编写成连接数据矩阵，即每一种关系类型即可形成一个矩阵。例如，员工 A1 所属的团队共有十名成员，分别为 A1~A10，如果在某个问题态度或者某类关系上 A1 只与 A2、A3 有互动，则 A1 在问卷中该题填答时会将 A2 与 A3 勾选，而其他个体就不会被选中，因而其在连接矩阵中该列的数值便为 0110000000，第一个 0 是 A1 本身，接着输入 A2 的答案。以此类推，十位成员全部填完后，将形成 10×10 的连接矩阵，进而 UCINET 可以对该矩阵进行系列分析，计算出各种数值，包括中心性、网络中心势（centralization）、网络密度等，通过得到的分析结果，可以对需要讨论的问题进一步深入探讨。

6.2　案例公司介绍

6.2.1　案例公司基本情况

自我国加入世界贸易组织（World Trade Organization，WTO）以后，传统企业中国移动、中国电信、中国联通、中兴、华为等高新技术通信企业先后转制上市，新一轮组织架构的调整正逐步形成了有利于企业知识分享、创新能力提升的良好环境，从组织机构上保证了企业知识化、信息化工作的推进。与此同时，互联网平台企业如腾讯、阿里巴巴、百度、京东、滴滴等都纷纷投入大量资金进行知识平台的建设，为实施知识管理提供创造、传播、分享和利用的网络平台；同时聘请了专业的咨询公司如麦肯锡、IBM、深圳蓝凌等对知识管理实施进行系统的规划，为案例研究提供了良好的背景。

本书选择从事高新技术领域的网络信息科技开发和研究方面的某重点研究院（公司）的省级分院（分公司）为案例研究对象。根据该单位资料显示，该研究院始建于 1952 年，是国家甲级咨询勘察设计单位，具有承担各种规模信息通信工程和通信设施建筑及民用建筑工程的规划、可行性研究、评估、勘察、设计、咨询、项目总承包和工程监理任务的资质；持有建筑智能化、消防设施专项设计甲级资质。目前该公司已通过 ISO 9001 国际质量体系认证，是中国工程建设标准化协会通信委员会的组建单位，多次受聘参加中国国际工程咨询公司等对大型工程项目的可行性研究报告的评估，已经连续数年跻身住房和城乡建设部组织评选的中国勘察设计单位综合实力百强行列，为了加速西部地区的发展，在总研究院大力支持下，成立了重庆分院（分公司），便于阐述以下简称 A 公司。

A 公司立足于信息通信业，主要承担通信网规划、通信工程可行性研究、咨询业务及各类大中型通信工程勘察设计，包括长话市话交换、传输网络及移动通信、卫星通信、数据通信、无线寻呼、微波通信、多媒体通信、IP 通信、分组交换、计算机网络、通信网管、综合计费、楼宇智能化、党政专网、工、矿企业专网等专业，先后完成了多项国家、省市重点通信工程项目的可研、规划及工程勘察设计。市场服务范围主要包括重庆、贵州、海南、西藏、江苏、四川、云南等众多省（直辖市、自治区），与中国移动、中国电信、中国网通、中国联通等各大通信运营商及邮政、军队、广电、商业、石油、教育等行业结成了良好的合作关系。近年来，曾被多次评为"通信工程设计企业质量诚信先进单位"及"文明单位""先进集体"的称号，多次获得"中国通信企业协会优秀通信工程咨询成果奖"。科学的机构设置与优良的人才队伍是 A 公司为广大客户提供技术支撑的保障。目前 A 公司下设有综合部、技术部、财务部、人力资源部、生产经营部、咨询部、交换部、无线部、传输部、数据部等 10 个部门。截止到 2014 年，A 公司共有员工 160 余人，平均年龄 33 岁，其中工程技术人员占员工总数的 85%以上，95%的员工拥有本科及以上学历。

在调研中，公司高层谈到，经过多年的发展，在如今高度竞争的通信行业中，由于互联网信息技术的快速崛起，目前传统的语音话费业务已经高度饱和，很难有大的发展空间。随着新兴的移动互联网、物联网发展，数据业务正面临爆发式增长，通信网络呈融合化、扁平化发展。特别是在三网融合的过程中，电信业、互联网与媒体的相互渗透及融合已经成为大势所趋。在这种全业务竞争的态势下，通信运营商不仅需要单项设计和规划，而且更需要咨询设计单位提供更加全面的技术支持与服务，因此由设计服务向咨询服务和工程服务转变是该公司未来的发展方向。

6.2.2　案例公司的知识管理历程与知识分享措施

1. 案例公司知识管理的提出与发展历程

当前信息技术服务领域所处的行业是一个知识密集型、人才密集型行业，因此知识管理承担着提高运营效率的重要功能。从总体来看，目前研究院总公司在人员规模和业务范围上已走在国内同行的前列。资料显示总院现有职工 3 800 多人，专业技术人员占全院人员总数的 93%以上，其中全国设计大师 5 人、一级注册建筑师 16 人、一级注册结构工程师 21 人、注册监理工程师 36 人、国家注册咨询工程师（投资）95 人，共有 11 人次获国家及部级有突出贡献专家称号。全体员工的知识，特别是这些专家具有的丰富知识和经验，是公司核心竞争力的重要来源。

随着企业转型的需要及业务经营的快速发展，与之相适应的知识管理应用系统成为亟待解决的问题，同时，为了迎接市场竞争环境的挑战，进一步降低成本和风险，提高管理水平，提高效率和效益，增强在市场的竞争能力，企业管理层认识到实施知识管理及建设相应的支持生产经营管理的各类应用系统已成为企业参与竞争、快速发展的根本保证，加快发展知识管理能力成为目前的迫切需求。

从研究院总公司整体应用和规划出发，运用强大的信息技术、通信技术和管理理念，对企业各种业务系统的数据、信息、知识进行沉淀、提炼、重组集成和有效共享，加强企业的信息与知识流转，支持企业员工（如管理层、业务人员、技术人员等）有效获取和应用知识资源，支持企业的日常运作、提高工作效率、提高企业的整体反应能力，使企业在激烈的竞争中处于有利地位。在知识管理基础建设方面，研究院总公司确定了"统一规划，分步实施"的方针，将知识共享平台建设项目确定为研究院总公司知识管理战略规划中的关键一步，也是承上启下的一步。

在研究院总公司的大力支持下，A 公司经过了十多年的发展历程。为了配合总公司的发展，A 公司利用各种灵活的知识管理战术手段，无论是在业务开展的深度、广度，还是在前瞻性方面，都取得了良好的效果，形成了立体化的发展模式。深度方面，A 公司不仅指导网络建设投资，也涵盖项目管理。不仅为省级公司提供服务，也逐步渗透到地市公司。涵盖的技术层面日渐丰富，从单个的 GSM（global system for mobile communications，即全球移动通信系统）、TD 网络，到如今的"四网协同"。广度方面，不只是网络规划，也有了业务、供应链、渠道、TD、共建共享、绿色通信等专项规划。不仅是西部市场，而且在中国香港、巴基斯坦等地都提供了相应的规划咨询服务。前瞻性研究方面，A 公司通过多年围绕移动集团的贴身服务，了解掌握了大量的指导思想、网络规划建设思路、规划方法论等方面的研究也对指导支撑公司内各项规划、设计任务起到了很好的辅助作用。在这些已有积累起来的大量知识信息、文档资料，以及丰富的工作经验、设计技巧等宝贵的显性、隐性知识基础上，如何进一步挖掘公司员工的知识财富并有效利用，实现经验的积累和传承？如何让新员工快速上岗并掌握必需的专业知识和技能？如何与其他分公司员工分享知识与协同，达到发挥并保持自己的知识领先地位的目标，提高企业的市场竞争力，都是公司发展中面临的新问题。

自 2005 年以来该公司进入信息化与知识管理基础建设的高速发展时期。从公司总部到下属各个分公司，多种形式的应用系统逐年增加，开发速度呈上升趋势。经初步统计，该公司曾经使用的相关信息管理系统达二十余种。然而，这些已经使用的信息系统由于缺乏统一规划，系统之间并没有成功实现数据的集成，更无法实现员工知识的分享和有效利用。宝贵的知识分散在各系统之中，不利于对知识的综合管理和利用。另外，公司当前主要关注对内部文档等显性知识的管理，缺少对专家和员工的经验、技能等隐性知识的管理，也不利于知识的沉淀和传承。基于此，公司决定进行知识管理，构建支撑公司发展的知识管理战略与支撑平台。先后通过与 IBM、AMT 及深圳蓝凌咨询公司的合作，建立了公司知识管理体系、知识分类体系、知识地图等规范标准，明确了知识管理系统的功能需求，最终建立了院所企业级知识管理体系和系统平台。通过三年多的有序建设，初步建设成了具备三级管理团队，具有较完善的管理体系的知识管理模式，为以"做国内最佳、创国际一流"为目标的知识密集型企业的知识储备和沉淀打下了扎实的基础，为提高设计咨询业务效率提供了保障。

2. 案例公司的知识管理及知识分享举措

制定规划，梳理思路。在总体战略指导下，兼顾单位知识管理现状、规划知识管理未来，制定出近几年知识管理总体思路。同时在主管领导"方便输入、方便输出、方便管理"的指示下，制定出了"全员参与、专业导向、有序积累、方便共享"的知识管理16字方针，并编制出了完善的知识管理办法。在访谈中，整个过程中管理的难点在于"破旧立新"，因为较长时间内形成的管理模式不可能因一个岗位的设立而马上改变，"破旧"和"立新"都具有挑战性。该公司将院所级管理员积累知识模式调整为"全院参与、管理员审批"模式，将行政导向的知识架构调整为通信技术"专业导向"的知识架构，部门内共享模式调整为所有系统文档的"基本属性全面共享"模式，只保存PDF文档的档案基础上增加了"可编辑文档的审批使用"机制，结合设计单位涉密文档多的情况，创新了"4+2"密级分类，最大限度地将企业知识资产保存到企业知识库。

建设平台促共享，多方宣传酿氛围。在知识分享方面，以促进员工互动为切入点。一方面通过提供实时沟通工具，如专业论坛、讨论室、视频会议、资料互提、项目主页、专业室主页、协同设计环境等；另一方面同时根据地域和业务范围建立多个虚拟团队，采取多种措施加强公司内各团队的沟通学习，增加团队凝聚力，帮助团队成员进行更加高效的协作交流，进而使企业的设计和管理人员能在工作的各个环节随时得到帮助，最大限度地提高工作效率和服务质量。

重视知识发现，汇集隐性知识。公司委托专业知识管理咨询单位通过对全公司各级管理人员及所有重要职能部门多次调研访谈，分析出企业的知识管理现状和需求。选取了包含技术部、电子商务运营事业部、监理公司、重点分公司等对知识管理有迫切需求的业务部门的部门负责人及知识管理专员进行多次沟通，对知识分类体系、权限进行梳理，识别相应的知识点。通过讨论梳理及反复的调整，促使员工把口头上的积累工作经验和工作技巧落实到具体的行动中。试点开展的隐性知识发掘，帮助员工理解了分享知识的价值和协同工作机制。后期对其他部门进行进一步的梳理及优化。例如，对工程图纸、文档、ISO表单、规程规范、信息专题库、有效软件、体系文件、法律法规、自定义标准库、电子规范、动态信息库等知识的收集，增加了企业的知识储备，将个人知识和信息提升为组织的知识，减少员工休假、离职而造成的损失。这不但极大地提高了公司显性知识的收集和共享水平，而且通过建立知识索引将大量无序知识有序化，为员工提供了知识分享的环境，提高了员工的工作效率和创新能力，并改善服务质量。

6.3 数据的获取与基本分析指标选取

6.3.1 案例数据获取

建构一个可供分析的社会网络需要80%以上的回复率（Levin et al.，2003），本书采用方便样本，寻求愿意合作的企业。样本的选择以具有共同目标和需要解决的问题的工作团队为主，规模至少需要 3 人。本书的程序为在问卷调查之前，先和该单位成员沟通，了解基本性质及成员配合意愿。由于此问卷的参与人数较多及会被询问到较为隐私的社会关系题项，进一步增加了访谈和调查的难度。考虑到以上问题，为了使所有成员都愿意接受调查，让填答者安心填写调查问卷，以保证收集调查数据的真实性，笔者首先进行访谈沟通，在此基础上采用一对一发放问卷的形式，所有问卷附上填写指导及范例并以密封信封袋包装，填写完成可立刻密封，调查者也被告知所有数据都会保密，且姓名将经过编码，最后仅将汇总数据提供给企业供其建议参考之用。

我们团队自 2012 年 6 月开始进行数据的搜集，由于社会网络问卷必须采用记名的方式，需要受访公司极高的配合意愿，故不适合采用邮寄或者 E-mail 方式搜集，必须由笔者通过私人关系询问受访公司的意愿，除了需说明调查目的之外，还必须说服对方接受此种调查的方式，除了选定一定范围的人员接受问卷调查，还必须安排所有受访人员皆能集合在同样的时间及地点，以方便统一说明，并当场发放、填写及回收，这使得资料的搜集面临许多的困难，研究的对象公司至少要拜访三次。首先需征求高管人员的同意及支持，其次需了解案例公司的环境及征求配合协助，并获取员工名单，以便制作代码表及专属的问卷，最后是反复前往案例公司进行社会网络问卷的调查。为了弥补调查对象在问卷中填写的偏颇，笔者尽力抽出时间与这些员工进行交往和交流，并在该过程中留心观察和记录他们之间的关系网络，以便对问卷进行核实。经过努力，笔者终于获取了比较完整的一手数据资料。

1. 员工节点数据的获取

本次研究选取的社会网络来自于 A 公司的五个主要技术服务部门，它们是技术部、生产经营部、咨询部、无线部、数据部，通过公司人力资源部获取了这五个部门员工共计 64 人的详细资料，根据初步调研这五个部门是该公司的核心部门，在设计及咨询业务中互动比较多，因此选择这五个部门作为调研访谈的对象。

2. 关系数据的获取

在获取名单花名册的基础上，设计相关的调研提纲及调查问卷，然后联系该企业高管及部门主管，沟通以后，采用一对一专人问卷发放的形式，请调查对象就问题进行回答。在取得调查问卷结果的过程中，笔者遵循了以下原则：

（1）保密原则。在正式开展问卷调查前，笔者会对受访者做出相关的保密声明，这是学术伦理，并且每次只让一人做问卷，同时当该被访者完成每一道问题时，笔者都会向其做出简明的解释，尽可能地帮助对方准确把握问卷所传达的信息，并且在本书中出现的人名均用数字代替。

（2）学术原则。强调该调查用于学术研究，说明研究者的来处，保证是一个学术研究，绝非受任何调查公司或是单位委托。

6.3.2　案例分析指标选取

1. 知识分享中权力量化分析——中心性指标

从整体的角度出发进行研究，侧重于整体特性，使用的指标如下。

（1）整体网络密度：社会网络成员间彼此互动的联系程度。密度是衡量一个群体结构形态指标中的重要变量，因为一个网络可以有紧密关系，也可以有疏远关系。一般来说关系紧密，即密度大的群体中知识分享关系密切，知识分享较为容易。

（2）整体网络度数中心性：该指标是计算网络中各成员的个人中心性与拥有最高中心性之间的差异，以代表整个社会网络中心性程度。差异越大，说明知识群体的度数中心性越高，表示该群体在知识分享中的权利过分集中，存在超级节点的可能性；这意味着知识网络内部的知识分享与交流依赖于少数节点，若这些关键节点离开群体，则会导致网络的断裂，群体内部无法进行正常的知识分享和交流。同样，若度数中心性过低，则表示该网络中节点关系过度松散，也不利于员工间知识的交流与分享。

（3）接近中心性：接近中心性是以距离为概念来计算一个点的中心程度，一个点越是与其他点接近，该点在知识分享过程中传递知识方面就越容易。

（4）中间中心性：整体网络的中间中心性主要测量一个点在多大程度上位于图中其他点的"中间"，该概念由 Freeman（1979）最早提出，他认为如果一个个体处于多对行为人之间，那么他的度数一般较低，起着重要的"中介"作用，反映出该点在多大程度上可以控制他人之间的知识交流与分享。若该指标的值越高，则说明当前网络中知识被少数人垄断的可能性越高。

2. 知识分享中知识群体凝聚性量化分析——凝聚子群指标

凝聚子群是一种含义广泛的子群概念，其研究目的是揭示群体内部的子结构。在社会网络文献中，存在多种对凝聚子群进行量化处理的方法。总的来说，我们可以从四个方面考察凝聚子群：①知识分享关系的互惠性，②知识分享网络中子群成员之间的接近性或者可达性，③知识分享网络中子群内部成员之间关系的频次（点的度数），④知识分享网络中子群内部成员之间的关系密度相对于内、外部成员之间的关系的密度。

3. 关系之间的关联性分析

关联性与凝聚性不同，关联性问题与社会学中的一些经典问题联系在一起。从社会网络角度来看，无论是机械团结，还是有机团结，都体现出行动者之间的关联性质（刘军，2009）。目前对关联性测度的指标主要如下。

（1）网络的关联度（connectedness），对知识分享中的有向图来讲，如果其中的任何点之间都可以建立知识分享联系，那么称这样的网络为关联网络，有的学者也将其称为成分。对一个网络来讲，通过计算可达矩阵来衡量网络的关联程度。

（2）网络的层级度（hierarchy），其表达了知识分享网络中员工相互之间在多大程度上非对称可达，一般来讲其值越大，表明网络越具有层级结构。

（3）网络的效率（efficiency），其指在已知网络中所包含的成分数确定的情况下，网络中存在的冗余连接关系数量。

（4）网络的最近上限（least upper boundedness，LUB），其衡量了当网络转化为树形图时存在多少个"根"（root）。对任何一对知识分享员工来说，LUB 就是能够到达二者的最接近的行动者。在正式组织中可以表示两个员工之间共同的领导，如果两个员工之间没有共同的领导，那么 LUB 值为零。在知识分享网络中，如果一对分享者之间存在一个 LUB，那么这个 LUB 就有解决这两者之间冲突的潜力，因此 LUB 的存在有利于网络中差异与知识冲突的解决。

4. 知识分享网络中小世界测量

在有关关联性的研究基础上，学者发现了社会网络中的小世界现象。因为小世界网络也是一个关联网络。在 Watts 等的研究中，最初关注了世界上任何两个人能够相互认识的概率是多少？进一步来看，就是人们通过第 1 步、第 2 步、第 3 步到第 n 步建立起联系的概率有多大？在实践中，如果人们之间能够建立起社会联系，那么他们拥有知识也就有相互传递的通道。现有研究指出可以利用如下两个统计量来刻画其性质（刘军，2009）。

（1）特征路径长度（the characteristic path length），其指连接任何两个点之间最短途径的平均长度，测量了网络整体性质。

（2）聚类系数（clustering coefficient），其测量了局部网络结构的情况。

6.4　基于复杂社会网络的员工知识
工作关系网络分析

6.4.1　工作关系网络概况

我们通过问卷得到工作关系连接矩阵，运用 UCINET 绘出了该企业五个核心部门的工作关系网络图（图 6.1）。在此图基础上，通过 "Reachability" 进行连接矩阵分析，发现所有节点都是可达的，该工作关系网络结构比较紧密，没有孤立点和孤立的局部网络，同时通过图可以直观看到网络中工作关系呈现团队的现象，这说明该部门员工工作之间的互动比较频繁，从工作协同角度来讲有利于员工间知识分享。

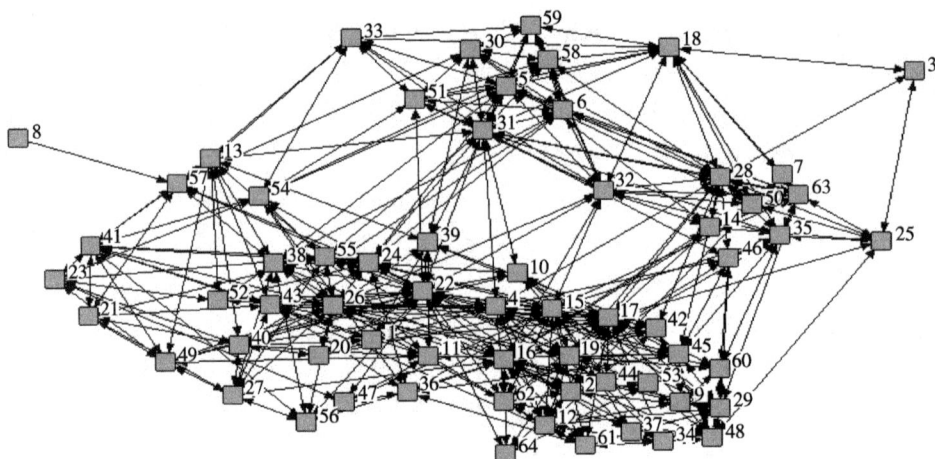

图 6.1　A 公司员工工作关系网络图

6.4.2　工作关系网络特征分析

通过图形的密度分析工具，在"Network"中选择"Density"，计算得工作关系网络的密度 Density（matrix average）= 0.125 1，Standard deviation = 0.352 2，这证明工作网络的密度比较大，网络成员的连接比较紧密，同时每个节点程度的变异量适中，说明网络中群体的中心性不是特别突出，是适度中心性，没有绝对的超级节点出现，这有利于工作网络中合作行为的出现。

通过对网络图中的四类重要关联性指数"Krackhardt GTD Measures"分析来看，Connectedness=1.000 0，说明该工作网络是全互通的，图中没有孤立节点；图的等级性指标 Hierarchy=0.057 1，说明该工作网络不是僵硬的层级结构，所有的员工相互之间可以对称到达；图的效率指标 Efficiency=0.775 7，说明图中存在一定的冗余连接，但冗余的工作连接不多，网络的效率较高。该工作网络的"最近上限"指数 LUB=0.999 6，也就是说网络中"共同的可达性"点对数很少，可以保证组织内部差异或者冲突得到较好的解决。

在社会网络分析过程中，中心性指数是一个重要部分，由于中心性是权力量化的基础，网络分析者是从"关系"的角度出发定量地界定权力的，并且给出多种关于社会权力的具体的形式化定义，即各种中心性和中心性指数，通常通过计算度数中心性（degree centrality）、接近中心性（closeness centrality）、中间中心性（betweenness centrality）和特征向量中心性（eigenvector centrality）指数来反映。通过对该工作关系网络的中心性分析，发现组织中员工之间存在着关系，包括控制关系、影响关系、依赖关系等，通过分析得到各个节点的中心性指数如表 6.2 所示。

表 6.2 A 公司员工工作网络节点多中心性指数分析

节点	1 度数中心性	2 接近中心性	3 中间中心性	4 特征向量中心性
1	6.349	42.568	0.133	6.007
2	15.873	49.219	2.043	16.737
3	4.762	37.059	0.022	4.195
4	25.397	56.250	3.671	27.057
5	22.222	49.219	2.125	19.680
6	17.460	48.462	1.305	16.446
7	4.762	38.889	0.161	3.969
8	1.587	32.308	0.000	0.844
9	7.937	42.000	0.104	8.491
10	12.698	49.219	1.328	11.970
11	14.286	47.368	1.009	11.279
12	20.635	50.806	0.932	24.023
13	17.460	47.015	1.308	13.241
14	12.698	47.727	0.633	13.677
15	28.571	54.783	4.396	28.709
16	39.683	61.165	10.710	35.227
17	34.921	57.798	7.126	34.211
18	20.635	45.652	1.895	16.264
19	28.571	55.752	3.963	29.147
20	7.937	45.652	0.039	10.804
21	11.111	40.645	0.260	7.524
22	38.095	61.165	11.099	34.446
23	11.111	40.645	0.442	7.079
24	25.397	55.752	4.073	24.550
25	12.698	42.857	0.755	10.913
26	34.921	59.434	5.883	33.973
27	14.286	46.667	0.607	13.126
28	30.159	54.783	5.856	26.756
29	25.397	50.806	2.529	23.284
30	14.286	44.681	1.213	11.635
31	30.159	56.250	5.496	27.187
32	26.984	55.263	4.133	27.401
33	14.286	45.000	0.993	12.017
34	12.698	45.000	0.205	14.682
35	17.460	48.092	1.167	17.489

续表

节点	1	2	3	4
	度数中心性	接近中心性	中间中心性	特征向量中心性
36	12.698	48.837	0.822	12.068
37	6.349	43.151	0.012	8.889
38	20.635	52.500	2.180	20.911
39	14.286	49.219	1.423	13.954
40	17.460	47.727	1.618	14.708
41	20.635	47.368	1.980	14.349
42	12.698	47.368	0.545	14.923
43	17.460	49.606	2.225	14.247
44	7.937	45.985	0.058	10.846
45	15.873	48.837	1.301	15.837
46	12.698	47.015	0.278	13.810
47	6.349	42.568	0.280	6.402
48	12.698	45.324	0.370	14.278
49	14.286	44.681	0.903	11.433
50	11.111	46.324	0.384	11.662
51	15.873	47.727	0.607	15.016
52	11.111	45.324	0.392	12.543
53	7.937	42.857	0.136	7.988
54	15.873	48.092	1.951	13.559
55	17.460	52.500	1.876	18.016
56	11.111	47.368	0.291	12.703
57	14.286	47.368	4.078	10.852
58	15.873	45.324	0.398	14.408
59	12.698	42.000	0.085	11.282
60	11.111	45.324	0.469	10.784
61	14.286	48.092	0.430	16.608
62	15.873	49.219	0.249	21.609
63	19.048	48.837	1.905	18.029
64	7.937	45.652	0.086	9.610

一般来说，如果一个行动者与很多他者有直接的关联，那么该行动者就居于中心地位，从而拥有较大的权力。居于中心地位的行动者往往与他者有多种关联，居于边缘地位的行动者则并非如此。从表6.2中工作网络的度数中心性来看，员工节点16、17、19、22、26的度数中心性指数相对较高，其中节点16的指数值达到39.683，17的指数值达到34.921，说明他们是工作关系网络中小区域连接的中心，同时他们的接近中心性指数也比较高，说明是与重要的他者有关联的关键人物。从接近中心性和中间中心性来看，员工16、17、19、22、26等有相当强的控

制工作网络中其他员工之间交往的能力，同时非领导职位的 15、28 等员工也在显现出资源控制能力，这是自身能力的体现，成为员工的副中心，为员工工作提供支持。结合前面两个中心性指数来看中间中心性指数，特别是员工节点 22 的度数中心性指数较高而中间中心性指数比较高，说明其"自我"的少数关系对网络流动来说至关重要。通过实地走访，发现其是一位资深员工，有丰富的工作经验，工作能力较高。从特征向量中心性来看，所有点之间的差异不是很大，说明该部门体系偏向于网络组织形式，而不是传统的科层结构，没有绝对的核心出现，大家是在比较融洽的气氛中工作，这与前面分析的 LUB=0.999 6 相互印证，其原因是 A 公司近几年逐渐采取知识管理试点的推进。因此可以看出知识管理的实施可以对一个组织的结构产生影响。

6.4.3 工作关系网络凝聚子群与派系分析

通过对 UCINET 中凝聚子群的分析，发现工作网络中存在 9 个规模为 6 的小群体，这也进一步印证了网络中工作关系之间相互配合比较频繁，对后面分析的知识分享中知识分享寻求与奉献关系等产生了一定的影响。

工作关系网络中派系分析如图 6.2 所示。

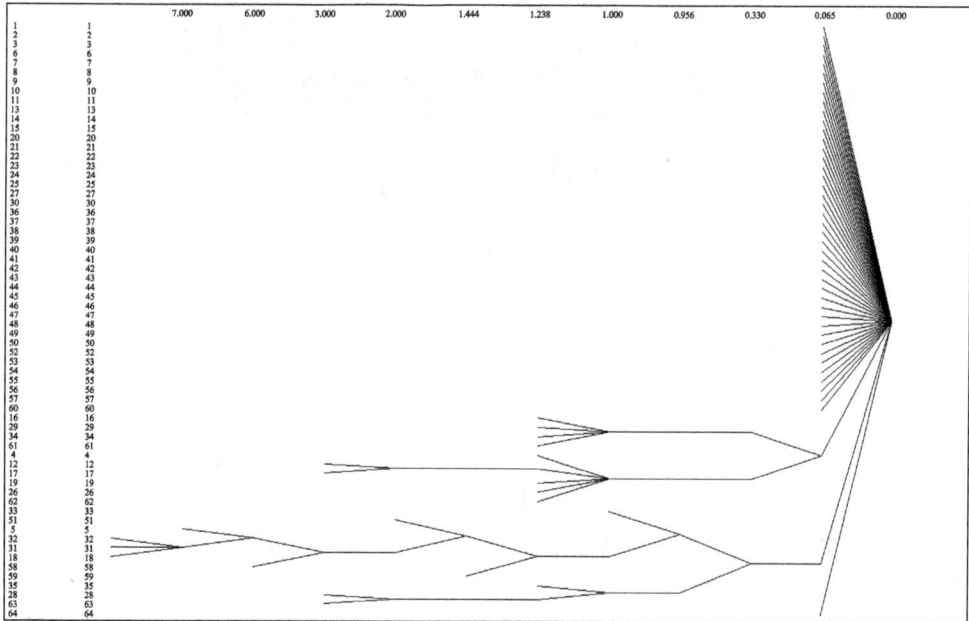

图 6.2 工作关系网络中派系分析图

6.5　知识分享中知识寻求关系的网络结构特征分析

6.5.1　知识寻求关系网络概况与互惠关系分析

　　根据对 64 位员工的调查结果，在 UCINET 6 中输入数据，将调查的员工在遇到工作困难时寻求知识帮助的关系状况转换得出 64×64 的邻接矩阵。利用 UCINET 6 绘出员工知识寻求关系网络图（图 6.3）。该图由点和线构成，点表示各员工，线表示员工之间寻求的知识关系。通过"Reachability"进行连接矩阵分析，发现所有节点都是可达的，该网络结构比较紧密，没有孤立点和孤立的局部网络，说明该部门员工在知识分享的知识寻求帮助之间的互动比较频繁。

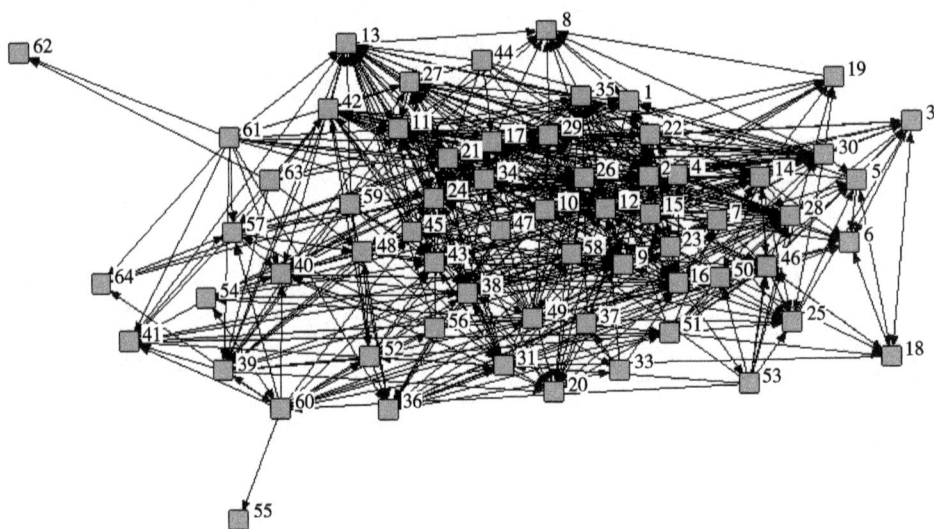

图 6.3　员工知识分享中知识寻求关系网络图

　　在上述基础上进一步运用 "Reciprocal ties"分析，当员工感觉到知识缺乏时，在寻求帮助中员工之间相互以对方为求助对象的关系网络图如图 6.4 所示，其中粗的 "关系"表示互惠关系，而细小的 "关系"表示非互惠关系。通过可视图不难看出，这是以 1、2、3、4、5、17、18、19 等员工的知识寻求互惠关系为网络核心，而其他如 25、53、55、62 等非互惠关系为外围的知识分享社会网络。这充分说明了互惠关系在网络中的重要作用。

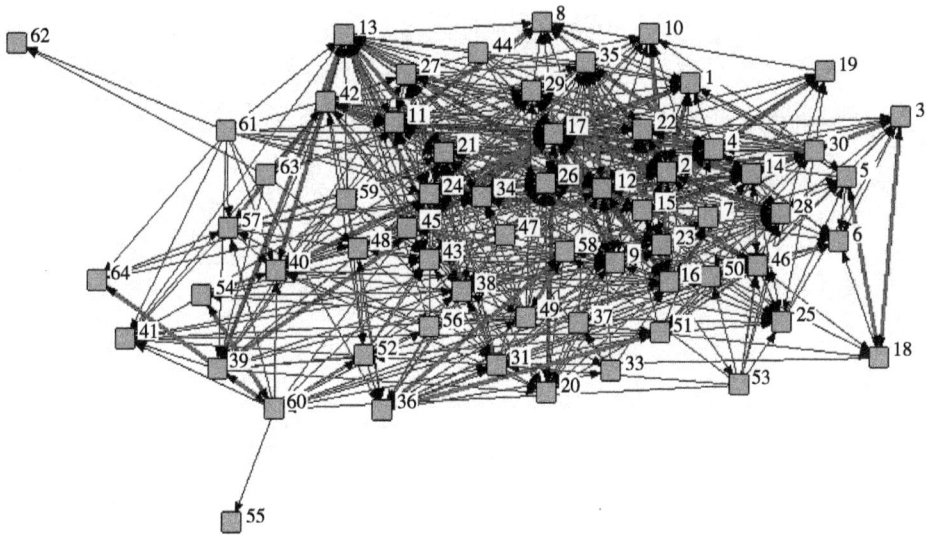

图 6.4　员工知识寻求的互惠关系网络图

6.5.2　知识寻求关系网络特征及中心性分析

通过图形的密度分析工具,计算得到知识寻求关系网络的密度 Density（matrix average）= 0.150 3, Standard deviation = 0.427 3, 这说明知识寻求关系网络的密度适中, 相对工作网络的密度来讲, 该网络连接还要更多一些, 咨询网络成员的连接比较紧密, 同时每个节点程度的变异量比前面正式的工作网络相对大, 说明在非正式的知识寻求关系网络中群体的中心性逐渐凸显, 如节点 4、16、17、22、26 等, 但仍然没有绝对的超级节点出现, 这有利于知识寻求关系网络中知识的分享与转移。

通过网络图的四类重要关联性指数 "Krackhardt GTD Measures" 分析, Connectedness=1.000 0, 说明该公司中知识寻求关系网络是全互通的, 图中没有孤立节点, 所有员工在遇到工作中的知识瓶颈问题时都会主动向其他员工求助; 图的等级性指标 Hierarchy=0.057 1, 说明该网络层级结构不明显, 绝大部分员工在相互寻求帮助之间可以对称到达; 图的效率指标 Efficiency=0.742 8, 说明图中存在一定量的冗余关系连接, 以维持网络的稳定, 知识寻求关系网络的效率较高; 该网络的 "最近上限" 指数仍然为 LUB=0.999 6, 也就是说网络中点都是 "共同的可达性" 点对, 可以保证企业在处理问题时, 内部差异或者冲突得到较好的解决。

同理通过对知识寻求关系网络的多中心性指数进行分析, 来反映知识求助过程中发生的依赖控制关系及影响, 通过 "multiple measures" 分析得到各员工在寻求知识帮助时各节点的中心性分析如表 6.3 所示, 可以看出员工节点 16 和 17

的度数中心性指数最大，是大家寻求帮助的核心，其次是 4、12、13、26、30、49 等，而在前工作网络中的副中心 26 在寻求知识帮助关系网络中地位降低，这种现象在接近中心性和中间中心性也有所体现，从特征向量中心性来看，其中心性指数最大值点是 17，反映了该节点是网络的特征核心。从总体来看，度数中心性的平均值为 25.595，其标准差为 12.329，变化幅度不是很大；接近中心性的均值为 55.407，其标准差为 6.026，变化幅度更小；中间中心性与特征向量中心性也是类似情况。

表 6.3　知识寻求关系网络中各节点多中心性分析

节点	1	2	3	4
	度数中心性	接近中心性	中间中心性	特征向量中心性
1	20.635	54.310	0.597	13.507
2	34.921	59.434	1.492	22.548
3	19.048	50.400	0.352	11.812
4	47.619	63.636	2.534	31.894
5	14.286	51.639	0.411	7.070
6	15.873	50.400	0.419	8.505
7	11.111	50.400	0.147	6.863
8	17.460	52.066	0.297	12.450
9	30.159	57.273	0.828	21.502
10	20.635	54.310	0.284	15.285
11	33.333	59.434	1.211	22.446
12	41.270	61.765	1.918	27.513
13	44.444	63.636	2.851	28.714
14	28.571	56.757	0.699	19.013
15	19.048	54.310	0.215	13.670
16	55.556	68.478	7.025	31.327
17	52.381	67.021	4.456	32.211
18	14.286	48.462	0.333	5.862
19	14.286	50.400	0.164	10.833
20	23.810	55.263	0.374	17.499
21	30.159	58.333	0.672	21.490
22	33.333	58.333	1.295	22.531
23	15.873	52.941	0.475	9.174
24	31.746	58.879	1.042	21.773
25	23.810	54.310	0.891	13.272
26	47.619	64.948	3.295	29.891

续表

节点	1	2	3	4
	度数中心性	接近中心性	中间中心性	特征向量中心性
27	31.746	58.879	1.219	20.578
28	41.270	61.765	2.422	26.560
29	30.159	57.798	1.452	19.885
30	44.444	63.000	2.769	27.972
31	36.508	60.577	2.853	20.059
32	26.984	56.250	1.003	14.571
33	9.524	50.000	0.124	6.435
34	33.333	59.434	2.615	20.675
35	47.619	64.948	4.757	27.817
36	26.984	56.250	2.295	12.186
37	9.524	50.000	0.215	5.569
38	39.683	61.765	2.055	25.948
39	26.984	57.273	1.484	15.177
40	25.397	56.757	1.013	16.381
41	19.048	53.390	0.623	10.147
42	41.270	62.376	2.651	25.574
43	34.921	60.000	1.435	23.276
44	14.286	48.837	0.087	10.465
45	23.810	55.752	0.491	17.471
46	22.222	53.846	0.877	11.089
47	15.873	51.220	0.164	11.372
48	15.873	53.846	0.539	9.388
49	42.857	63.000	4.228	23.284
50	15.873	52.066	0.150	9.280
51	23.810	54.310	1.173	11.571
52	19.048	52.500	0.369	10.606
53	15.873	51.639	0.547	8.020
54	15.873	52.941	0.220	10.486
55	1.587	36.207	0.000	0.604
56	15.873	52.941	0.256	9.812
57	19.048	53.390	0.837	9.825
58	19.048	53.390	0.476	11.187
59	19.048	52.941	0.669	11.314
60	26.984	56.250	5.012	12.079

续表

节点	1	2	3	4
	度数中心性	接近中心性	中间中心性	特征向量中心性
61	23.810	54.310	3.159	13.301
62	3.175	37.059	0.032	0.913
63	9.524	47.015	0.883	4.942
64	7.937	45.000	0.127	3.363

6.5.3　知识寻求关系的凝聚子群分析

通过"Network"中的"Cliques"分析该网络中凝聚子群重要指标"派系"的情况，了解网络中知识分享过程中遇到知识瓶颈时相互帮助的关系，计算得到该网络中派系情况如图 6.5 所示。当该网络选择规模为 6 的派系时有 187 个子群，选择规模为 7 的派系时有 26 个子群，所以比较合适的规模为 7，并且在这 26 个派系成员之间有重叠，也就是有大量的"桥"节点（表 6.4），通过中间的"桥"节点网络中形成了相互联系的核心知识团队，在该公司中，树状图的最低树枝节点 4、16、17 等员工是不同知识小群体中的代理角色，对企业来讲，如果对部门中这些非正式知识团体进行有针对性的引导和管理，那么就有利于员工之间知识交流，进而提高企业的知识管理绩效。

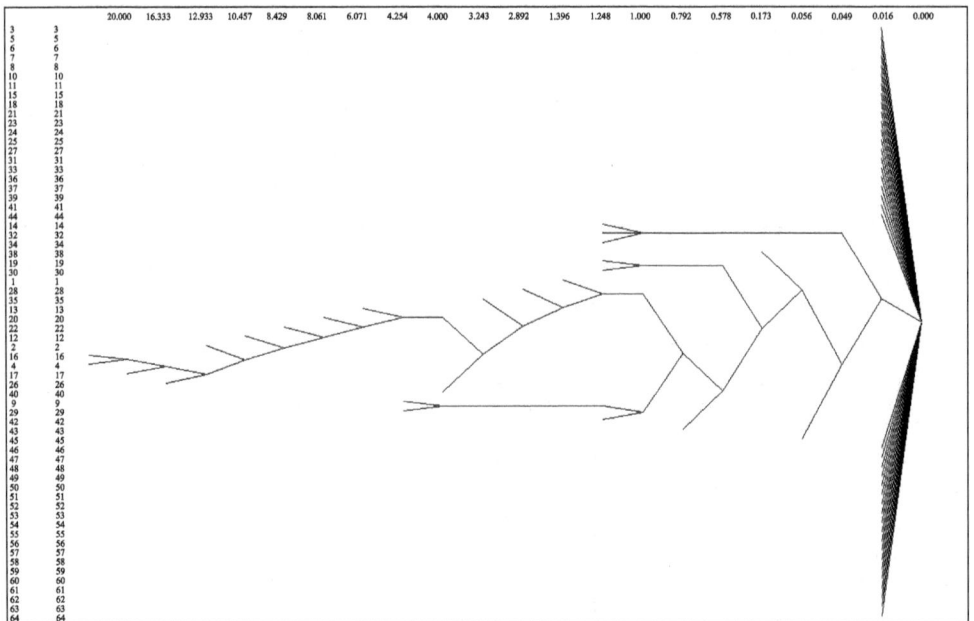

图 6.5　知识寻求帮助关系的凝聚子群分析图

表 6.4　知识寻求帮助关系的凝聚子群中成员表

序列	子群成员						
1	2	4	16	17	20	22	26
2	2	4	12	16	17	22	26
3	2	4	16	17	22	26	30
4	2	4	12	16	17	26	28
5	2	4	16	17	20	26	40
6	1	2	4	16	17	20	40
7	2	4	12	16	17	19	22
8	2	4	16	17	19	22	30
9	4	13	16	17	20	26	40
10	4	13	16	17	20	26	45
11	4	12	13	16	17	26	28
12	4	9	12	16	17	22	29
13	4	9	16	17	22	29	30
14	4	9	12	16	17	28	29
15	12	14	16	17	28	32	34
16	2	4	16	20	22	26	35
17	2	4	16	20	26	35	40
18	1	2	4	16	20	35	40
19	2	4	16	22	26	35	
20	4	13	16	20	26	35	40
21	4	12	13	16	26	28	38
22	2	4	12	17	22	26	42
23	4	12	13	17	26	42	43
24	2	4	17	20	22	26	42
25	4	9	12	17	22	29	42
26	4	12	13	17	26	28	43

6.5.4　知识寻求关系中的小世界分析

1. 知识寻求关系中的聚类系数计算

将关系数据导入 UCINET，通过 "Clustering Coefficient" 指令计算聚类系数，得到全局聚类系数（overall graph clustering coefficient）为 0.238，可以看出根据局部密度计算出来的聚类系数值为 0.238，该值高于随机状态下 64 个节点的聚类系数值，说明了企业中员工知识寻求关系网中存在高聚类系数。

2. 特征路径长度的计算

通过将关系数据导入 UCINET，运用 "Distance" 可得员工知识寻求关系中的路径长度信息如图 6.6 所示。

```
For each pair of nodes, the algorithm finds the # of edges in the shortest path
between them.
Average distance (among reachable pairs)    = 2.322
Distance-based cohesion ("Compactness")     = 0.428
   (range 0 to 1; larger values indicate greater cohesiveness)
Distance-weighted fragmentation ("Breadth") = 0.572


Frequencies of Geodesic Distances

        Frequenc Proporti
        -------- --------
    1    569.000   0.169
    2   1532.000   0.455
    3    930.000   0.276
    4    292.000   0.087
    5     47.000   0.014
```

图 6.6　对员工间知识寻求关系的距离计算结果

从图 6.6 中的计算结果可以看出，在企业员工间知识分享行为的知识寻求关系矩阵中，平均距离为 2.322，最小距离是 1，最大距离为 5，符合著名的六度分隔理论。绝大部分节点的距离在 3 步以内，其中距离是 1 的关系占总关系数的 16.9%，距离是 2 的情况占 45.5%，距离是 3 的情况占 27.6%。距离大于 3 的节点占比为 10.1%。这意味着在知识寻求的两者关系中绝大部分仅有一个中间人，可见该网络中员工间平均经过一个中间人就可以建立联系了。

6.6　知识分享中知识奉献关系的网络结构特征分析

6.6.1　知识奉献关系网络概况与互惠关系分析

本书将调研中获得的员工愿意知识分享的对象输入 UCINET，通过绘图软件 Netdraw 得到知识分享中知识奉献关系网络图，如图 6.7 所示。通过图可以直观观察出整个网络中的连接与前文分析其他网络连接相似，同时通过 "Reachability" 分析，任何节点都有可达的路径，分析结果显示该网络是互通网络，网络中没有孤立节点。进一步通过分析网络密度分析 "Cohesion" 中的 "Density"，得到 Density（matrix average）= 0.143 6，Standard deviation = 0.350 7，从网络密度标准差来看，该网络变动幅度不大，反映在知识分享中知识奉献关系网络图结构相对均匀，没有超级节点。

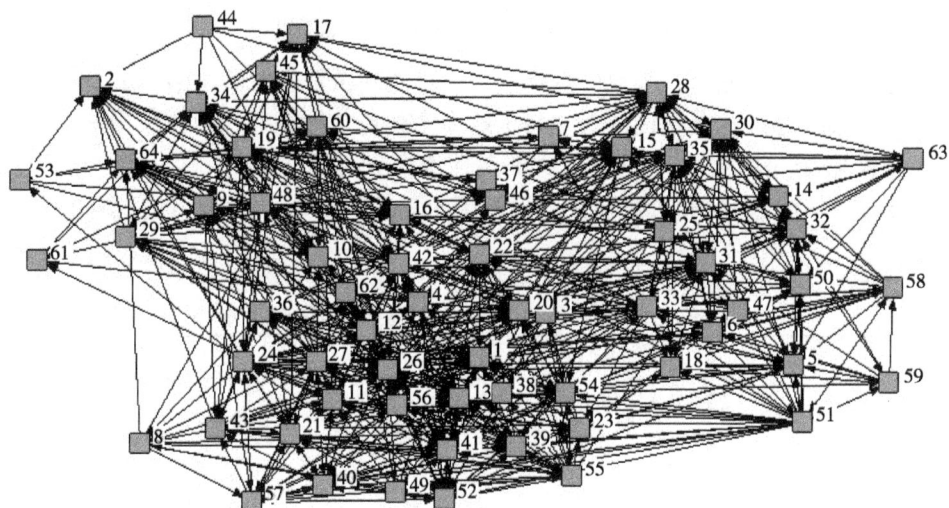

图 6.7 员工知识分享中知识奉献关系网络图

在企业员工知识分享发出关系中，运用 "Reciprocal ties" 分析，可以得出知识奉献关系中的互惠关系网络图（图 6.8），与知识寻求帮助的知识接收关系类似，网络中呈现出以互惠关系为核心，非互惠关系为外围的结构特征。其中 4、11、12、13、16、20、22、26、28、35、41 等员工节点为互惠核心节点，以 2、8、44、51 等为外围节点。值得注意的是员工核定节点 17 与其他节点之间形成互惠关系对。

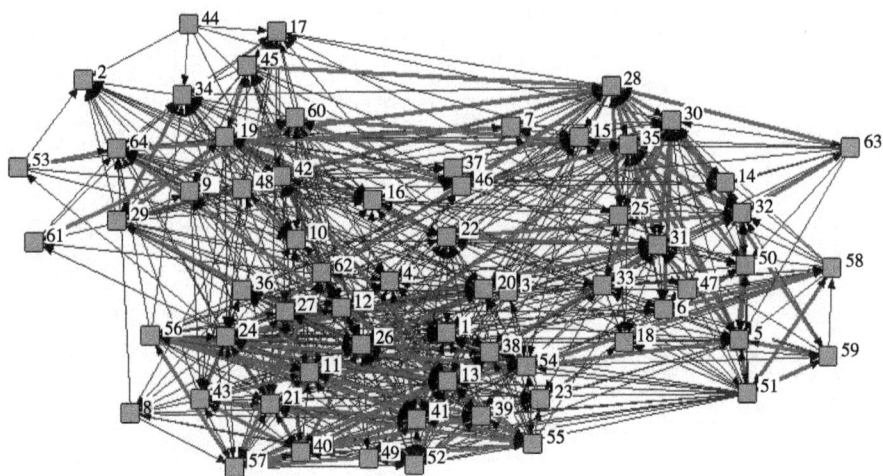

图 6.8 员工知识分享中知识奉献的互惠关系网络图

6.6.2　知识奉献关系的网络特征及中心性分析

与前文一样的分析方法和分析程序，通过对知识奉献关系网络中节点采用多中心性指数的分析，来反映员工在与企业中其他员工知识分享中体现出的相互启发关系及整个知识奉献关系网络的中心性情况。通过"Network"中"multiple measures"中心性分析得到各员工知识分享中知识奉献关系多中心性分析如表 6.5 所示。

表 6.5　知识分享中知识奉献关系多中心性指数分析

节点	1	2	3	4
	度数中心性	接近中心性	中间中心性	特征向量中心性
1	31.746	58.879	0.715	19.880
2	22.222	54.783	0.639	12.776
3	19.048	54.783	0.470	10.635
4	34.921	60.000	1.528	20.466
5	31.746	57.798	1.082	17.479
6	22.222	55.263	0.343	13.260
7	12.698	49.219	0.276	5.903
8	19.048	52.941	0.244	11.801
9	20.635	53.846	0.386	11.592
10	17.460	53.846	0.627	8.660
11	36.508	60.577	2.462	20.064
12	46.032	64.948	2.596	26.199
13	44.444	63.636	1.493	27.451
14	15.873	50.806	0.185	7.812
15	30.159	58.333	2.216	16.025
16	22.222	56.250	0.865	11.755
17	25.397	56.757	0.881	14.108
18	17.460	53.846	0.319	8.548
19	47.619	65.625	4.216	24.225
20	38.095	61.765	1.713	22.639
21	31.746	58.879	0.657	20.423
22	38.095	61.765	2.050	21.491
23	25.397	55.752	0.999	14.202
24	49.206	66.316	3.118	28.575

续表

节点	1	2	3	4
	度数中心性	接近中心性	中间中心性	特征向量中心性
25	20.635	54.783	0.577	9.568
26	65.079	74.118	5.152	36.407
27	41.270	62.376	1.799	24.084
28	46.032	64.948	3.121	22.920
29	30.159	58.333	0.643	17.591
30	41.270	62.376	2.960	20.553
31	42.857	63.636	2.340	23.690
32	28.571	57.798	0.822	14.607
33	36.508	60.577	2.265	18.918
34	34.921	60.577	1.998	17.598
35	34.921	60.577	1.588	16.873
36	26.984	56.757	0.900	16.503
37	9.524	49.219	0.190	4.249
38	23.810	55.752	0.336	15.814
39	26.984	56.250	0.372	17.895
40	28.571	56.250	0.275	18.557
41	50.794	67.021	2.511	29.523
42	44.444	64.286	2.946	24.806
43	30.159	58.333	0.628	18.535
44	9.524	44.056	0.092	3.759
45	23.810	55.752	0.403	12.363
46	20.635	55.752	0.563	10.275
47	9.524	48.092	0.176	4.321
48	30.159	58.333	1.314	14.847
49	20.635	52.941	0.203	13.385
50	25.397	55.752	0.872	12.491
51	38.095	60.577	2.034	19.946
52	39.683	61.165	0.970	24.018
53	9.524	47.368	0.044	4.727
54	31.746	58.333	0.732	19.349
55	36.508	59.434	1.226	21.645

续表

节点	1	2	3	4
	度数中心性	接近中心性	中间中心性	特征向量中心性
56	39.683	62.376	1.174	24.281
57	30.159	56.250	0.549	18.110
58	26.984	55.263	0.786	13.811
59	15.873	50.806	0.112	7.937
60	26.984	57.273	1.234	12.831
61	9.524	47.368	0.091	4.303
62	17.460	54.310	0.464	9.604
63	19.048	51.220	0.190	8.882
64	34.921	60.000	3.000	15.766

通过度数中心性、接近中心性、中间中心性、特征向量中心性四个中心性指数分析结果来分析知识奉献关系网络。从度数中心性和中间中心性来看，26 的指数值最大，分别达到 65.079 和 5.152，其次是 12、19、24、28、41、42，从特征向量中心性来看，26 的指数值最大，说明这些员工在企业中经常启发大家，是知识的中心，并且他们处在多条知识奉献关系路径上，对企业的知识分享有比较重要的贡献。从四个中心性指数的均值和标准差来看，均值分别为 29.365、57.547、1.214、16.27，标准差分别为 11.610、5.336、1.085、6.912，这说明全体成员指数变化范围不是很大，知识奉献关系网络与前面分析的知识接收关系网络也具有相同的属性，相对比较扁平。

通过进一步计算得出中心性分析结果：Network Centralization（Outdegree）= 7.948%，Network Centralization（Indegree）= 19.367%，这两个值远小于 1，因为星型网络的节点度中心性最高为 1，越接近 1 网络越不对称，表现出绝对的控制，上述两个值说明隐性知识激发网络结构比较均匀，比较对称，没有集中的趋势，这有利于知识分享行为的发生。

6.6.3　知识奉献关系的凝聚子群分析

通过"Network"中的"Cliques"分析该网络中的派系情况，了解网络中知识奉献关系的聚类情况，通过计算得到网络中派系情况如图 6.9 所示。该网络有 109 个规模为 7 的派系，28 个规模为 8 的派系，因此规模取 8 比较合适，通过树状图可以看出这 28 个派系成员之间有重叠，也就是有多个"桥"点，通过这些中间的"桥"点网络中形成了相互联系的核心知识团队，进一步通过对派系的构成成员分析，不难看出节点 21、24、41 等充当"桥"点。

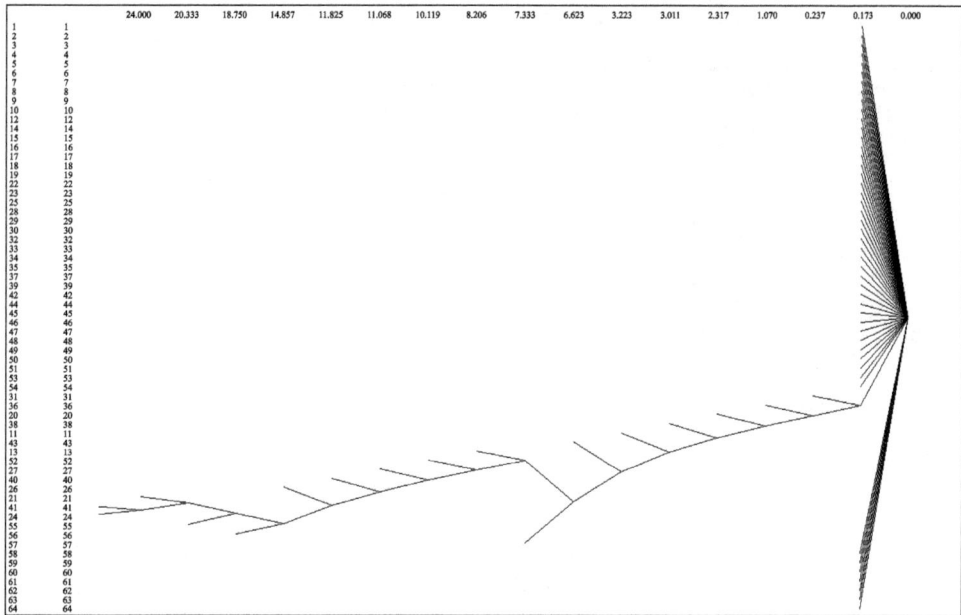

图 6.9　知识分享中发出关系员工派系图

通过分析，员工中 1、2、3、4、5、6、7、8、9、11 等多个员工不属于任何派系，即不属于任何知识团队，他们在知识分享中是孤立者，由派系分析可知网络内的结构情况，帮助管理者对知识分享情况进行分析和掌握，有利于制订政策和采取相应措施来促进知识分享。

6.6.4　知识奉献关系中的小世界分析

1. 知识奉献关系中的聚类系数计算

将关系数据导入 UCINET，通过 "Clustering Coefficient" 指令计算聚类系数，得到全局聚类系数（overall graph clustering coefficient）为 0.287，可以看出根据局部密度计算出来的聚类系数为 0.287，该值也高于随机状态下 64 个节点的聚类系数，同时该聚类系数高于知识寻求关系网络，说明了企业中员工知识寻求关系网中存在高聚类系数。

2. 特征路径长度的计算

通过将关系数据导入 UCINET，运用 "Distance" 可得员工知识奉献关系中的路径长度信息如图 6.10 所示。

从图 6.10 中的计算结果可以看出，在企业员工间知识分享行为的知识奉献关系矩阵中，平均距离为 2.126，比知识寻求关系的平均距离略短，同样网络中最小距离是 1，最大距离为 5，也符合著名的六度分隔理论。绝大部分节点的距离在 3

```
For each pair of nodes, the algorithm finds the # of edges in the shortest path
between them.
Average distance (among reachable pairs)   = 2.126
Distance-based cohesion ("Compactness")    = 0.511
  (range 0 to 1; larger values indicate greater cohesiveness)
Distance-weighted fragmentation ("Breadth") = 0.489


Frequencies of Geodesic Distances

      Frequenc Proporti
      -------- --------
  1    707.000   0.187
  2   2042.000   0.540
  3    894.000   0.236
  4    130.000   0.034
  5     10.000   0.003
```

图 6.10　员工知识分享中知识奉献关系中的路径长度信息

步以内，其中距离是 1 的关系占总关系数的 18.7%，距离是 2 的情况占 54.0%，距离是 3 的情况占 23.6%。距离大于 3 的节点占比为 3.7%，低于知识寻求关系中的 10.1%，这意味着知识奉献关系中距离小于知识寻求关系中距离，在知识分享中知识主动发送的传导范围小于知识寻求范围。同样在知识奉献的两者关系中绝大部分仅有一个中间人，可见该网络中员工间平均经过一个中间人就可以建立联系了，小世界效应非常明显。

6.7　员工知识分享关系中 QAP 相关分析

我们知道在常规的统计分析中，要求多个自变量之间相对独立是前提条件之一，不能高度线性相关，否则会出现多重共线性问题，使得模型预测功能失效。然而在现实生活中，人们之间的关系有些是相关的，而且有些关系还是高度相关的，如亲友之间更愿意提供帮助，"亲友"是一种关系，"帮助"是另外一种关系。然而对这两种"关系"之间的关系探讨，不能应用常规的统计检验，为了解决该类问题，UCINET 中提供了丰富的分析工具，其中基于置换的检验方法，也就是二次指派程序（quadratic assignment procedure，QAP），计算两个关系矩阵的相关系数，同时对该系数进行非参数检验。作者通过对上述知识分享的三个维度的检验分析可得如图 6.11~图 6.13 所示的结果。

```
RELATIONAL CROSSTABS
-------------------------------------------------------------------------------
Data Matrices:              C:\Program Files\Analytic Technologies\Ucinet 6\DataFiles\案例分析数据\Cowork
                            C:\Program Files\Analytic Technologies\Ucinet 6\DataFiles\案例分析数据\in
                            C:\Program Files\Analytic Technologies\Ucinet 6\DataFiles\案例分析数据\out
# of Permutations:          2000
Random seed:                24233

-------------------------------------------------------------------------------



Cross-Tab of in * Cowork

             0.000      1.000
           --------- ---------
   0.000      3639       348
   1.000       372       333


Statistics for in * Cowork (2000 permutations)

              Obs Value Significa  Average   Std Dev   Minimum   Maximum Prop >= 0 Prop <= 0
             --------- --------- --------- --------- --------- --------- --------- ---------
  Chi-Square   715.885    0.000     1.442     1.939     0.001    15.257     0.000     1.000
  Correlation    0.391    0.000     0.000     0.018    -0.051     0.057     0.000     1.000

-------------------------------------------------------------------------------
```

图 6.11   员工工作关系与知识寻求关系之间的相关关系检验

```
-------------------------------------------------------------------------------

Cross-Tab of out * Cowork

             0.000      1.000
           --------- ---------
   0.000      3538       480
   1.000       473       201


Statistics for out * Cowork (2000 permutations)

              Obs Value Significa  Average   Std Dev   Minimum   Maximum Prop >= 0 Prop <= 0
             --------- --------- --------- --------- --------- --------- --------- ---------
  Chi-Square   148.647    0.000     1.376     1.830     0.000    13.571     0.000     1.000
  Correlation    0.178    0.000    -0.000     0.017    -0.053     0.054     0.000     1.000

-------------------------------------------------------------------------------
```

图 6.12   员工工作关系与知识奉献关系之间的相关关系检验

```
-------------------------------------------------------------------------------

Cross-Tab of out * in

             0.000      1.000
           --------- ---------
   0.000      3782       236
   1.000       205       469


Statistics for out * in (2000 permutations)

              Obs Value Significa  Average   Std Dev   Minimum   Maximum Prop >= 0 Prop <= 0
             --------- --------- --------- --------- --------- --------- --------- ---------
  Chi-Square  1834.938    0.000     1.494     1.988     0.001    16.883     0.000     1.000
  Correlation    0.625    0.000     0.001     0.018    -0.060     0.056     0.000     1.000

-------------------------------------------------------------------------------
```

图 6.13   员工知识寻求关系与知识奉献关系之间的相关关系检验

通过图 6.11 可以看出,知识寻求关系与员工之间工作配合关系存在相关关系,相关关系系数达到 0.391。在分析中无论从卡方检验值 715.885 来看,还是从显著性水平 0.000 来看,该关系都是显著的。图中"Prop >= 0"表明这些随机计算出来的相关系数大于或等于实际相关系数的概率接近于 0;反之图中"Prop <= 0"表明这些随机计算出来的相关系数小于或等于实际相关系数的概率接近于 1。这些结果表明,工作网络关系与知识寻求关系是正相关的,相关系数为 0.391,并且关系在统计意义上是显著的。

同理分析图 6.12 与图 6.13,可以看出知识奉献关系与工作关系也存在显著正相关性,相关系数为 0.178;知识寻求关系与知识奉献关系也存在显著正相关性,相关系数为 0.625。从这些相关系数来看,知识寻求关系与知识奉献关系的相关性最大,这也证明了在知识分享行为中互惠性的存在。同时可以看出在工作网络中主动分享知识的概率不够大,仅有 0.178。经过仔细分析,可知这可能与中国的社会人文环境相关,因为中国传统文化非常重视谦虚礼让,正如《孟子·离娄上》第二十三章:"人之患在好为人师",因此亟须鼓励员工在工作中原创知识的贡献和分享。总的来看,工作中真正值得提炼的知识点的识别、提炼、分享仍然是难点。

综上分析,可以得出如下结论:①在企业中社会网络关系对员工知识分享行为具有重要影响。②在企业中适度的网络密度和知识群体有利于员工间知识分享,在分享中存在明显的互惠性,这些存在互惠的知识分享员工,关系紧密度高,强关系多,构成了知识分享核心网络,在核心网络周围存在一些连接关系紧密度低的松散网络,这样核心网络与松散网络便构成了企业的知识分享网络。③在知识分享的网络关系中,网络存在同配性和连接的指向性,两个具有知识分享行为的员工更倾向于彼此连接,这也证实了前面理论分析中的异质连接的存在及其在知识分享行为中的重要作用。④在知识分享过程中,员工个体社会网络的规模对其知识分享行为起着积极的作用,个体节点度越大,其更倾向于分享自身的知识。⑤员工个体在网络中所处的相对地位高低对其知识分享行为会产生影响,个体在网络中的位置越突出,知识分享行为就越明显,反过来其知识分享行为也可以提高其在网络中的地位和影响力。⑥在网络中,员工具有比较高的集群性和短的连接距离,小世界特征明显。

6.8　复杂社会网络中促进员工知识分享的措施与建议

通过社会网络分析方法,企业管理者了解并掌握企业中可能推动或阻滞知识分享和传播的相互关系。简单来讲就是，企业管理者可以分析出宝贵的员工知识如何在企业内部流动，知识分享和传导的途径为何，有没有出现既有组织结构阻碍员工知识分享的情况。当分析与厘清这些问题后，管理者就可以有针对性地改善和加强知识管理。通过案例研究我们从工作流网络、知识奉献网络与知识寻求网络三个角度分析了 A 公司中知识分享关系所具有的特征和存在的问题，为了提高知识分享水平，本书提出以下措施与建议。

1. 充分发挥核心节点在知识分享中的作用

核心节点在企业知识分享网络中起着关键作用，是整个网络的核心。通过中心性指标的分析，可以发现企业中的核心节点 12、16 等，因此可以专门对其掌握的知识与技能进行分析和整理，针对性制订激励措施，鼓励核心节点同企业中的其他成员进行知识分享和交流，分析知识网络人际关系结构并优化企业中其他成员与他们的知识传导路径，增加其他员工与核心节点的连接关系，增加网络中知识传递的活跃度，扩大其知识在企业中的传导范围，提升企业员工的整体知识水平。除了维持企业中现有的核心节点，还需努力发展其他节点成为潜在核心节点，防止企业成员对现有核心节点的过分依赖，避免可能会因其离开企业而造成企业内部知识网络的崩溃及重要知识资源的流失。对此企业可以做如下两点：①创造条件让核心员工节点经常开展一些专题讲座或面对面专题讨论会，一方面促使核心员工节点梳理其知识，另一方面让每个员工都有机会将自己的经验与人分享或分享他人的心得体会。②在工作中，可以借用传统的师傅带徒弟模式，创造新的知识交流集中点。

2. 分析知识网络中知识流及修补关系中的结构洞

对企业中知识流的分析可以进一步发现企业缺乏的知识，并且找到企业的最佳实践案例，以及发现阻碍知识流动和使用的障碍。通过对知识流的分析，还可以得到企业实施知识管理的焦点问题。特别是分析网络中出现结构洞的地方，可以通过网络结构调整鼓励有条件的节点来修补网络中的结构洞，以此连接被结构洞阻碍的潜在知识分享者，建立起知识分享桥梁，使原来知识交流不通畅的两方能够有交流的渠道，书中节点 16 所拥有的结构洞最多，如果他在知识交流中出现问题，那么通过他而被联系起来的节点则会受到影响，因此需要多发展一些节点成为中间人，增加知识分享的渠道，使得知识交流更加顺畅。

3. 激励知识分享网络中孤立点和边缘点连接网络中其他节点

通过社会网络寻找和发现企业内的孤立点和相对处于网络边缘的节点，如 8、55、62 等边缘节点，分析并找到其孤立或是处于边缘的原因，鼓励他们同企业中其他员工建立知识分享关系，更多地进行知识交流，解决他们之间的沟通问题，搭建并梳理更为清晰的知识分享地图，优化网络结构从最大限度上实现节点间的最短联系。

4. 转变员工知识分享观念、创造良好的知识分享文化

首先要解决个人意识障碍，这就需要对员工进行培训，让员工认识到知识分享对个人发展的好处，转变员工的思想观念，树立知识分享的意识。因此企业应将知识分享理念深入每个员工的潜意识中，逐步转变员工固有的保守思想，让知识分享成为日常工作的一部分，让员工充分了解知识分享所能带来的益处。由于关系具有一些属性，这些属性可以影响交互中出现的学习和创造性的程度。当一个人向另一个人咨询知识时，他们自然地变得易受攻击，因为寻求帮助暗示着无能力和依赖，咨询他人是给一个所"信任"的人一个权力。进一步说，以安全或信任程度为基础，也为相互的探讨和创新提供了空间。对企业来讲，应创建以人为本的企业文化。知识是以员工个人为基础的，所以应从人本角度出发，建立有利于知识分享的企业文化氛围，由文化驱动知识的分享和创新。例如，通过不定期召开小范围的员工交流会；鼓励不固定的员工协作关系；促成企业家庭式的信息交流气氛；鼓励员工非工作接触关系等具体方法，来创立开放、灵活、共享的环境，使员工在非常轻松的环境中解决问题和分享知识。

5. 善于运用信息技术手段、丰富多元化的交流平台

尽管信息技术不能完全解决知识分享问题，但我们仍然有很多机会利用分散的信息技术，特别是当前社交媒体的快速发展，使员工能实时感受到知识分享的便利和快乐，进而可以帮助相互之间有联系的人们分享知识。许多组织已经开始体验并使用网络社群和社会信息网络，其中包括博客、论坛、共享媒体平台等，可以邀请相关的专家参加解决公司的问题，特别是案例公司研究院有着许多丰富经验的老专家。通过交流平台员工可以向相关专家提出问题，获得有针对性的解决办法。先进的信息手段可以使我们能够理解一个既定人群的网络如何分享与转移知识，并帮助我们提升知识管理的能力。

6. 发掘并培育优秀的知识社群、建立学习型组织

知识社群是将对某一特定知识领域感兴趣的人联系在一起的网络。他们自愿组织起来，围绕这一知识领域共同工作和学习，并共同分享和发展这类知识，是企业员工知识分享和获取知识的一个重要平台，对企业员工的知识分享行为具有重要的意义。知识社群的维持和发展依赖于成员的高度认同、高度信任和积极参与。在企业中知识员工的参与程度取决于其在社群活动中的体验情况及体验效果。如果员工能够通过知识社群获取必需的知识，那么他们会更愿意参与社群组织的知识分享和传播的活动，进而促进知识分享和传播的效果。对知识社群，可以通

过知识地图和社会网络来科学定义社区的知识范围，企业中有知识流动的任何领域和部门都是成立知识社群的潜在对象，但创建社群的最大推动力还是来源于企业员工具体的需求或对某个问题的认识，因此可以首先梳理并确定社群的知识领域，然后确定社群成员，进而识别共同的需求和兴趣。简单来讲要明白以下问题，谁将对这个社群做出重要贡献？谁是这一社群主题的专家、可能的管理者和推动者？谁是社群的知识管理员？这些角色是大家自愿担当，还是只能由指定的人担任？实践中会有一些什么事件涉及社群的知识领域？社群成员会对它的什么方面感兴趣和有热情？他们希望如何从社群中受益？在此基础上，保持社群成员的兴趣和参与度，保持社群的成长，让员工彼此不断地强化知识分享的流通渠道。

6.9　本 章 小 结

通过研究，我们看到知识分享表现出个体与个体之间连接的性质，即"网络"特性；同时从知识分享发生的情境和隐性知识分享本质来看，知识分享更多地表现出非正式性质，即"社会"属性。本章从社会网络的视角，选择国内通信集团旗下某研究院作为案例进行研究，在已有研究基础上将知识分享视为知识发送和知识接收双方的互动连接，围绕影响知识分享的工作流网络，探讨企业中知识分享问题。本书通过田野调查，并结合社会网络问卷，运用 UCINET 6 软件对知识分享社会网络数据进行定量分析，从不同关系维度的整体网络、个体网络特征、结构及对强弱连接的处理，以及 QAP 相关性等角度对知识分享进行了系统探讨，从社会网络的角度论证了微观个体的知识分享的促进和制约因素。通过研究发现，社会网络结构和特征对知识分享具有重要的影响，在网络中个体的结构位置（结构洞、中心性、边缘—中心等）与知识分享行为有密切的联系，知识丰富且爱分享的个体占据网络中的重要位置，其网络位置可以带来知识优势、控制优势和网络收益，进而弥补知识分享产生的成本，同时期望互惠也刺激了个体之间的知识分享。在社会网络视角下，镶嵌在组织中的工作流关系、知识寻求帮助关系及知识接收关系等相互交织影响着企业中个体间的知识分享行为。总的来讲，企业要促进知识分享必须利用好员工间的非正式网络，若能营造一个良好的沟通环境，鼓励成员间的互动，培养员工间的情感和信任，并塑造成员对组织的向心力及共同的价值观，则必能促使成员间知识的交流和分享，进而达到提高企业竞争力的目的。

第7章 高新技术企业中知识团队
成员间知识分享微观机制研究

20世纪90年代以来，以知识为基础的高新技术企业获得了飞速发展，重塑着世界经济新格局，同时也影响和改变着经济理论、管理理论、商业游戏规则，以及人们的观念（思维模式）和行为。特别是随着知识分享"魅力"的日益显现，知识分享问题已引起了越来越多的来自不同领域专家学者的深度关注。许多研究人员和管理人员纷纷从信息技术、行为科学、心理学、企业文化等多个方面对如何实现知识分享进行了探讨，这些研究智者见智，仁者见仁，形成了不同的研究视角和理论流派，这有利于我们对知识分享的理解和掌握。然而知识的情境依赖性、垄断性、隐匿性等独特属性，使得知识分享是个非常复杂的问题，它既不是一般意义上的有形物质转移，也不同于纯粹意义的市场交易，因此高新技术企业中的知识分享微观机制是高新技术企业核心竞争力提升的关键，也是知识管理领域的重点和难点。

既有研究指出，通过复杂社会网络形成知识社群或知识团队，知识团队是高新技术企业运营的基础单元，团队成员间知识分享是促进知识团队发展与成长的动力，是对高新技术企业发展潜力的解读，因而对高新技术企业发展至关重要。然而在知识团队中推进知识分享容易使团队内部"搭便车"和"知识滥用"问题变得明显，如何在发展中克服这些问题成为当前学者和管理人员关注的焦点。博弈理论的演进和发展为人们探索人际间互动策略行为提供了有效的方法，从博弈理论视角来看，知识团队中知识型员工是一个特殊的群体，成员间的知识分享是建立在自愿和互惠的基础上的，员工在进行知识分享决策时，需要对知识分享的成本和收益进行权衡；因而该过程可以理解为团队成员之间在知识分享投入和绩效分配中相互博弈并最终达到均衡的一个过程。在此背景下，王建宇和樊治平（2005）等学者在前人研究的基础上，运用Stackelberg主从博弈决策模型研究了合作知识创新中的跨组织资源分享及合作维系的条件，认为领导组织的边际收益和各从属组织边际收益之和保持最优比是合作形成及维系的基础。Akhavan 和 Hosseini（2016）进一步采用 Stackelberg 博弈理论研究了企业内知识资源配置问题。通过已有研究发现，知识分享的主要障碍之一在于由知识无法直接纳入管理客体而带来的知识分享投入和绩效分配矛盾，以及知识分享引致的自身竞争力丧失等安全问题，尽管已有文献有所涉及，但都没有给出令人满意的解释，这既是当前研究中的不足之处，也是解决知识分享的关键所在。因此，作者在已有文献的基础上，利用博弈理论思想，建立数学模型，分析知识团队中知识分享过程的微观机理和影响因素。

7.1 模型的基本假设及变量设置

在高新技术企业中各团队成员间知识拥有量和知识水平存在差异和差距，使团队成员间不断地进行着知识分享，在知识分享过程中知识发送方是知识优势方，知识接收方为知识缺乏方，通常来讲在知识团队中知识优势方一般扮演着领导者的角色，知识缺乏的成员就成为跟随者，在此过程中一方面需要双方对此投入相应的资源，另一方面需要承担一定的风险，也就是说知识分享需要一定的成本。从理性人的角度来看，知识团队中知识分享能否发生，取决于成员对知识分享的预期收益和投入成本的比较分析。此外，团队成员之间的安全信任对知识分享产生重要影响，充当了知识团队日常运行的主要协调机制，可以显著降低知识分享成本，使知识可以在企业内部有效和低成本地进行转移。作者借鉴 Stackelberg 主从博弈思想来分析团队成员知识分享的决策过程及其影响因素。根据已有研究将高新技术企业中知识团队知识分享过程分为以下两个阶段。

第一阶段，主要考虑各方知识分享投入情况。首先假定知识团队的知识优势方 L（博弈中主方）在 T_0 时刻根据自身的知识基础确定知识分享投入 p_l，该投入可以被观测，根据博弈理论则可以将其视为提供给其他跟随成员的初步合作条件，跟随成员 $F_i (i \in N \setminus \{l\})$（博弈中从方）根据已观察到的 p_l，以及自身将知识转换为收益的能力 γ，立刻做出自身的知识分享投入最优选择 p_i，反馈给知识团队的知识优势方 L。第二阶段，考虑各方知识分享的收益分配情况。知识优势方由于具有主导地位，在获得来自跟随成员 F_i 的知识分享投入量的信息后，在 T_1 时刻权衡团队绩效分配比例并提供给成员 F_i；此后成员 F_i 比较投入与所获收益的差距，判断分享合作是否有利可图，并最终判断是否有进行知识分享。

在此基础上为了深入分析知识团队中知识分享的微观机理，作者综合前人研究提出以下假设。

假设 7.1　参与者集合，假设知识团队有 n 个参与者，即参与者的集合为 $N = \{1, 2, \cdots, n\}$，每个成员 i 都是理性人，团队成员的收益 π 等于分配的收益减去投入知识分享投入，各成员以自身利益最大化作为进行决策的原则。

假设 7.2　知识分享的投入，假定团队成员间为进行知识分享需共同投入的资源总量为 S，每个成员对其的贡献率为 p_i，则 $S = S(p_1, p_2, \cdots, p_n)$。

假设 7.3　团队知识分享期望绩效 E，即对知识分享绩效的预期值。通过知识分享投入与收益的期望值来作为团队成员进行博弈时自身利润最大的判断标准。根据 Samaddar 和 Kadiyala（2006）的研究分享绩效函数为非线性函数，且分享绩效伴随投入资源总量 S 的增加而增加，当 S 增加到一定程度时绩效达到饱和点，即知识分享的绩效在理论上存在极大值，设为 P^*。同时考虑团队成员将知识转换为收益的过程，令知识分享投入转换为期望收益的弹性系数为 γ（$\gamma > 0$），有的学者也将其认为是知识转化系数，γ 越大，成员主体将知识转化为团队绩效的能力越大，根据 Samaddar 和 Kadiyala（2006）及王建宇和樊治平（2005）等研究，E 可以表示为 $E = P^* - S^{-\gamma}$。

假设 7.4　团队知识分享安全指数 δ，$0 \leqslant \delta \leqslant 1$。由于在团队知识分享过程中可能面临团队成员中途脱离团队、盗取和滥用团队知识等风险，因此在书中用系数 δ 来表示团队成员在知识分享过程中彼此之间的信任及安全。

假设 7.5　团队知识分享绩效分配系数 α_i（$0 \leqslant \alpha_i \leqslant 1$，$i \in N$），知识分享的最终成果由团队所有参与者分享，设知识优势方的分享额为 α_l，跟随方的分享系数为 α_i（$i \in N \setminus \{l\}$），在知识分享过程中可以借助调整该系数来激励团队成员知识分享的积极性。

7.2　模型的建立

根据 7.1 节中的假设，为了解决知识分享决策问题，通过逆向归纳法考虑博弈从方的目标函数为

$$\max \pi_{F_i} = \delta \alpha_i E - p_i S = \delta \alpha_i (P^* - S^{-\gamma}) - p_i S$$
$$\text{s.t.} \quad \alpha_l + \sum_{i \in N \setminus \{l\}} \alpha_i = 1, p_l + \sum_{i \in N \setminus \{l\}} p_i = 1 \tag{7.1}$$

构造拉格朗日函数：

$$L_i = \delta \alpha_i (P^* - S^{-\gamma}) - p_i S + \lambda_i \left(\alpha_l + \sum_{i \in N \setminus \{l\}} \alpha_i - 1 \right) + \mu_i \left(p_l + \sum_{i \in N \setminus \{l\}} p_i - 1 \right) \tag{7.2}$$

通过最优化一阶条件求得知识团队最优总投入和博弈从方投入比率的反映函

数为

$$S^* = \left(\frac{1 - p_l}{\displaystyle\sum_{i \in N \setminus \{l\}} \delta \alpha_i \gamma} \right)^{-\frac{1}{\gamma + 1}} \tag{7.3}$$

$$p_i^* = \frac{\alpha_i (1 - p_l)}{\displaystyle\sum_{i \in N \setminus \{l\}} \alpha_i} \tag{7.4}$$

基于博弈中博弈从方的投入情况，博弈主方的目标函数为

$$\max \pi_l = \delta \alpha_l E - p_l S = \delta \alpha_l (P^* - S^{-\gamma}) - p_l S$$

$$= \delta \alpha_l \left[P^* - \left(\frac{1 - p_l}{\displaystyle\sum_{i \in N \setminus \{l\}} \delta \alpha_i \gamma} \right)^{\frac{r}{\gamma + 1}} \right] - p_l \left(\frac{1 - p_l}{\displaystyle\sum_{i \in N \setminus \{l\}} \delta \alpha_i \gamma} \right)^{-\frac{1}{\gamma + 1}} \tag{7.5}$$

$$\text{s.t.} \quad \alpha_l + \sum_{i \in N \setminus \{l\}} \alpha_i = 1, p_l + \sum_{i \in N \setminus \{l\}} p_i = 1$$

同理，通过构造拉格朗日函数，并用最优化一阶条件，可得博弈主方在知识分享中的均衡投入率：

$$p_l^* = \frac{\alpha_l - \displaystyle\sum_{i \in N \setminus \{l\}} \alpha_i (\gamma + 1)}{\alpha_l - \displaystyle\sum_{i \in N \setminus \{l\}} \alpha_i \gamma} \tag{7.6}$$

同时将 p_l^* 代入式（7.4），可以求得知识团队中博弈从方在知识分享中的均衡投入率：

$$p_i^* = \frac{\alpha_i}{\alpha_l - \displaystyle\sum_{i \in N \setminus \{l\}} \alpha_i \gamma} \tag{7.7}$$

进而得出均衡情况下知识团队中知识分享的总体投入为

$$S^* = \left[\delta \gamma \left(\alpha_l - \sum_{i \in N \setminus \{l\}} \alpha_i \gamma \right) \right]^{\frac{1}{\gamma + 1}} \tag{7.8}$$

而知识优势方及跟随方的知识分享收益分别为

$$\pi^* = \delta \left\{ P^* - \left[\delta \gamma \left(\alpha_l - \sum_{i \in N \setminus \{l\}} \alpha_i \gamma \right) \right]^{-\frac{\gamma}{\gamma + 1}} \right\} - \left[\delta \gamma \left(\alpha_l - \sum_{i \in N \setminus \{l\}} \alpha_i \gamma \right) \right]^{\frac{1}{\gamma + 1}} \tag{7.9}$$

$$\pi_l^* = \delta \alpha_l \left\{ P^* - \left[\delta \gamma \left(\alpha_l - \sum_{i \in N \setminus \{l\}} \alpha_i \gamma \right) \right]^{-\frac{\gamma}{\gamma + 1}} \right\} - \frac{\alpha_l - \displaystyle\sum_{i \in N \setminus \{l\}} \alpha_i (\gamma + 1)}{\alpha_l - \displaystyle\sum_{i \in N \setminus \{l\}} \alpha_i \gamma} \left[\delta \gamma \left(\alpha_l - \sum_{i \in N \setminus \{l\}} \alpha_i \gamma \right) \right]^{\frac{1}{\gamma + 1}} \tag{7.10}$$

$$\pi_{F_i}^* = \delta\alpha_i \left\{ P^* - \left[\delta\gamma \left(\alpha_l - \sum_{i\in N\setminus\{l\}} \alpha_i\gamma \right) \right]^{-\frac{\gamma}{\gamma+1}} \right\} - \frac{\alpha_i}{\alpha_l - \sum_{i\in N\setminus\{l\}} \alpha_i\gamma}$$

$$\times \left[\delta\gamma \left(\alpha_l - \sum_{i\in N\setminus\{l\}} \alpha_i\gamma \right) \right]^{\frac{1}{\gamma+1}}, \quad i \in N\setminus\{l\} \tag{7.11}$$

7.3 高新技术企业中知识团队成员间知识分享主从博弈模型分析

7.3.1 知识分享的绩效分配系数对知识分享投入影响分析

由于知识分享是一个双方互动的过程，在高新技术企业知识团队成员的知识分享决策中，当且仅当在知识优势方和追随者根据自身的分享收益与投入成本权衡之后，双方均决定参与到知识分享活动中时，知识分享才能顺利进行。由于知识分享的绩效分配系数直接影响双方收益，而知识分享投入又决定着其承担的成本，需要对此进行深入分析。

根据 $\alpha_l + \sum_{i\in N\setminus\{l\}} \alpha_i = 1$，可知知识分享投入函数（7.6）和函数（7.7）分别为

$$p_l^* = \frac{(\gamma+2)\alpha_l - (\gamma+1)}{(\gamma+1)\alpha_l - \gamma} \tag{7.12}$$

$$p_i^* = \frac{\alpha_i}{1 - (\gamma+1)\sum_{i\in N\setminus\{l\}} \alpha_i}, \quad i \in N\setminus\{l\} \tag{7.13}$$

从知识团队中博弈均衡结果可知，只有所有成员对知识分享投入均大于零，团队中知识分享才能成功。即 $p_l^* > 0$，则有 $\frac{(\gamma+2)\alpha_l - (\gamma+1)}{(\gamma+1)\alpha_l - \gamma} > 0$，求解得 $\alpha_l > \frac{\gamma+1}{\gamma+2}$ 或 $\alpha_l < \frac{\gamma}{\gamma+1}$。

根据 $p_i^* > 0$，$i\in N\setminus\{l\}$，则有 $\frac{\alpha_i}{1 - (\gamma+1)\sum_{i\in N\setminus\{l\}} \alpha_i} > 0$，故此求得 $\frac{\alpha_l}{\sum_{i\in N\setminus\{l\}} \alpha_i} > \gamma$，

$0 < \sum_{i\in N\setminus\{l\}} \alpha_i < \frac{1}{\gamma+1}$，$\alpha_l > \frac{\gamma}{\gamma+1}$。

综合以上分析，易知知识团队成功分享的绩效分配必须满足条件：

$$\frac{\alpha_l}{\displaystyle\sum_{i \in N \setminus \{l\}} \alpha_i} > \gamma \qquad\qquad (7.14a)$$

$$0 < \sum_{i \in N \setminus \{l\}} \alpha_i < \frac{1}{\gamma + 1} \qquad\qquad (7.14b)$$

$$\alpha_l > \frac{\gamma + 1}{\gamma + 2} \qquad\qquad (7.14c)$$

进一步根据式（7.12）和式（7.13），可以分别得出高新技术企业团队中知识分享中知识优势方与知识跟随方的知识分享投入与自身收益比例分享系数的一阶导数：

$$\frac{\mathrm{d}p_l^*}{\mathrm{d}\alpha_l} = \frac{1}{\left[(\gamma + 1)\alpha_l - \gamma\right]^2} > 0 \qquad\qquad (7.15)$$

$$\frac{\mathrm{d}p_i^*}{\mathrm{d}\alpha_i} = \frac{1}{\left[1 - (\gamma + 1)\displaystyle\sum_{i \in N \setminus \{l\}} \alpha_i\right]^2} > 0 \qquad\qquad (7.16)$$

通过以上分析，从式（7.13）可以看出在高新技术企业知识分享博弈过程中，跟随者 $i\left(i \in N \setminus \{l\}\right)$ 会根据自身的绩效分配比例系数 α_i 决定对知识分享的投入程度。同时根据式（7.15）式（7.16）可以看出知识优势方和知识跟随方的知识分享投入与自身的绩效分配系数正相关，因而成员如能获得更多份额的收益，其更愿意在知识分享中投入更多的资源；但是总收益是一定的，一方收益需求的增加，势必会减少另一方的收益，故收益分配与知识分享的投入成为矛盾的统一体。除此之外，式（7.14a）~式（7.14c）显示知识转化系数在知识分享过程中起着重要的作用。从式（7.14a）可以看出，在高新技术企业知识团队中知识优势方愿意进行知识分享的条件是它的绩效分配系数与所有跟随者的绩效分配系数之和的比应大于每单位投入的知识转化系数 γ，然而从式（7.14b）看出博弈中所有跟随者的利润分配率之和存在最高上限；再结合式（7.14c）可以看出，在知识团队中知识分享活动发起的前提条件是知识优势方在知识分享总收益的分配系数应足够大，该值也随着知识转化系数的改变而不同。综合来看，在高新技术企业知识分享过程中，知识的优势方发挥着核心力量的作用，同时也获取大部分知识分享收益，而知识团队其他成员按照各自绩效分配比例系数进行知识分享投入，体现出收益与成本对称的原则。

7.3.2 知识分享安全指数对知识分享投入与收益的影响分析

由式（7.8）可以求取知识分享总投入的均衡解 S^* 对 δ 的一阶导数：

$$\frac{\mathrm{d}S^*}{\mathrm{d}\delta} = \frac{1}{\gamma+1} \delta^{-\frac{\gamma}{\gamma+1}} \left[\gamma \left(\alpha_l - \sum_{i \in N \setminus \{l\}} \alpha_i \gamma \right) \right]^{\frac{1}{\gamma+1}} > 0 \tag{7.17}$$

式（7.17）表明知识分享的总体投入与知识团队成员间的知识分享安全指数正相关，如果成员彼此信任对知识分享的安全感越高，那么对知识分享的投入就越多。反之当团队知识分享安全系数趋于零时，成员间缺少必要的相互信任，将会认为对方采取机会主义行为的可能性很大，无法协调彼此行为的可能性极高，因此对彼此未来的知识分享收益预期降至极低的水平；此时，双方在知识分享决策时会拒绝投入资源，知识分享活动便无法开展。

在达到均衡解情况下，根据式（7.9）可以得到团队知识分享总收益对知识分享的安全指数 δ 的一阶导数：

$$\frac{\mathrm{d}\pi^*}{\mathrm{d}\delta} = P^* - \frac{1}{\gamma+1} \left[\delta\gamma \left(\alpha_l - \sum_{i \in N \setminus \{l\}} \alpha_i \gamma \right) \right]^{-\frac{\gamma}{\gamma+1}}$$

$$- \frac{1}{\gamma+1} \left[\delta\gamma \left(\alpha_l - \sum_{i \in N \setminus \{l\}} \alpha_i \gamma \right) \right]^{-\frac{\gamma}{\gamma+1}} \left[\gamma \left(\alpha_l - \sum_{i \in N \setminus \{l\}} \alpha_i \gamma \right) \right] \tag{7.18}$$

$$= P^* - (S^*)^{-\gamma} \cdot \frac{1}{\gamma+1} \left[1 + \gamma \left(\alpha_l - \sum_{i \in N \setminus \{l\}} \alpha_i \right) \right] > P^* - (S^*)^{-\gamma} > 0$$

通过同样的方法对式（7.10）和式（7.11）进行分析，得分析结果也同样大于零，因此可以发现安全指数对知识分享的收益呈正相关关系；即在一个相对信任和安全的环境及维护知识分享企业文化中，团队成员通过知识分享的收益也会高一些，所以对高新技术企业来讲，通过策略培养团队信任、培育企业的知识分享文化是一项重要工作。

7.4 高新技术企业知识团队中知识分享主从博弈仿真分析

7.4.1 绩效分配系数及知识转化系数对团队成员知识分享投入仿真分析

为了能准确直观地分析高新技术企业中知识分享微观机制，作者运用 Matlab 软件对知识团队中知识分享过程进行仿真分析，从图形中观察知识分享问题的关键，寻求解决途径。通过前面的数理模型分析可以看出，在高新技术企业知识团队中，知识的转化系数对团队成员的分享意愿有很大的影响，进而影响到员工在知识分享中的努力投入程度。在博弈模型中，知识优势方与知识跟随方的知识分享投入与自身绩效分配系数存在如式（7.12）和式（7.13）的关系，假设 $n=40$，根据不同的 γ 取值，团队成员的知识分享投入变化曲线如图 7.1 所示，其中图 7.1（a）为知识优势方，图 7.1（b）为知识跟随方。通过综合分析，不难看出随着成员在知识分享收益的分配比例系数的提高，团队成员也会增加自己在知识分享中的投入。在分配比例一定的情况下，成员的知识转化系数越大，即能够运用知识带来的价值越大，在知识分享方面的投入就越多。

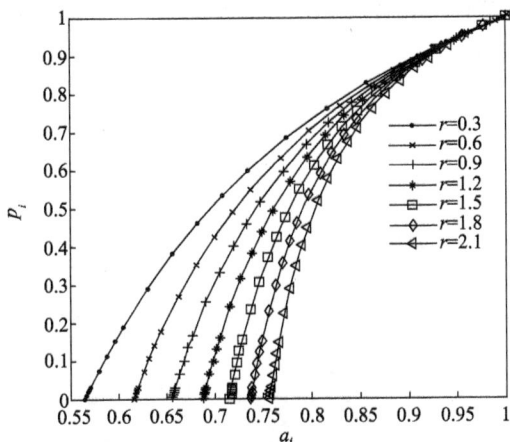

（a）知识分享绩效分配系数对知识优势方投入的影响

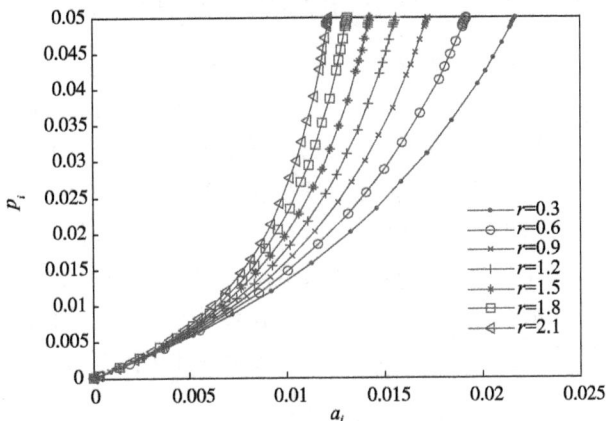

（b）知识分享绩效分配系数对知识跟随方投入的影响

图 7.1　知识分享绩效分配系数对知识优势方及知识跟随方知识分享投入的影响

　　进一步比较图 7.1（a）与图 7.1（b），可以看出绩效分配系数对知识跟随方在知识分享中投入的影响比知识优势方更加敏感，即知识跟随方会更加关注在知识分享活动中获得的收益；因此对高新技术企业来讲，不仅仅要激励知识丰富的员工奉献自己宝贵的工作经验和技术诀窍等，而且也要鼓励新进员工和知识缺乏的员工等知识跟随者参与知识分享活动积极学习；对知识优势方来说他们对收益敏感性在降低，因此在一定程度上应该给予该类员工精神和文化等自我实现方面的激励，从某种角度来讲，这也是马斯洛需求效应在知识分享中的体现。

7.4.2　知识分享的安全指数对团队成员知识分享投入影响仿真分析

根据前面模型分析中高新技术企业隐性知识分享总投入的均衡解 S^* 与员工在团队中分享知识的安全指数 δ 存在的关系，作者通过 Matlab 进行模拟，得到团队总体投入变化趋势，如图 7.2 所示。

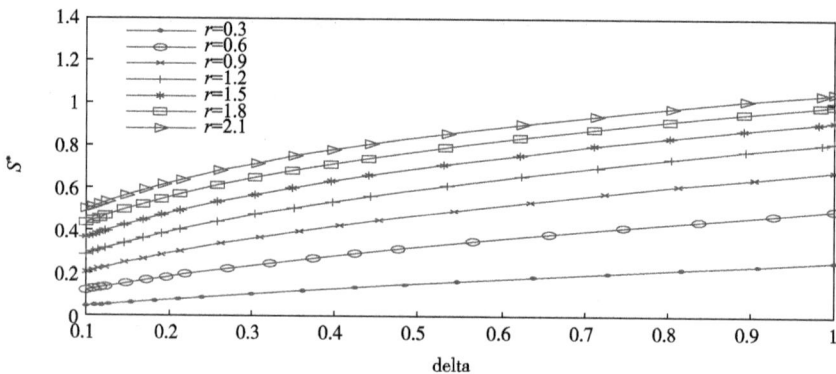

图 7.2　知识分享安全指数对知识分享投入的影响

不难看出在企业中知识分享的安全感与知识分享投入程度正相关，具体来讲，如果知识优势方不必担心由于分享自己宝贵知识而带来垄断地位的丧失，反而会增加自己在组织中的权威性，促使员工的自我实现；同样知识跟随者作为劣势方也不必担心自己在某方面的知识缺乏而使得自己被取笑，从而积极主动地投入学习中去，学习宝贵的知识，进而促进企业中知识分享的进行。通过研究发现，在强调知识分享的知识经济时代，通过成员彼此的分享活动，培养共同的知识情境与愿景，增进信任关系，进而消除成员间知识滥用、知识窃取等投机行为的可能性，构建起共同分享与学习所需的良好的、安全的知识分享环境。

7.5　本章小结

知识是高新技术企业的核心资源，知识分享是高新技术企业竞争优势的重要来源，知识团队作为一种有效的实现知识分享的组织形式，有利于发挥知识杠杆效应和网络效应；然而知识的垄断性和隐匿性等独特属性及成员的"自私行为"，使得知识分享成为知识管理理论与实践活动中的核心和难点问题。为了探索高新技术企业中知识分享的微观机制，作者借鉴 Stackelberg 主从博弈思想建立了团队知识分享行为的博弈模型，通过模型进行推导和仿真分析；研究发现团队知识分享的前提条件是知识优势方的绩效分配系数应足够大，且该绩效分配系数与所有跟随者的绩效分配系数之和的比应大于每单位投入的知识转化系数；成员的知识分享投入比例与自身的绩效分配比例系数正相关，绩效分配系数对知识跟随方在知识分享中投入的影响比知识优势方更加敏感；除此之外，知识分享安全指数对知识分享投入与收益均有积极的影响。由此可见，在知识团队中科学合理的利润分享计划与团队成员之间知识分享的安全氛围和企业文化是高新技术企业知识分享的基础和重要保障。

第8章 基于实践社群的知识分享促进策略研究

　　IBM、BP、麦肯锡等许多杰出企业实践表明，并非投入巨资导入知识管理系统就能做好知识管理，其中重要的原因就是企业中大部分知识是内隐的（tacit），难以体现在企业知识库中，信息技术在处理隐性知识方面遇到的极大困难；当前企业知识管理实践显示，通过社会网络将员工凝结成一个一个的群体，可以促进知识分享，特别是宝贵的隐性知识分享，因而实践社群（communities of practice）应运而生，成为应对日渐困难的知识分享和创新挑战的实用做法。据 Wenger 等（2002）的研究发现实践社群能促进员工之间的人际关系建设，促进知识分享与创新，实现构建学习型组织的梦想。正如彼得·M. 圣吉（Peter M. Senge）所说，伟大的企业不是从一开始就成功，而是通过分享知识、持续学习创造惊人成果所致。实践社群正是一种通过社会网络凝结而成，实现自组织、不断学习、不断创新的社群，它通过全新的方法来发掘和运用企业中隐性知识资本和社会资本，该方法使得人们将知识分享管理的焦点从抽象知识对象过渡到社群的实践上来，从而比较有效地应对"知识僵化""知识源分散"和"分享动机缺乏"等问题；由此实践社群被誉为知识分享利器，成为知识管理领域近十年来备受重视的新发展方向。

8.1　实践社群的理论内涵

8.1.1　实践社群的概念及其演变

　　在人们的日常生活中随处可见的社群由来已久，它甚至可以追溯到人类社会相互学习行为萌芽的远古时代。既有研究发现，当人类远祖还生活在洞穴中时，他们就围在篝火边讨论如何猎食、如何御敌，并通过交流分享着有价值的信息、知识，并使得这些知识通过分享不断地被学习和创新。通过社会网络关系进行交流与分享，每位参与者可以发掘出他人的新观点与新想法，经由交流沟通来交换相互的想法、观点和信念，伴随而来的就是知识的不断更新与持续学习。这其实就是当前的实践社群雏形，也是第一个基于知识的组织形式，在人类进步和知识传承的历史进程中发挥了重要的作用。理论的研究滞后于实践的发展，直到 1991年，Lave 和 Wenger 与 Brown、Collins 和 Dugid 等学者才正式提出实践社群的概念。他们在研究中发现，施乐公司维修部门员工用餐时间相互间的意见交流无形中提升了其服务品质，也给施乐公司带来了无形的竞争优势。对这种通过员工间社会交往营造的情境学习现象进行解释，他们创造性地提出了"实践社群"的概念，认为它通过社会交往将学习与工作融为一体，大大促进了组织的学习效率与效果，特别是对隐性知识的分享、学习和利用（Brown et al., 1989；Lave and Wenger，1991）。

8.1.2　实践社群的主要组成要素

尽管生活中社群随处可见，但绝非所有的社群都是实践社群。一个实践社群主要由三个部分构成，也就是说其定义要从三个维度去考虑：其一领域（domain），以知识为基础，社群成员围绕在特定知识领域上，进而形成共同的愿景。社群共同关注某一特定主题或议题，并投入时间和精力来讨论和交流。其二社群（community），因为成员通过社会网络的集聚与彼此间的回应和互动，建立起相互关系和信任，进而形成社群。成员之间可以相互学习、相互影响并集体处理工作中遇到的问题。正是通过共同参与，学习才能在共同活动的过程中发生，关系和信任才能得以建立，成员才能对问题进行讨论交流，其共同使命才能最终建立、修正、完成。其三实践（practice），社群成员共享他们在过去的实践中通过共同参与所开发的资源。这些资源包括惯例、经验、标准、工具、典故、案例、模式等社群成员处理新情况和创新知识所需的各种资源。因此，社群共享知识的关键是通过实践创造出有价值的知识资源。

8.1.3　实践社群的知识分享动力机制

实践社群作为公认的促进知识转移和共享及知识创造的独特社会结构，在其中发挥关键作用的动力机制主要有合理外围参与、创意碰撞、人造分享工具等。合理外围参与是一个复杂的综合流程，通过该流程一个新员工经由社群学习知识来使自己不断成熟，这种具备着自身的核心性和与他者进入群体中的参与性的个体活动显然就是社群发展的原动力。创意碰撞是指成功带动创新的社群领导人了解如何让不同的方法有效地互相冲撞，产生新的思想。它来源于社群中内聚性和差异性的一个合理均衡，如果差异性过大内聚性太弱就会造成混乱的局面，反过来又会造成群体的"死寂"。至于人造分享工具，是指社群成员中每天工作的自然组成部分，包括文档、图表、规划图和讨论的议题及正在解决的问题，它们是组织显性记忆库组成部分，同时也是社群的知识服务员。

可见，一个实践社群是由一群具备相应知识并对自己工作领域有共同兴趣的员工组成的，他们通过一定社群规则来相互帮助、共同解决面临的难题，并最终进行知识的共享和创新。在这样的社会结构中具备或拥有知识的知识员工通过一种很自然的方式从他们的实践中进行学习，并利用学习丰富他们的实践和创造，所以意愿构建、知识共享和创新既是实践社群的基础，也是途径，更是目标和核心。

8.2　基于实践社群的知识分享促进分析

8.2.1　实践社群与知识分享

俗语说"物以类聚，人以群分"，比喻同类的东西常聚在一起，志同道合的人相聚成群。在企业实践中，不难发现一个个知识背景、兴趣与目标相近员工通过社会网络容易组成知识团体，也就是所谓的实践社群。由于群体成员具备相似的工作任务、社会组织基础和发展目标等，其知识的分享、交流和传递的效率更高，效益更好，非正式的人员互动更能促进知识分享，这意味着实践社群为分享知识、学习知识提供了条件、场所和机会。Hansen（1988）认为组织如果对增加组织内部知识的交换有兴趣，就必须认识到知识社群属性，强调组织知识与知识创造存在于成员群体之中，并利用知识管理系统发展与支持实践社群。正是由于把知识当做群体所共有的且是由实践社群所产生的，当成员间进行讨论与协作时，成员们更愿意为了自己社群的存续而奉献个人的知识，知识从而能够得到有效的分享，并将会贯穿于每一个独立的组织成员并存在于组织的日常活动之中，知识的重复性和共享性也自然就显得更高。因此，实践社群通过社会网络创造一个开放的知识分享平台，来促进组织中的知识分享和创新，进而达到提升组织能力的目的。

8.2.2　实践社群与知识创造

Nonaka 和 Takeuchi（1995）提出组织知识创造动态理论（SECI 模型），认为知识是经由社会化、外部化、组合化、内部化过程并由个人层面扩散到组织层面来完成组织的动态知识创造。然而，在缺乏情景背景下，知识尤其是隐性知识经由外化或内化等过程转化成文字或数字，这些转化来的文字与数字，即显化的知识，就会变得使人难于了解和掌握，更不用说娴熟运用。针对这种脱离实际情景的知识与信息转移模式，Lave 和 Wenger（1991）提出让知识回到最有意义的情景中。同时，由于在实践中知识是需要操作性基础才能为人们所运用，所以当人们处在不同操作情景下，对知识的解读会有所不同，便产生了知识创造模式会有多重的特征或认知化的知识领域，也就是我们常说的操作性情景。而操作性情景存在于实践社群中，所以实践社群反射出来的知识远多于一个人的知识基础。施乐公司的维修人员在实践社群活动中不经意地提及维修机器所遭遇的困难时，若无人能解，众人也许会各抒己见，并于最后整合出解决的知识技能，而这种知识技能往往大多是第一次出现于社群组织当中。可见，一连串的够深不够广的个人知识经过重组交融后，一种新的知识也就会油然而生，知识的创造也就顺理成章。同时，Nonaka 等（2000）认为"场域"（Ba）提供知识创造的情景（参与者、场所、时间），Ba 赋予信息新的意义而使之转化成知识。Ensor 等也发现广告专业者以诸如实践社群的方式连接着，而这样的连接所营造出的工作情景对社群成员内在动机有帮助，这或许印证出实践社群有助于孕育社会性的创意工作环境。

在合理外围参与和创意碰撞等动力机制的作用下，实践社群会集体协同发展出一些共同的"行业术语"，这些术语都是社会化下的产物，具有 Ba 的特性，一个"术语"代表的是一堆复杂的共同经验与意义。当实践社群拥有越多这样的"高阶术语"时，其所共同建构的集体记忆也越丰富，这让社群的集体思维、隐性与显性的知识转换也越顺畅，而这必然有益于人际社会交流下对"意义"的感知、互动、诠释与重构。从社会资本的角度来看，实践社群将有助于增加社会资本认知构面的共同语汇与情景经验，进而有利于群体共同创新。也就是说，知识创造乃有赖于成员采取诠释型的作为，组织通过实践社群的发现、孕育与促进，可增进组织内的社会资本，而社会资本则或通过工作环境的中介，以内在动机的形式提升个人的知识创造力，或则通过人际间互动感知与诠释的中介途径，提升群体的知识创造力。因此实践社群的存在，有益于组织中知识创造的机会，是组织中开发新知识的重要来源。

8.2.3 实践社群与组织学习

组织学习是组织知识来源的基础，而学习作为一种社会性活动，内嵌于组织情景，无法孤立地发生；在实践社群中主体仍为组织中具有学习动机的个人，因而实践社群作为一种通过社会网络的非正式学习组织形式，为组织学习提供了基础。按照实践社群的定义，所有的社群都有自己的边界，而这些边界将社群划分出来成为一个行为单位，成为不同的实践社群。但是这些边界并非绝对封闭，仍可以通过一些"边界的行为者"和"资料"，如研究报告、备忘录、电子邮件、电子数据表、文档等，创造社群与组织之间的联系，促进社群与组织的交流。

除了前面"行为者"，组织之间还有一些具体的联系方式（如会议、交谈、访问等）发生于实践社群之间和实践社群的不同层次之间，这就是所谓的"边界交流"。这些"边界交流"可以划分为三个层次，如图 8.1 所示。最基层的是知识员工间点对点的交流，即两个个体之间讨论议题。另一个层次是嵌入式，该层次的学习方式可以是以某种形式参与实践，在实践中学习。这种方式为实践社群利用群中的成员的交流学习提供一个广阔的方向，以便融入和学习其他的实践社群。该种方式的弊端在于单项信息的流动，即被访问的社群成员很少了解来访成员原来社群的情况。第三个层次是代表团方式，在这种方式中大量的不同社群参与者进行相互磋商，得到相应的互动交流。例如，一个经理召集不同实践社群中的成员让大家交流思想、关注的焦点或者社群中专家所洞察的事情。

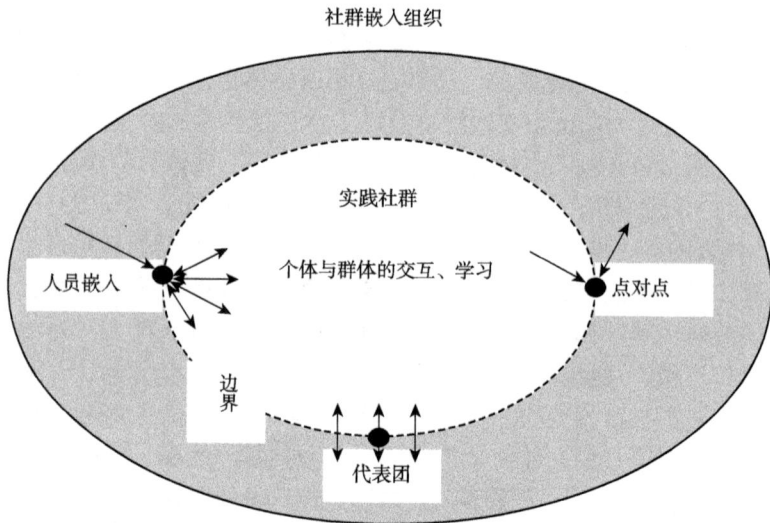

图 8.1　实践社群与组织学习融合图

因此，实践社群可以说是一种内在的情景提供知识的存在，合理外围参与不仅是学习情景实践，而且也是学习包围在这个实践中所有的条件与知识，一个外围参与者转移到社群内实践的参与者，也就是说在新进人员到资深员工的过程中，知识技能的改变、分享、讨论将会形成自我认同，因此实践社群可以缩短新进人员的学习曲线。许多公司所面临的共同的问题就是需要快速地提升新进人员的生产力，当组织采用前面的三种方式，在新的职位快速学习，此时新方法、工具、活动和人际关系就变得十分重要。实践社群可以使新成员与组织记忆产生连接，有利于他们学习新角色和职责上的技术、文化观点。

8.2.4 实践社群与知识分享管理的融合

针对"缺乏情景背景下的隐性知识显化后会变得难于掌握和运用",基于 SECI 模型在知识管理中的重要地位和隐性知识在企业特别是高新技术企业竞争中的突出作用,作者尝试将 SECI 模型与实践社群进行融合,得到实践社群中的知识分享管理概念图(图 8.2)。在 SECI 模型中引入实践社群,不仅可以将隐性知识通过合理外围参与和分享工具外部化为文件、档案、案例等显性知识,而且通过组合化行为有"愿景"地将组织内外庞杂的相关知识积累并整理成系统化的组织知识;同时,实践社群的引导,使得人们转变其心智模式,愿意改变自己学习的态度,也凭借群体的力量,将显性知识在社群中内部化应用到工作中,创造出新的个体隐性知识,再通过社群成员长期以来所共同经历的生产过程、事件、心理和认知体验及知识经验的试验和精炼等社会化活动,将个体隐性知识社会化成为社群的集体隐性知识,产生群体和组织的创新动力与核心知识。因此对一个组织来说,通过社会网络形成一个便于知识流通和整合的建制非常重要,更好的是导入好的知识分享管理机制,可以使成员更加凝聚成一个整体,学习如何共同成长,进而真正地做出知识上的贡献。

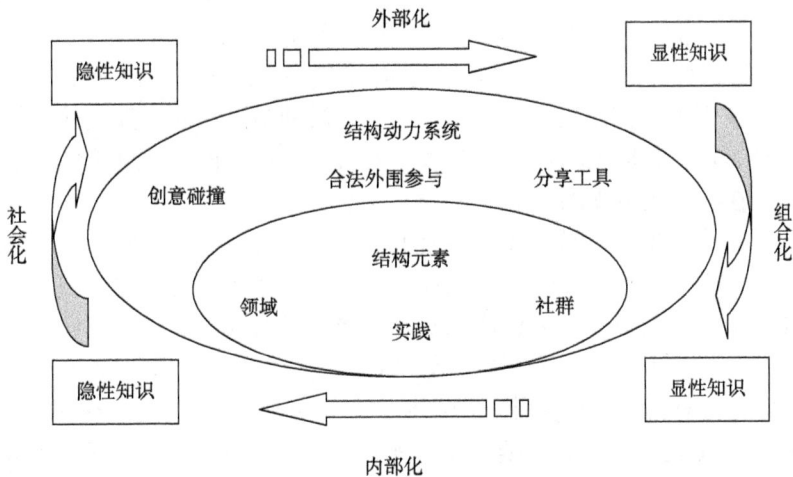

图 8.2 实践社群中的知识分享管理

8.3 培育和建立实践社群推动员工知识分享

虽然实践社群的特色在于成员间自动自发地进行知识的分享,交流彼此的意见和想法,创造新的知识,促进组织学习;然而如何建立实践社群及推动组织知识管理的发展成为困扰当前业界的难题。Wenger、Lesser、James 和骆静等研究指出，实践社群的建立和维持需要长时间的培育，不能急于看到成果，必须注意以下问题：精心设计社群的演化历程；在内部和外部的不同观点之间建立公开的对话；鼓励不同程度的参与；既发展社群的公共空间，也发展社群的私人空间；以价值为关注焦点；组合熟悉与兴奋的感觉；创造社群的和谐节奏，具体来说如下。

（1）组织中由于通常已经存在或多或少的人际社会网络，本来就是一种潜在的实践社群。知识管理者的责任就是找出这些人际社会网络，赋予他们特殊的使命，精心设计社群的演化历程，让他们集中时间及精力在组织的核心知识和能力上。

（2）由于实践社群的非正式性，它无法拥有资金预算或基础设施，知识管理者就必须想出特殊的激励方法支持实践社群，让实践社群成员愿意继续留下来，以发挥实践社群的效用。例如，决定建立和投资实践社群的公司需要仔细研究对实现公司战略商业目标起关键作用的知识类型，并且把资源集中到最有可能提供这类知识的核心实践社群；确保社群成员个体有时间参与实践社群事务，帮助社群成员互相认识和建立有助于知识有效分享的社会资金，提供资源来保证面对面的社群会议的举行，为实践社群提供相互作用的时间和空间；采用允许建立虚拟知识库的技术，使得在知识库中社群能够储存文件和进行讨论。

（3）实践社群属于非正式团体，运作方式与一般企业单位不同，因此很难用传统的方式去衡量，如产出多少，或是为企业增加多少利润。实践社群带来的贡献比较无形，需要长时期才能看出功效，要科学合理地衡量社群价值，就要系统地搜集发生在社群成员周围的情况。

（4）创造社群的和谐节奏，指定支持社群的角色和责任，既发展社群组织的公共空间，也发展社群的私人空间。根据 Lotus 知识管理研究机构和波士顿大学对不同行业的实践社群进行的大量研究发现，推选或指定人员担任指导社群和它的活动的角色很有价值——社群领导、促进者、内容管理者、事件成员和个体负责促进社群内部和社群之间的交流，同时他们还负责社群教育和技能提高。

（5）组合熟悉与兴奋的感觉，推广实践社群和其成功故事。新闻快讯、电子邮件公告、公司范围知识库和训练课程都可以用来使人们知道社群的成功和社群资源对有兴趣的参与者具有可用性。

8.4　本章小结

知识作为现代化组织在面对全球化市场时能否具备创新能力与持续竞争力的

首要资源和战略性资产,其角色与意义将改变以往组织偏重对有形资产的资源利用与依赖,而更趋于战略性创造和发挥知识资产的无限价值与成长潜力。因此在知识领航的年代中,一种通过社会网络的新的组织形态应运而生,逐渐使组织内的知识进行分享、创造并组织学习,这种组织形态便称为实践社群。通过实践社群,无论是企业、组织还是知识工作者,都寻找到一个可以继续成长的途径。作者经过对前人研究结果的总结并在此基础上探索发现,在社会学的观点下实践社群与知识分享管理的方方面面都存在着千丝万缕的联系,可以通过培育实践社群,尊重并发挥新经济中人的价值,管理组织成员的互动与知识,营造一个良好的知识分享环境,通过知识的分享与交流,凝聚组织成员的力量,推动知识管理的发展,提升学习型组织的学习效益。

第9章　总结与展望

知识分享是知识管理的基础和核心环节；与此同时，深入揭示和理解在复杂网络中人类行为发生的机理及动力学过程也是网络科学研究的前沿课题之一。因而本书融合上述两个领域，基于知识分享中社会网络重要性的观察和启示，将社会网络理论引入知识管理的研究中，以复杂社会网络情境下的知识员工为研究对象，直接从员工复杂社会网络中最广泛、最一般的属性出发，依据其动态本质把复杂社会网络看做知识分享的行动领域，即知识分享关系行为与员工知识分享策略行为得以发生的领域，探索了复杂社会网络上员工知识分享关系行为、关系网络生成机理及均衡网络的结构特征，分析了基于复杂社会网络的员工知识分享行为基础；在此基础上进一步研究复杂社会网络上员工知识分享策略行为动力学过程，从微观层面探索网络上员工知识分享行为选择规律；并分析知识分享关系行为与员工知识分享策略行为相互作用机理，最后通过案例分析验证部分理论研究结果，并探讨复杂社会网络上促进知识分享行为的对策和建议。

9.1　本书的主要工作和研究结论

（1）系统分析了员工间知识分享关系行为、网络关系生成机理及结构特征。

本书以员工知识分享行为网络背景和员工社会关系为切入点，通过查阅知识管理理论、社会网络理论、复杂网络理论、演化博弈理论等相关文献，归纳、总结相关研究范畴、研究方法，在已有研究成果和最新进展的基础上，充分考虑知识分享关系行为的成本和利益及关系的外部性，借鉴 Jackson 和 Goyal 等的策略网络形成思想，构建员工知识分享关系策略网络博弈模型，将成本和收益通过博弈模型清楚地体现出来，系统分析了在知识分享中员工有意识选择与之建立关系的对象时知识分享网络的结构特征。研究发现：其一，对任意网络都存在一个最大独立集，也存在一个专业化的纳什均衡。在一个空网络中，唯一的均衡是专业化的均衡，每个员工都选择 e^*，因此不存在搭便车问题。在任何的非空网络中，存在一个同时拥有知识分享者和搭便车的知识隐匿者专业化均衡。其二，一个均衡网络如果不是非空网络，那么就是最小连通网络。其三，一个严格的均衡网络要么是由中心成员构建的星型网络，要么是空网络。其四，在多知识群体下，知识分享网络关系体现出小世界网络特征。总的来讲，在考虑连接关系行为的成本与收益情况下，知识分享关系网络结构呈现出复杂的结构特征。

（2）探索了复杂社会网络上员工知识分享策略行为的演化动力学过程。

传统的演化博弈动力学模型假定群体是无限大的，同时也是充分混合的，这意味着所有的个体将以相同的概率相遇并发生相互作用。然而，在现实社会中，企业的员工数是有限的，并且知识分享的员工个体间的相互联系受空间因素和社会网络的制约。基于此，本书运用演化博弈的图论模型，通过 Moran 过程刻画并分析了企业中员工知识分享的动力学过程。通过分析发现：其一，在知识分享关系网络中，策略的固定概率决定了选择是否有利于该突变策略取代原有策略。其二，在网络的不稳定均衡点，知识分享策略 C 在网络中的临界概率为 $\dfrac{1}{3}$，那么对一个大小为 N 的有限员工群体而言，在弱选择的情况下，单个策略 C 突变最终占据整个群体的概率 ρ_C 将会大于 $\dfrac{1}{N}$，这对应于马尔萨斯的内禀增长率大于零的情况。其三，知识分享策略成为演化均衡策略能够阻碍知识隐匿突变策略的入侵，需要满足两个条件：一是选择机制能够阻碍知识隐匿策略入侵知识分享策略；二是选择机制能够阻碍知识隐匿策略取代知识分享策略。其四，在复杂网络结构下，本书进一步分析了有利于知识分享策略在演化过程中胜出的条件是节点的邻居节点平均度要大于成本收益率，这类似于 Nowak 的空间互惠有利于合作演化的条件，本书将 Nowak 的空间直接互惠拓展到考虑邻居的邻居影响，即间接网络互惠效益下，知识分享策略胜出的条件。

（3）深入分析了复杂社会网络上员工知识分享关系行为与策略行为共演化问题。

随着对知识分享关系行为空间因素的深入认识，本书尝试把这一重要因子整合到演化博弈理论的研究中，并以此来分析和解决知识分享行为问题。基于此，本书将员工知识分享关系行为与策略行为纳入复杂社会网络框架下进行探讨，分析员工间异质性连接关系行为及如何根据策略收益调整动态关系，并分析这两种关系行为下知识分享策略行为选择及空间因素如何影响策略的演化。通过研究发现，在异质性连接关系行为影响下，演化均衡策略不仅与策略的收益矩阵相关，而且还与策略个体之间的连接关系行为紧密相关，即与 r_{CC}, r_{DD}, r_{CD} 相关。这使得异质性连接关系情况下可能出现新的动力学现象。在动态关系行为环境下，其一，在连接关系调整快于策略演化的情况下，通过动态演化改变了博弈支付矩阵元素的大小关系，进而对演化动力系统产生了巨大的影响。其二，研究紧紧抓住现实社会网络中员工知识分享行为呈现出的一些基本特征，特别是员工可以根据连接关系带来的收益大小对连接关系进行动态调整，反映了知识分享网络背后的社会动力机制。研究的结果显示，在连接关系持续时间足够长及比较稳定的社会网络关系结构下，社会网络中员工更倾向于选择知识分享策略而不是知识隐匿策略，同时动态连接使得知识分享行为可以在社会网络更大领域内涌现出来。

（4）实地研究了企业中员工知识分享行为和网络影响因素。通过某研究院的实际案例，采用访谈和问卷调研获得相关的数据，运用社会网络分析工具描述知识分享关系数据，并用 UCINET 软件对得到的关系数据的各种参数进行综合系统的分析，作者发现社会网络关系结构及特征对知识分享具有重要的影响，在网络中个体的结构位置（如结构洞、中心性、边缘-中心等）与知识分享行为有密切的联系，知识丰富且爱分享的个体可以拥有网络中重要的位置，其网络位置可以带来知识优势、控制优势和网络收益，进而弥补知识分享可能造成的损失，同时期望互惠也刺激了个体之间的知识分享，从社会网络的角度论证了微观个体的隐性知识分享动机。在此基础上进一步提出应充分发挥核心节点的作用，修补结构洞，明确中间人，连接网络中孤立点和边缘点，发掘并培育优秀的知识社群等，在复杂社会网络中促进知识分享措施与建议的实施与提出。

（5）作者借鉴 Stackelberg 主从博弈思想建立了团队知识分享行为的博弈模型，通过模型进行推导和仿真分析；研究发现团队知识分享的前提条件是知识优势方的绩效分配系数应足够大，且该绩效分配系数与所有跟随者的绩效分配系数之和的比应大于每单位投入的知识转化系数；成员的知识分享投入比率与自身的绩效分配比例系数正相关，绩效分配系数对知识跟随方在知识分享中投入的影响比知识优势方更加敏感；除此之外，知识分享安全指数对知识分享投入与收益均有积极的影响。由此可见，在知识团队中科学合理的利润分享计划与团队成员之间知识分享的安全氛围和企业文化是高新技术企业知识分享的基础和重要保障。

（6）作者将 IBM、BP、麦肯锡等许多杰出企业知识管理实践、学习型组织建设与复杂社会网络研究融合，研究发现企业员工通过社会网络进行"链接"，比较有效地应对企业中"知识僵化""知识源分散"和"分享动机缺乏"等问题。在复杂社会网络背景下，企业中存在一种重要的非正式组织"实践社群"；通过实践社群，员工可以营造独特的情境与社会结构，创造一个开放的知识分享平台，将学习与工作融为一体，大大促进知识分享效率与效果。在实践中，管理人员应精心设计并引导实践社群的演化历程，鼓励员工不同程度地参与知识分享与创新，在社群内部和外部的不同观点之间建立公开的对话，进而培育和建立实践社群推动员工知识分享，达到提升企业核心能力的目的。

9.2 本书研究的局限和研究展望

员工间知识分享对企业来讲是获取并保持持续竞争优势的重要手段，但目前的实践结果显示知识分享效果不是很理想，其主要原因之一是过度依赖信息技术，忽略了人的本质因素。作者认为，知识分享过程是一种社会建构的过程，内嵌入知识员工的社会网络是一个非常复杂的综合体系。

本书主要从复杂社会网络的视角来审视知识分享问题，聚焦于知识分享的机理和社会关系网结构的定量分析，从而探究阻碍知识分享的问题根源；而对知识分享的绩效等方面未曾涉及。同时，在研究中社会网络研究需要受访者的高度配合，且必须采用记名的方式进行调查，以致愿意接受访问及调查的公司样本较少，因此必须依靠研究者个人的"社会网络"，通过亲友协助来获得个案研究数据，故采用的是整体网络研究，未对个体网络的各种特征进行充分分析；同时在实地调研和问卷调查中，主要从工作关系、知识分享中知识寻求关系和奉献关系来研究知识分享问题，未涉及知识分享的组织气候、知识分享绩效等方面的研究变量，且数据不是广泛随机抽样数据，所以本书研究结论的推广和一般化受到一定限制；除此之外，作者在知识分享的策略方面，主要对模式与原则进行了探讨，而具体在企业内部实施的步骤和构架还有待进一步细化；这些问题是本书研究的局限，也是笔者未来研究的方向和重点。

参 考 文 献

边燕杰. 2004. 城市居民社会资本的来源及作用：网络观点与调查发现. 中国社会科学，（3）：136-146.

陈关荣. 2008. 复杂网络及其新近研究进展简介. 力学进展，38（6）：653-662.

陈静慧. 2000. 关系与人际关系质量：主观契合度的中介效果与关系类型的调节效果. 台湾大学硕士学位论文.

陈磊，安立仁，陈建设. 2008. 不完全信息条件下企业知识共享演化博弈分析. 科技管理研究，28（1）：182-183.

陈亮，陈忠，韩丽川，等. 2009. 基于社会网络分析的企业员工知识存量测度及实证研究. 管理工程学报，23（4）：49-53.

陈萍. 2008. 组织内部知识共享的进化博弈分析. 图书与情报，（4）：76-79.

陈永清. 2009. 不完全信息条件下企业内部知识共享的演化博弈分析. 科技管理研究，29（8）：281-283.

党兴华，汤喜建. 2007. 员工知识背景差异与组织内知识转移. 科研管理，28（6）：50-55.

德鲁克 P F，等. 1999. 知识管理. 杨开峰译. 北京：中国人民大学出版社.

邓丹. 2006. 研发团队的知识共享研究——从社会网络的角度. 南京航空航天大学硕士学位论文.

方锦清. 2007. 非线性网络的动力学复杂性研究的若干进展. 自然科学进展，17（7）：841-857.

冯长利，周剑，兰鹰. 2012. 供应链成员间知识共享行为演化博弈模型. 情报杂志，31（3）：138-144.

胡安安，徐瑛，凌鸿. 2007. 组织内知识共享信任机制的发展路径和改善方法研究. 现代情报，27（8）：2-5.

胡晓真. 2012. 组织内社会网络中心性、知识分享与员工工作绩效的关系研究. 吉林大学硕士学位论文.

黄芳，马剑虹，霍荣棉，等. 2010. 企业员工知识共享的理性行为模型. 科研管理，31（3）：120-126.

黄利萍，李朝明. 2010. 企业协同知识创新中知识共享的演化博弈分析. 科技进步与对策，27（18）：115-118.

贾鲁昆，李文龙，李自珍，等. 2008. 具有非一致接触率的复制方程的进化稳定性. 兰州大学学报（自然科学版），44（4）：93-98.

姜道奎. 2015. 团队知识共享机制研究. 北京：经济科学出版社.

邝宁华，胡奇英，杜荣. 2004. 强联系与跨部门复杂知识转移困难的克服. 研究与发展管理，16（2）：20-25.

李宪印，陈万明. 2007. 基于进化博弈论的组织知识共享分析. 中国管理科学，15（S1）：591-595.

李玉英，刘心声，李夏飞. 2012. 活跃连接下两个水平上的合作进化. 南京大学学报（数学半年刊），29（1）：66-74.

林东清，李东. 2005. 知识管理理论与实务. 北京：电子工业出版社.

刘臣，单伟，于晶. 2014. 组织内部知识共享的类型及进化博弈模型. 科研管理，35（2）：145-153.

刘佳，王馨. 2013. 组织内部社会网络联系对知识共享影响的实证研究. 情报科学，（2）：105-109.

刘军. 2004. 社会网络分析导论. 北京：社会科学文献出版社.

刘军. 2005. 关系：一种新的分析单位. 社会，25（5）：188-202.

刘军. 2006. 法村社会支持网络：一个整体研究的视角. 北京：社会科学文献出版社.

刘军. 2009. 整体网分析讲义：UCINET 软件实用指南. 上海：格致出版社，上海人民出版社.

刘枭. 2011. 组织支持、组织激励、员工行为与研发团队创新绩效的作用机理研究. 浙江大学博士学位论文.

陆瑾. 2006. 基于演化博弈论的知识联盟动态复杂性分析. 财经科学，（3）：54-61.

罗家德. 2005. 社会网分析讲义. 北京：社会科学文献出版社.

罗军，张卫国，吴丙山. 2006. 基于战略思维的知识管理研究. 管理科学，19（4）：29-34.

骆静，廖建桥. 2006. 基于提高知识员工组织嵌入度的实践社群研究. 科研管理，3（2）：133-139.

秦红霞，陈华东. 2009. 社会网络视角的企业知识共享演化博弈分析. 情报杂志，28（5）：143-146.

秦红霞，陈宝国. 2010. 企业内部知识共享网络模型分析. 情报杂志，29（5）：16-19.

任志安. 2008. 企业知识共享网络理论及其治理研究. 北京：中国社会科学出版社.

任志安，毕玲. 2007. 网络关系与知识共享：社会网络视角分析. 情报杂志，26（1）：75-78.

阮国祥，阮平南，宋静. 2011. 创新网络成员知识共享演化博弈仿真分析. 情报杂志，30（2）：100-104.

单伟. 2008. 企业内部隐性知识流动与转化研究. 哈尔滨工业大学博士学位论文.

单伟，高俊光，张庆普. 2012. 社会网络视角的企业隐性知识管理综述. 科技进步与对策，29（7）：156-160.

沈其泰，黄敏萍，郑伯埙. 2004. 团队共享心智模式与知识分享行为：成员性格特质与性格相似性的调节效果. 管理学报，21（5）：553-570.

施琴芬，梁凯. 2003. 隐性知识主体价值最大化的博弈分析. 科学学与科学技术管理，24（3）：11-13.

史江涛. 2012. 员工关系、沟通对知识管理的作用机制研究. 北京：经济科学出版社.

宋军花. 2011. 企业研发团队知识共享的进化博弈分析. 科技管理研究，31（7）：122-125.

苏卉. 2009. 基于 W-S 模型的组织内知识共享研究. 情报杂志，28（3）：138-140.

汪秉宏，周涛，周昌松. 2012. 人类行为、复杂网络及信息挖掘的统计物理研究. 上海理工大学学报，34（2）：103-117.

汪晓媛. 2012. 战略人力资源管理、员工信任与知识共享关系研究. 苏州大学博士学位论文.

王建宇，樊治平. 2005. 合作知识创新中资源共享决策的博弈分析. 东北大学学报（自然科学版），26（10）：1017-1020.

王能民，汪应洛. 2006. 网络组织的知识管理研究述评. 管理工程学报，20（2）：54-58.

王晓科. 2010. 不同理性动机下的企业隐性知识共享博弈. 情报杂志，29（11）：110-117.

王众托. 2004. 关于知识管理若干问题的探讨. 管理学报，1（1）：18.

王众托. 2016. 知识系统工程. 北京：科学出版社.

吴丙山，张卫国，秦大斌，等. 2011. 高新技术企业隐性知识分享网络结构特征及其影响研究. 重庆大学学报（社会科学版）：17（4）：62-67.

吴丙山，张卫国，罗军. 2012a. 实践社群中的知识管理研究. 西南大学学报（社会科学版），38（1）：160-166.

吴丙山，赵骅，罗军. 2012b. 高新技术企业中知识分享微观机制研究. 科研管理，33（3）：65-71.

吴强，张卫国. 2016. 大规模知识共享的激励方式选择策略. 系统管理学报，25（3）：498-505.

谢荷锋. 2007. 组织氛围对企业员工间非正式知识分享行为的激励研究. 研究与发展管理，（2）：92-99.

谢建成，吴佳典. 2010. 以协同合作模式建构研究者知识之研究. 教育数据与图书馆学，48（2）：239-246.

颜伟宏. 2008. 以理性行为观点探讨人格特质对知识分享意图之影响. 台湾成功大学硕士学位论文.

姚小涛，张田. 2008. 强关系与弱关系：企业成长的社会关系依赖研究. 管理科学学报，11（1）：143-152.

杨洪，魏俊杰. 2014. 一类带有非线性接触率的 SIR 传染病模型的稳定性. 高校应用数学学报，29（1）：11-16.

杨中芳，彭泗清. 1999. 中国人人际信任的概念化：一个人际关系的观点. 社会学研究，2（2）：1-21.

叶诗凡，杨岚，张建华. 2012. 供应链知识共享动态进化博弈研究. 情报杂志，31（9）：126-130.

殷国鹏，莫云生，陈禹. 2006. 利用社会网络分析促进隐性知识管理. 清华大学学报（自然科学版），46（S1）：964-969.

于晶，刘臣，单伟. 2011. 知识网络中知识共享的准公共物品进化博弈. 科学学与科学技术管理，32（12）：65-70.

于娱，施琴芬. 2011. 有限理性视角下组织间隐性知识共享博弈研究. 情报杂志，30（11）：110-114.

翟伟希. 2010. 基于社会网络分析的组织知识共享研究. 重庆大学硕士学位论文.

张慧. 2012. 空间结构种群中基于博弈模型的合作进化的研究. 兰州大学博士学位论文.

张火灿，刘淑宁. 2002. 从社会网络理论探讨员工知识分享. 人力资源管理学报，2（3）：101-113.

张生太，朱宏淼. 2016. 人员流动对组织间隐性知识共享影响研究. 管理科学学报，19（7）：78-84.

张卫国，陈军. 2010. 研发团队隐性知识共享的多源信息模型研究. 科技进步与对策，27（6）：130-134.

张卫国，王莎莎，罗军. 2007. 基于知识管理的企业活动竞争优势的探讨. 科学管理研究，25（1）：73-76.

张卫国，邢青霞，罗军. 2009. 社会网络视角下组织内部隐性知识共享研究. 科技管理研究，（12）：290-292.

张卫国，李俊龙，吴丙山. 2012. 高新技术企业内隐性知识分享影响研究. 技术经济与管理研究，（10）：45-48.

赵君，廖建桥. 2009. 团队成员知识共享的进化博弈分析. 情报杂志，28（9）：122-126.

钟琦，汪克夷. 2008. 基于社会网络分析法的组织知识网络及其优化. 情报杂志，27（9）：59-62.

周斌，汪秉宏. 2016. 人类行为双向选择现象研究. 现代物理知识，（1）：54-57.

周密，赵文红，姚小涛. 2007. 社会关系视角下的知识转移理论研究评述及展望. 科研管理，28（3）：78-85.

Abbott M B. 1993. The electronic encapsulation of knowledge in hydraulics, hydrology and water resources. Advances in Water Resources, 16（1）: 21-39.

Abramson G, Kuperman M. 2001. Social games in a social network. Physical Review E, 63（3）: 030901.

Akhavan P, Hosseini S M. 2016. Social capital, knowledge sharing, and innovation capability: an empirical study of R&D teams in Iran. Technology Analysis and Strategic Management, 28（1）: 96-113.

Al-Alawi A I, Al-Marzooqi N Y, Mohammed Y F. 2007. Organizational culture and knowledge sharing: critical success factors. Journal of Knowledge Management, 11（2）: 22-42.

Albert R, Barabasi A L. 2002. Statistical mechanics of complex networks. Reviews of Modern Physics, 74（1）: 47-97.

Amaral L A, Ottino J M. 2004. Complex networks. The European Physical Journal B-Condensed Matter and Complex Systems, 38（2）: 147-162.

Aumann R J, Myerson R B. 2003. Endogenous formation of links between players and of coalitions: an application of the shapley value//Dutta B, Jackson M O. Networks and Groups. Heidelberg: Springer: 207-220.

Axelrod R. 1997. The Complexity of Cooperation: Agent-based Models of Competition and Collaboration. Princeton: Princeton University Press.

Axelrod R, Hamilton W D. 1981. The evolution of cooperation. Science, 211（4489）: 1390-1396.

Bala V, Goyal S. 2000. A noncooperative model of network formation. Econometrica, 68（5）: 1181-1229.

Ballester C, Calvó-Armengol A, Zenou Y. 2006. Who's who in networks wanted: the key player. Econometrica, 74（5）: 1403-1417.

Banck G A. 1973. Network analysis and social theory//Boissevain J, Mitchell J C. Network Analysis: Studies in Human Interaction. Hague: Mouton: 37-44.

Barabasi A L. 2002. Linked: The New Science of Network. New York: Perseus Publishing.

Barabasi A L. 2010. Complex networks: beyond topology. APS March Meeting 2010. American Physical Society.

Barabasi A L. 2012. The network takeover. Nature Physics, 8（8）: 14-16.

Barabasi A L, Albert R. 1999. Emergence of scaling in random networks. Science, 286（5439）: 509-512.

Bartol K M, Srivastava A. 2002. Encouraging knowledge sharing: the role of organizational reward systems. Journal of Leadership & Organizational Studies, 9（1）: 64-76.

Bartol K M, Liu W, Zeng X, et al. 2009. Social exchange and knowledge sharing among knowledge workers: the moderating role of perceived job security. Management and Organization Review, 5（2）: 223-240.

Bienenstock E J, Bonacich P. 1993. Game-theory models for exchange networks: experimental results. Sociological Perspectives, 36: 117-135.

Blau P M. 1964. Exchange and Power in Social Life. New York: Wiley.

Blau P M. 1977. Inequality and Heterogeneity: A Primitive Theory of Social Structure. New York: Free Press.

Bo X, Yang J. 2010. Evolutionary ultimatum game on complex networks under incomplete information. Physica A: Statistical Mechanics and Its Applications, 389 (5): 1115-1123.

Boccaletti S, Latora V, Moreno Y, et al. 2006. Complex networks: structure and dynamics. Physics Reports, 424 (4): 175-308.

Bock G W, Kim Y G. 2002. Breaking the myths of rewards: an exploratory study of attitudes about knowledge sharing. Information Resources Management Journal, 15 (2): 14-21.

Borch C, Willer D. 2006. Power, embedded games and coalition formation. Journal of Mathematical Sociology, 30: 77-111.

Borgatti S P, Everett M G, Freeman L C. 2002. Ucinet for Windows: Software for Social Network Analysis. Cambridge: Analytic Technologies.

Boyd D. 2007. Why youth (heart) social network sites: the role of networked publics in teenage social life//Buckingham D. Youth, Identity, and Digital Media. Cambridge: The MIT Press: 119-142.

Brass D J. 1995. A social network perspective on human resources management. Research in Personnel and Human Resources Management, 13 (1): 39-79.

Bresman H, Birkinshaw J, Nobel R. 1999. Knowledge transfer in international acquisitions. Journal of International Business Studies, 30 (3): 439-462.

Broom M, Hadjichrysanthou C, Rychtář J. 2010. Evolutionary games on graphs and the speed of the evolutionary process. Proceedings of the Royal Society A: Mathematical, Physical and Engineering Science, 466 (2117): 1327-1346.

Brown J S, Collins A, Duguid P. 1989. Situated cognition and the culture of learning. Educational Researcher, 18 (1): 32-42.

Burt R S. 1992. Structural Holes: The Social Structure of Competition. Boston: Harvard University Press.

Burt R S. 2010. Neighbor Networks. Oxford: Oxford University Press.

Carayol N, Roux P. 2005. Self-organizing innovation networks: when do small worlds emerge? European Journal of Economic and Social Systems, 18 (2): 307-332.

Carley K M. 2002. Computational organizational science and organizational engineering. Simulation Modelling Practice & Theory, 10 (5~7): 253-269.

Carrington P J, Scott J, Wasserman S. 2005. Models and Methods in Social Network Analysis. Cambridge: Cambridge University Press.

Chalmers D. 2013. Social innovation: an exploration of the barriers faced by innovating organizations in the social economy. Local Economy, 28 (1): 17-34.

Chen Y, Friedman R, Yu E, et al. 2009. Supervisor-subordinate guanxi: developing a three-dimensional model and scale. Management and Organization Review, 5 (3): 375-399.

Cheshire C, Gerbasi A, Cook K S. 2010. Trust and transitions in modes of social exchange. Social Psychology Quarterly, 73 (2): 176-195.

Christakis N A, Fowler J H. 2009. Connected: the Surprising Power of Our Social Networks and How They Shape Our Lives. New York: Little, Brown and Company.

Cress U, Hesse F W. 2004. Knowledge sharing in groups: experimental findings of how to overcome a social dilemma//Kafai Y, Sandoval W, Enydey N, et al. Proceedings of the Sixth International Conference of the Learning Sciences. Mahwah: Lawrence Erlbaum: 150-157.

Davenport T H, Prusak L. 1998. Working Knowledge: How Organizations Manage What They Know. Boston: Harvard Business School Press.

Dawson R. 2012. Developing Knowledge-based Client Relationships: Leadership in Professional Services. Oxford: Elsevier Butterworth-Heinemann.

Doreian P, Stokman F. 2013. Evolution of Social Networks. London: Routledge.

Dreber A, Rand D G, Fudenberg D, et al. 2008. Winners don't punish. Nature, 452(7185): 348-351.

Fehr E, Fischbacher U. 2003. The nature of human altruism. Nature, 425 (6960): 785-791.

Feri F. 2007. Network formation with endogenous decay. SSRN Electronic Journal, 36(14): 701-712.

Fine B, Lapavitsas C. 2004. Social capital and capitalist economies. South-Eastern Europe Journal of Economics, 2 (1), 17-34.

Frank O, Snijders T. 1994. Estimating the size of hidden populations using snowball sampling. Journal of Official Statistics, 10 (1): 53-67.

Freeman L C. 1979. Centrality in social networks conceptual clarification. Social Networks, 1 (3): 215-239.

Fudenberg D, Tirole J. 1991. Game Theory. Cambridge: The MIT Press.

Furusawa T, Konishi H. 2007. Free trade networks. Journal of International Economics, 72 (2): 310-335.

Galaskiewicz J, Wasserman S. 1989. Mimetic processes within an interorganizational field: an empirical test. Administrative Science Quarterly, 34 (3): 454-479.

Galeotti A, Goyal S, Kamphorst J. 2006. Network formation with heterogeneous players. Games and Economic Behavior, 54 (2): 353-372.

Galeotti A, Goyal S, Jackson M O, et al. 2010. Network games. The Review of Economic Studies, 77 (1): 218-244.

Goyal S. 2007. Connections: An Introduction to the Economics of Networks. Princeton: Princeton University Press.

Goyal S. 2012. Two-sided link formation: connections an introduction to the economics of networks. Computational Mathematics, 15 (1): 85-104.

Goyal S, Vega-Redondo F. 2005. Network formation and social coordination. Games and Economic Behavior, 50 (2): 178-207.

Granovetter M S. 1973. The strength of weak ties. American Journal of Sociology, 78(6): 1360-1380.

Granovetter M S. 1985. Economic action and social structure: the problem of embeddedness. American Journal of Sociology, 91 (3): 481-510.

Hamilton W D. 1964. The genetical evolution of social behaviour. I. Journal of Theoretical Biology, 7 (1): 1-16.

Hammerstein P. 1981. The role of asymmetries in animal contests. Animal Behaviour, 29 (1): 193-205.

Hansen M T. 1999. The search-transfer problem: the role of weak ties in sharing knowledge across organization subunits. Administrative Science Quarterly, 44 (1): 82-111.

Hansen M T, Mors M L, Løvås B. 2005. Knowledge sharing in organizations: multiple networks, multiple phases. Academy of Management Journal, 48 (5): 776-793.

Hansen R G, Samuelson W F. 1988. Evolution in economic games. Journal of Economic Behavior & Organization, 10 (3): 315-338.

Hauert C, Doebeli M. 2004. Spatial structure often inhibits the evolution of cooperation in the snowdrift game. Nature, 428（6983）：643-646.

Hayek F A. 1945. The use of knowledge in society. American Economic Review, 35（4）：519-530.

Hellmann T, Staudigl M. 2014. Evolution of social networks. European Journal of Operational Research, 234（3）：583-596.

Hendriks P. 1999. Why share knowledge? The influence of ICT on the motivation for knowledge sharing. Knowledge and Process Management, 6（2）：91-100.

Hofbauer J, Sigmund K. 1998. Evolutionary Games and Population Dynamics. Cambridge：Cambridge University Press.

Holste J S, Fields D. 2010. Trust and tacit knowledge sharing and use. Journal of Knowledge Management, 14（1）：128-140.

Huisman M, van Duijn M A. 2005. Software for social network analysis//Carrington P J, Scott J, Wasserman S. Models and Methods in Social Network Analysis. Cambridge：Cambridge University Press：270-316.

Hutchins E. 1991. The social organization of distributed cognition// Resnick L B, Levine J M, Teasley S D. Perspectives on Socially Shared Cognition. Washington DC：American Psychological Association：283-307.

Imhof L A, Nowak M A. 2006. Evolutionary game dynamics in a wright-fisher process. Journal of Mathematical Biology, 52（5）：667-681.

Jackson C K, Schneider H S. 2011. Do social connections reduce moral hazard? Evidence from the New York City taxi industry. American Economic Journal Applied Economics, 3（3）：244-267.

Jackson M O. 2005. Allocation rules for network games. Games & Economic Behavior, 51（1）：128-154.

Jackson M O. 2009. Networks and economic behavior. Annual Review Economics, 1（1）：489-511.

Jackson M O, Wolinsky A. 1996. A strategic model of social and economic networks. Journal of Economic Theory, 71（1）：44-74.

Jackson M O, Rodriguez-Barraquer T, Tan X. 2012. Social capital and social quilts：network patterns of favor exchange. The American Economic Review, 102（5）：1857-1897.

Jackson S E, Chuang C H, Harden E E, et al. 2006. Toward developing human resource management systems for knowledge-intensive teamwork. Research in Personnel and Human Resources Management, 25：27-70.

Johnson C, Gilles R P. 2000. Spatial social networks. Review of Economic Design, 5（3）：273-299.

Kilduff M, Tsai W. 2003. Social Networks and Organizations. London：Sage Publications Limited.

Kim S, Lee H. 2010. The impact of organizational context and information technology on employee knowledge-sharing capabilities. Public Administration Review, 66（3）：370-385.

Kimmerle J, Cress U, Held C. 2010. The interplay between individual and collective knowledge：technologies for organisational learning and knowledge building. Knowledge Management Research & Practice, 8（1）：33-44.

Knoke D, Yang S. 2008. Social Network Analysis：Quantitative Applications in the Social Sciences. London：Sage Publications.

Kogut B, Zander U. 1992. Knowledge of the firm, combinative capabilities, and the replication of technology. Organization Science, 3（3）: 383-397.

Koskinen K U. 2000. Tacit knowledge as a promoter of project success. European Journal of Purchasing and Supply Management, 6（1）: 41-47.

Kossinets G, Watts D J. 2006. Empirical analysis of an evolving social network. Science, 311（5757）: 88-90.

Krackhardt D. 1992. The strength of strong ties: the importance of philos in organizations//Nohria N, Eccles R. Networks and Organizations. Networks and Organizations: Structure, Form, and Action. Boston: Harvard Business School Press: 216-239.

Kranton R E, Minehart D F. 2001. A theory of buyer-seller networks. American Economic Review, 91（3）: 485-508.

Krause J, Croft D P, James R. 2007. Social network theory in the behavioural sciences: potential applications. Behavioral Ecology and Sociobiology, 62（1）: 15-27.

Kukko M. 2013. Knowledge sharing barriers in organic growth: a case study from a software company. The Journal of High Technology Management Research, 24（1）: 18-29.

Kun Á, Scheuring I. 2009. Evolution of cooperation on dynamical graphs. Biosystems, 96（1）: 65-68.

Lai G, Wong O. 2002. The tie effect on information dissemination: the spread of a commercial rumor in Hong Kong. Social Networks, 24（1）: 49-75.

Lave J, Wenger E. 1991. Situated Learning: Legitimate Peripheral Participation. Cambridge: Cambridge University Press.

Lawler E J, Thye S R, Yoon J. 2008. Social exchange and micro social order. American Sociological Review, 73（4）: 519-542.

Lazer D, Pentland A S, Adamic L, et al. 2009. Life in the network: the coming age of computational social science. Science, 323（5915）: 721-723.

Lesser E L, Fontaine M A, Slusher J A. 2000. Knowledge and Communities. Boston: Butter worth-Heinemann.

Levin D Z, Cross R, Abrams L C, et al. 2003. Trust and knowledge sharing: a critical combination// Lesser E L, Prusak L. Creating Value With Knowledge. Oxford: Oxford University Press: 36-40.

Liao T J. 2010. Cluster and performance in foreign firms: the role of resources, knowledge, and trust. Industrial Marketing Management, 39（1）: 161-169.

Lieberman E, Hauert C, Nowak M A. 2005. Evolutionary dynamics on graphs. Nature, 433（7023）: 312-316.

Lin N. 2002. Social Capital: A Theory of Social Structure and Action. Cambridge: Cambridge University Press.

Lin T C, Wu S, Lu C T. 2012. Exploring the affect factors of knowledge sharing behavior: the relations model theory perspective. Expert Systems with Applications, 39（1）: 751-764.

Lin W B. 2013. Research on knowledge sharing and interpersonal relationships: empirical study of family firms and non-family firms. Quality & Quantity, 47（1）: 151-166.

Louch H. 2000. Personal network integration: transitivity and homophily in strong-tie relations. Social Networks, 22（1）: 45-64.

Mantegna R N, Stanley H E. 1997. Econophysics: scaling and its breakdown in finance. Journal of Statistical Physics, 89（1~2）: 469-479.

Mårtensson M. 2000. A critical review of knowledge management as a management tool. Journal of Knowledge Management, 4（3）：204-216.

Mayhew B H. 1980. Structuralism versus individualism：part 1, shadowboxing in the dark.Social Forces, 59（2）：335-375.

Mehra A, Kilduff M, Brass D J. 2001. The social networks of high and low self-monitors：implications for workplace performance. Administrative Science Quarterly, 46（1）：121-146.

McAllister D J. 1995. Affect and cognition-based trust as foundations for interpersonal cooperation in organizations. Academy of Management Journal, 38（1）：24-59.

McDermott R. 1999. Why information technology inspired but cannot deliver knowledge management. California Management Review, 41（4）：103-117.

McPherson J M, Popielarz P A, Drobnic S. 1992. Social networks and organizational dynamics. American Sociological Review, 57：153-170.

McPherson J M, Smith-Lovin L, Cook J M. 2001. Birds of a feather：homophily in social networks. Annual Review of Sociology, 27（1）：415-444.

Metcalfe M. 2005. Knowledge sharing, complex environments and small-worlds. Human Systems Management, 24（3）：185-195.

Mirowski P. 1991. More Heat Than Light：Economics as social physics, Physics as Nature's Economics. Cambridge：Cambridge University Press.

Milardo R M. 1988. Families and Social Networks. Newbury Park：Sage.

Mitchell J C. 1969. Social Networks and Urban Situations. Manchester：Manchester University Press.

Mitchell J C. 1979. Networks, algorithms, and analysis//Holland P W, Leinhardt S. Perspectives on Social Network Research. New York：Academic Press：425-451.

Moon I C, Carley K M. 2007. Modeling and simulating terrorist networks in social and geospatial dimensions. IEEE Intelligent Systems, 22（5）：40-49.

Moran P A P. 1958. Random processes in genetics. Mathematical Proceedings of the Cambridge Philosophical Society, 54（1）：60-71.

Nakamaru M, Iwasa Y. 2005. The evolution of altruism by costly punishment in lattice-structured populations：score-dependent viability versus score-dependent fertility. Evolutionary Ecology Research, 7（6）：853-870.

Newman M E. 2003. The structure and function of complex networks. SIAM Review, 45（2）：167-256.

Newman M E. 2006. Finding community structure in networks using the eigenvectors of matrices. Physical Review E, 74（3 Pt 2）：036104.

Niu G Y. 2013. A game theory based analysis of the tacit knowledge sharing and incentive mechanism. Advanced Materials Research, 601：564-569.

Nonaka I, Takeuchi H. 1995. The Knowledge-creating Company：How Japanese Companies Create the Dynamics of Innovation. Oxford：Oxford University Press.

Nonaka I, Toyama R, Nagata A. 2000. A firm as a knowledge-creating entity：a new perspective on the theory of the firm. Industrial and Corporate Change, 9（1）：1-20.

Nonaka I, von Krogh G, Voelpel S. 2006. Organizational knowledge creation theory：evolutionary paths and future advances. Organization Studies, 27（8）：1179-1208.

Nowak M A. 2006. Five rules for the evolution of cooperation. Science, 314 (5805): 1560-1563.

Nowak M A. 2012. Evolving cooperation. Journal of Theoretical Biology, 299 (4): 1-8.

Nowak M A, May R M. 1992. Evolutionary games and spatial chaos. Nature, 359 (6398): 826-829.

Nowak M A, Sigmund K. 1992. Tit for tat in heterogeneous populations. Nature, 355 (6357): 250-253.

Nowak M A, May R M. 1993. The spatial dilemmas of evolution. International Journal of Bifurcation and Chaos, 3 (1): 35-78.

Nowak M A, Sigmund K. 1993. A strategy of win-stay, lose-shift that outperforms tit-for-tat in the Prisoner's Dilemma game. Nature, 364 (6432): 56-58.

Nowak M A, Sigmund K. 1998. Evolution of indirect reciprocity by image scoring. Nature, 393 (6685): 573-577.

Ohtsuki H, Nowak M A. 2006. Evolutionary games on cycles. Proceedings of the Royal Society B: Biological Sciences, 273 (1598): 2249-2256.

Ohtsuki H, Nowak M A, Pacheco J M. 2007. Breaking the symmetry between interaction and replacement in evolutionary dynamics on graphs. Physical Review Letters, 98 (10): 108106.

Ohtsuki H, Iwasa Y, Nowak M A. 2009. Indirect reciprocity provides only a narrow margin of efficiency for costly punishment. Nature, 457 (7225): 79-82.

Oinas-Kukkonen H, Lyytinen K, Yoo Y. 2010. Social networks and information systems: ongoing and future research streams. Journal of the Association for Information Systems, 11 (2): 61-68.

O'Reilly C A. 1991. Organizational behavior: where we've been, where we're going. Annual Review of Psychology, 42 (1): 427-458.

Ostro N. 1997. The corporate brain. Chief Executive, 123: 58-62.

Oye N D, Salleh M, Noorminshah A. 2011. Knowledge sharing in workplace: motivators and demotivators. International Journal of Managing Information Technology, 3 (4): 71-84.

Pacheco J M, Traulsen A, Nowak M A. 2006. Active linking in evolutionary games. Journal of Theoretical Biology, 243 (3): 437-443.

Pacheco J M, Traulsen A, Ohtsuki H, et al. 2008. Repeated games and direct reciprocity under active linking. Journal of Theoretical Biology, 250 (4): 723-731.

Pavlov D Y, Pennock D M. 2002. A maximum entropy approach to collaborative filtering in dynamics, sparse, high-dimensional domains. Advances in Neural Information Processing Systems: 1441-1448.

Polanyi M. 1962. Tacit knowing: its bearing on some problems of philosophy. Reviews of Modern Physics, 34 (4): 601-615.

Priyopradono B, Manongga D, Utomo W H. 2013. Spatial social network analysis: program pengembangan usaha agribisnis perdesaan (PUAP) or an exertion development program in supporting the region revitalization development. Social Networking, 2 (2): 63-76.

Rabbany R, Elatia S, Takaffoli M, et al. 2014. Collaborative learning of students in online discussion forums: a social network analysis perspective//Peña-Ayala A. Educational Data Mining. Cham: Springer International Publishing: 441-466.

Rahim N I M, Iahad N A, Rahman A A. 2012. Collaborative learning: social network analysis approach. Journal of Information Systems Research and Innovation, 2: 62-68.

Rand D G, Dreber A, Ellingsen T, et al. 2009. Positive interactions promote public cooperation. Science, 325 (5945): 1272-1275.

Rao M V H, Pasmore W A. 1989. Knowledge and interests in organization studies: a conflict of interpretations. Organization Studies, 10 (2): 225-239.

Reagans R, McEvily B. 2003. Network structure and knowledge transfer: the effects of cohesion and range. Administrative Science Quarterly, 48 (2): 240-267.

Rogers E M. 2010. Diffusion of Innovations. New York: Free Press.

Rong Z H, Li X, Wang X. 2007. Roles of mixing patterns in cooperation on a scale-free networked game. Physical Review E, 76 (2): 027101.

Sabetzadeh F, Tsui E. 2011. Social motives polarity and its impact on knowledge sharing. VINE, 41 (1): 76-88.

Samaddar S, Kadiyala S S. 2006. An analysis of interorganizational resource sharing decisions in collaborative knowledge creation. European Journal of Operational Research, 170 (1): 192-210.

Sankowska A. 2013. Relationships between organizational trust, knowledge transfer, knowledge creation, and firm's innovativeness. Learning Organization, 20 (1): 85-100.

Santos F C, Pacheco J M. 2005. Scale-free networks provide a unifying framework for the emergence of cooperation. Physical Review Letters, 95 (9): 098104-1-098104-4.

Santos F C, Rodrigues J F, Pacheco J M. 2005. Epidemic spreading and cooperation dynamics on homogeneous small-world networks. Physical Review E, 72 (5): 056128.

Santos F C, Pacheco J M, Lenaerts T. 2006. Cooperation prevails when individuals adjust their social ties. PLoS Computational Biology, 2 (10): 1284-1292.

Schaffer M E. 1989. Are profit-maximisers the best survivors? A darwinian model of economic natural selection. Journal of Economic Behavior & Organization, 12 (1): 29-45.

Scott J. 2011. Social network analysis: developments, advances, and prospects. Social Network Analysis & Mining, 1 (1): 21-26.

Scott J P, Carrington P J. The SAGE Handbook of Social Network Analysis. London: Sage Publications Limited.

Selten R. 1980. A note on evolutionarily stable strategies in asymmetric animal conflicts. Journal of Theoretical Biology, 84 (1): 93-101.

Senge P M. 1999. The Dance of Change: The Challenges of Sustaining Momentum in Learning Organizations. London: Nicholas Brealey.

Sharma R S, Bhattacharya S. 2013. Knowledge dilemmas within organizations: resolutions from game theory. Knowledge-Based Systems, 45 (6): 100-113.

Sigmund K, Hauert C, Nowak M A. 2001. Reward and punishment. Proceedings of the National Academy of Sciences, 98 (19): 10757-10762.

Skyrme D. 2012. Knowledge Networking: Creating the Collaborative Enterprise. London: Routledge.

Smith J M. 1982. Evolution and the Theory of Games. Cambridge: Cambridge University Press.

Smith J M. 1995.The Major Transitions in Evolution. Oxford: Oxford University Press.

Smith J M, Price G R. 1973. The logic of animal conflict. Nature, 246 (11): 15-18.

Szabó G, Vukov J. 2004. Cooperation for volunteering and partially random partnerships. Physical Review E, 69 (3 Pt 2): 036107.

Szabó G, Vukov J, Szolnoki A. 2005. Phase diagrams for an evolutionary prisoner's dilemma game on two-dimensional lattices. Physical Review E, 72（4）: 047107.

Tambayong L. 2009. Strategic alliance: a simulated game-theoretic network model. PhD.Dissertation of University of California, Irvine.

Taylor C, Nowak M A. 2006. Evolutionary game dynamics with non-uniform interaction rates. Theoretical Population Biology, 69（3）: 243-252.

Taylor P D, Jonker L B. 1978. Evolutionarily stable strategies and game dynamics. Mathematical Biosciences, 40（1~2）: 145-156.

Tichy N M. 1981. Network in organizations. Journal of Complex Networks, （1）: 72-82.

Tichy N M, Tushman M L, Fombrun C. 1979. Social network analysis for organizations. Academy of Management Review, 4（4）: 507-519.

Tomassini M, Luthi L, Giacobini M. 2006. Hawks and doves on small-world networks. Physical Review E, 73（1）: 016132.

Tortoriello M, Krackhardt D. 2010. Activating cross-boundary knowledge: the role of Simmelian ties in the generation of innovations. Academy of Management Journal, 53（1）: 167-181.

Traulsen A, Nowak M A. 2006. Evolution of cooperation by multilevel selection. Proceedings of the National Academy of Sciences, 103（29）: 10952-10955.

Trivers R. 1971. The evolution of reciprocal altruism. Quarterly Review of Biology, 46（1）: 35-57.

Tsai W. 2002. Social structure of "coopetition" within a multiunit organization: coordination, competition, and intraorganizational knowledge sharing. Organization Science, 13（2）: 179-190.

Tsoukas H, Vladimirou E. 2001.What is organizational knowledge. Journal of Management Studies, 38（7）: 973-993.

Vaara E, Sarala R, Stahl G K, et al. 2012. The impact of organizational and national cultural differences on social conflict and knowledge transfer in international acquisitions. Journal of Management Studies, 49（1）: 1-27.

Vaccaro A, Veloso F, Brusoni S. 2009. The impact of virtual technologies on knowledge-based processes: an empirical study. Research Policy, 38（8）: 1278-1287.

Vickrey D, Koller D. 2002. Multi-agent algorithms for solving graphical games. Proceedings of the National Conference on Artificial Intelligence, （AAAI）: 345-351.

Vukov J, Szabó G, Szolnoki A. 2008. Evolutionary prisoner's dilemma game on Newman-Watts networks. Physical Review E, 77（2）: 026109.

Wang P, Watts A. 2006. Formation of buyer-seller trade networks in a quality-differentiated product market. Canadian Journal of Economics/Revue canadienne d'économique, 39（3）: 971-1004.

Wang W X, Ren J, Chen G, et al. 2006. Memory-based snowdrift game on networks. Physical Review E, 74（5）: 056113.

Wang X. 2013. Forming mechanisms and structures of a knowledge transfer network: theoretical and simulation research. Journal of Knowledge Management, 17（2）: 278-289.

Wang Z, Szolnoki A, Perc M. 2013. Interdependent network reciprocity in evolutionary games. Scientific Reports: 3: 1183.

Wasserman S, Faust K. 1994. Social network analysis: methods and applications. Cambridge: Cambridge University Press.

Watts D J. 2004. The "new" science of networks. Annual Review of Sociology, 30（5）: 243-270.

Watts D J, Strogatz S H. 1998. Collective dynamics of "small-world" networks. Nature, 393（6684）: 440-442.

Weick K E. 1979. Social Psychology of Organizing. New York: McGraw-Hill.

Wellman B, Berkowitz S D. 1988. Social Structures: A Network Approach. Cambridge: Cambridge University Press.

Wenger E, McDermott R A, Snyder W M. 2002. Cultivating Communities of Practice: A Guide to Managing Knowledge. Boston: Harvard Business School Press.

White H C, Boorman S A, Breiger R L. 1976. Social structure from multiple networks blockmodels of roles and positions. American Journal of Sociology, 81（4）: 730-780.

Wilson S, Liber O, Johnson M, et al. 2007. Personal learning environments: challenging the dominant design of educational systems. Journal of e-Learning and Knowledge Society, 3（2）: 27-38.

Wu Z X, Xu X J, Huang Z G, et al. 2006. Evolutionary prisoner's dilemma game with dynamic preferential selection. Physical Review E, 74（2）: 021107.

Yang S, Hexmoor H. 2004. Measuring optimal connections in large networks: a new algorithm and its applications. Journal of Mathematical Sociology, 28（3）: 197-213.

Zander U, Kogut B. 1995. Knowledge and the speed of the transfer and imitation of organizational capabilities: an empirical test. Organization Science, 6（1）: 76-92.

Zhang G, Xu Q, Liu X. 2011. Knowledge diffusion within the Datang sock-manufacturing cluster in China. Regional Studies, 45（7）: 977-996.

Zhang Y. 2015. Partially and wholly overlapping networks: the evolutionary dynamics of social dilemmas on social networks. Computational Economics, 46（1）: 1-14.